浙江省级精品课程

U0689416

现 代 教 育 技 术

主　编　王治文
副主编　罗晓岗　石其乐

ZHEJIANG UNIVERSITY PRESS
浙江大学出版社

前　　言

　　《现代教育技术》是我国师范专业教育的公共必修课。现代教育技术的特点之一是新，而其依托的媒体、信息、网络技术正属于新世纪发展最快、对经济和社会生活影响最大的技术领域。教育信息化也成为各级教育行政部门和学校重点政策保障和巨资投入之所在。学校的教育技术和实用的技能已经发生很大的变化。与此相应的，信息化和网络化时代的教育教学理念也正在发生深刻变化。这门课程急需一本能够跟上信息化、数字化、网络化潮流，反映当今教育领域实际的新教材。同时，我们正在承担建设的浙江省级精品课程，也促使我们不惜花大力气（几乎重起炉灶），来编写这本新教材。

　　本教材的主要特点如下：

　　1. 以数字化媒体为主。教育媒体设备、技术和设计始终是现代教育技术课程实际的内容和教学重点。以往教材几乎主要都以光学投影器、磁带录音和电视录像为核心。这已经越来越不适应时代发展和大部分学校应用的实际和趋势。本教材中我们在适当保留光学投影器等传统技术的介绍性内容外，果断地将重点介绍和操作切换到数字化媒体上，包括数字图像、数字音频、数字视频和计算机动画等。

　　2. 加强计算机和多媒体辅助教学的内容，其中对最实用的 PowerPoint 电子幻灯片部分作了较详细的介绍，包括教学设计与操作。对于程序性的课件设计概念、流程，也作了较详细的介绍，包括 Authorware 基础操作部分。

　　3. 加强网络教育教学内容，并且反映这方面的最新进展。网络的最新成果是最容易快速普及的，教育也当如此。诸如 Web 2.0、新媒体、混合教学、微型教学这些新概念，也通过实例予以了介绍。对 WebQuest、Moodle 这些发达国家较流行，又有可操作性的应用，也作了较详细的介绍。

　　4. 努力将现代教育理念、教育技术有关理论，贯穿到全书中，包括技术操作细节的提醒。

　　5. 教学设计模块的特色是介绍并大量借鉴了英特尔/Intel 未来教育的理念。

　　6. 本教材的编写与精品课程建设配套，有相应的网站和学习资源可供支持本课程教学。教材本身也使用了大量的图形，共 200 多幅，大部分操作界面图上作有标记。也有相当数量的图形是作者自行设计和绘制的。

　　本书在章节、模块安排上，仍沿用大部分同类教材思路。《现代教育技术》是公

共课,课时有限。我们根据教学实践,认为还是如下结构对学生学习更有利。第 1
章为概述,第 2 章简单介绍现代教育技术的理论基础和相关理论。这两章篇幅较
小。第 3—5 章分别为视觉、听觉和视听觉媒体。这样划分在多媒体时代逻辑性不
算很强,但这一方面有利于与传统教材结构接轨;另一方面也有利于分散教学的内
容,包括重点和难点。第 6 章为交互式多媒体,以计算机/多媒体教学为核心。第 7
章介绍网络教学。第 8 章为教学设计。

何骅、蔡乐敔、卢静三位老师参加了本教材计划的讨论和制订,贡献了长期从
事本课程教学的经验,同时参与了课程网络资源的建设。何骅老师直接参与了本
教材第三章的编写工作,作出了重要贡献。

本书相关教学 PPT、教学视频等数字资源可在"现代教育技术"网络课程下载,
网址:http://61.164.38.194。有关资料下载、对本书建议等相关问题可通过电子
邮箱 lxg@zisu.edu.cn 与本书作者联系。

目　　录

第1章　现代教育技术概述

内容提要与学习目标

本章学习和讨论现代教育技术的有关概念、发展历史、作为课程的意义等。具体学习目标为：

1. 较为全面地理解教育技术相关概念，包括能够简单描述典型的教育技术定义。

2. 了解教育技术发展的主要阶段，包括所涉及的代表性的媒体技术或信息技术。

3. 认识和理解教育技术在现代教师素养和职业生涯中的地位和重要性，了解《中小学教师教育技术能力标准》的主要内容。

4. 了解课程学习的特点，为课程的混合式学习和文件夹评价方式等做好准备。

1.1　现代教育技术的基本概念

"现代教育技术"在当今教育界乃至全社会，是一个十分流行有时还带些神秘色彩的"说法"，教师、校长、政府官员、企业的策划、产品设计与推销人员都从不同的角度提到它。对新教师的招聘，对在职教师的考核和培训，都离不开它。2004年年底，国家教育部正式颁布了《中小学教师教育技术能力标准》。这是我国教师的第一个成文的职业标准。本课程的目的即在于认识和理解现代教育技术的意义、相关的知识、理论，掌握必要的技能，并学会在教育教学中积极正确地加以应用。

"现代教育技术"作为一个术语或"称谓"，对其涵义存在不同的理解，往往还包括不同方面和不同程度的误解。

如果顾名思义，从字面上作一个分解或者说层层剖析，我们不妨先分别讨论一下"技术"、"教育技术"，然后再回到"现代教育技术"。技术很容易使人联想到现代的工具或相关的科技，对"教育技术"的广泛存在的一种片面理解是仅将其关联到现代科技（如现代媒体与信息设备）工具的使用，甚至仅关注到硬件设备。但技术的一般涵义还要广泛。技术是有关工具的知识和应用,也包括应用的技艺技巧、方法、系统和组织等。通常技术应用都有一定的目的,如促进生产、经济、文化、社会的发展等,技术有助于目的的有效达成。"教育技术"中的技术应如同后者作较广义的理解,即是为了改进教育而采用的综合的工具、方法、技艺、系统、组织等,也包括相应的思想方法或理念。教育技术既不排斥传统的教学工具,如教室、黑板、书本等,也不排斥非物化的方法、管理、理念等其他教育过程中的要素,见图 1-1。

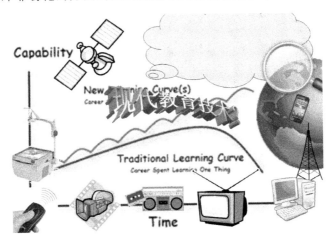

图 1-1　媒体、信息技术与现代教育技术

　　定义可以更精确地界定概念的内涵。教育技术发展过程中,有过不同的定义,包括美国 AECT(Association for Educational Communications and Technology,美国教育传播与技术协会)77 定义、2004 定义。其中以 AECT1994 年作的定义使用最为广泛。该定义表述为:"教育技术是对学习过程和学习资源进行设计、开发、使用、管理和评价的理论与实践。"这一定义表述简洁,主要界定了这一领域研究的对象,具体关注的方面以及范围,如图 1-2 所示。

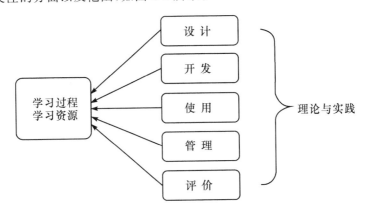

图 1-2　教育技术关注的对象和范畴

　　"现代教育技术"则可以认为是在一般"教育技术"的基础上侧重"现代"的方面,包括现代的工具(媒体与信息设备)、软件、系统设计、方法以及相应的教育思想和理念等。在我们学习和使用"现代教育技术"的时候,既要把握"教育技术"全面的内涵,切忌为单纯的"技术"而技术,同时又要着重关注和发挥现代媒体、信息、网络等技术的进步以及在教育中的潜能,结合现代的教育教学理念,合理地加以使用,从而达成优化教育的目的。

　　现代教育技术是 20 世纪 80 年代以后在我国国内流行起来的一个术语,它与信息化的加速发展几乎同步。可以说,"现代"二字天然带有强烈的信息化色彩,以现代信息技术(计算机、多媒体、网络、数字音像、卫星广播、虚拟现实、人工智能等技术)的开发、应用为核心或特色,也因这一特色而备受社会、教育管理部门和 IT 产业界的关注。作为专业的教育工作者,应认识到现代教育技术与教育技术在本质上是指同一个概念,而侧重的范围则有所不同。现代教育技术这一概念可以一般地表述为:现代教育技术是指着重运用现代教育理论和现代媒体与信息技术,通过对教与学的过程和资源进行设计、开发、利用、管理和评价,以实现教育优化的理论与实践。

　　其内涵具体体现在:

　　1. 现代教育技术的应用要以现代教育理论和思想为指导。

　　2. 现代教育技术要积极、合理地运用现代信息与媒体技术,包括相应的方法。

　　3. 现代教育技术的研究对象是教与学的过程和资源。

　　4. 现代教育技术的核心方法是系统方法。

　　5. 应用现代教育技术的目的是追求教育的优化。

　　事实上,还有很多传统些的或更时髦的说法跟现代教育技术的概念类似或密切相关,如图 1-3 所示。如曾经广泛使用的视听教学、媒体教学、电化教育、计算机辅助教学(CAI,Computer Aided Instruction)等,以及现在不同场合或不同人群使用的多媒体教学、电子学习(E-Learning)、数字化学习、网络学习(Online Learning 或 Web Learning)、虚拟学习环境、混合学习、现代远程教育、信息技术与课程整合等,可以通过网络的关键词搜索加以进一步了解。这些相关的热门概念也推动现代教育技术持续地成为教育界、产业界乃至整个社会关注、研究、投入和实践的热点。

ICT
Audio-Visual 信息与通信技术 信息技术与课程整合
视听教学
混合学习
Media Instruction 计算机辅助教学 Hybrid Learning
媒体教学 电化教育 CAI CBE
Educational Technology 教学设计 网络学习
Online Learning
教师教育技术能力标准 **现代教育技术** Web Learning

数字化学习 Multimedia 新课标 农远工程 建构主义
虚拟学习环境 U-Learning 电子学习 系统论
VLI 移动学习 E-Learning
程序教学
电视 录像 多媒体教室 现代远程教育 经验之塔
广播 录音 语音实验室 无线 卫星 传播学

图 1-3 现代教育技术的相关概念

1.2 现代教育技术发展历史

教育技术的产生与发展可以认为源远流长。其发展过程经历了口头语言、文字符号、印刷材料、大黑板、视听技术、计算机、多媒体与网络技术等主要的技术发展阶段。与此相应的,教学内容、教学手段、教学方法乃至整个教育思想、教学理论、教育体制也有很大的变革。现代教育技术的主要发展阶段如表 1-1 所示。

表 1-1 教育技术发展的主要阶段

发展阶段	年代	代表性媒体	理论产生或引入
萌芽	19 世纪末	幻灯	夸美纽斯"大教学论"
初期	20 世纪 20 年代	无声电影、播音	"学校中视觉教育"
快速发展	30—40 年代	有声电影、录音	戴尔"经验之塔"
	50—60 年代	电视、程序教学、电子计算机	斯金纳的强化刺激理论
系统	70—80 年代	闭路电视系统、计算机教学系统、卫星广播	系统论、信息论、控制论
网络	90 年代后	多媒体系统、计算机网络	建构主义学习理论

20 世纪初,美国视听教育运动兴起。到 20 年代,我国教育界也尝试利用电影、幻灯片等媒体作为教学工具。当时以电气化为标志的第二次工业革命深刻地

影响着生产和人们的社会生活,人们用"电化教育"这个名称来概括这种新教学方式,为此还成立了一些专门的机构。此外,在一些大学里,如北京师范大学、南京中央大学,还开设了"电化教育"一类课程。"电化教育"的概念逐渐被人们接受。

1949 年,新中国成立了电化教育处。特别是改革开放以后,我国的电化教育获得了长足发展。1979 年,教育部成立了电化教育局和中央电教馆,负责全国的电教管理工作和业务工作。各省、自治区、直辖市也陆续建立了电化教育馆,各级各类学校建立了专业性的电化教育机构,为推动我国教育事业的现代化作出了很大的贡献。广播农业学校普及了很多生产技术。电视大学在当时条件下有力推动了高等教育的社会化和大众化,也培养当时急需的大量文理工人才。学校则规模化地引入了投影、幻灯、广播、录音、电视、录像等教学媒体,装备专用电化教室、语音实验室等教学系统。国家和各省、自治区、直辖市分别颁发了学校电化教育的配备标准,尤其是为了大规模应用而颁布的普通教室配备标准,即所谓的"两机一幕"或"三机一幕"的标准,对电化教育媒体的普及应用作用很大。"两机一幕"指的是光学投影仪、录音机加放映幕装备到每一间教室,"三机一幕"则外加一台电视机。

20 世纪 90 年代中期,计算机技术、多媒体技术、网络技术等新的媒体技术或信息技术在教育中的应用得到大规模发展,这一领域的内涵、本质、范围等发生了很大变化,"电化教育"这个名称已不再适应变化了的环境。"电化教育"这一我国特有的术语逐渐地、也是自然地向国际较为通用的"教育技术"演变。无论是学术领域、实践领域和机构名称,教育技术这一称谓大量地取代了"电化教育",但仍有部分机构名称至今还保留着"电化教育"的称谓。

1.3　现代教育技术能力要求和学习方法

现代教育技术的发展和普及自然地对教师职业提出了新的要求。各学科教师在教学中,都要积极地应用技术来促进学科的学习。现代教育技术是以现代信息技术为基础的,而信息技术教育也从 2000 年起已正式成为中小学的一个学科。在各学科教育中,积极地应用信息技术的成果,也在促进着信息技术教育。可以说,这也是信息技术教育与各学科的整合的重要方面。现代教育技术的应用需要教师有积极的意识,必备的对相关媒体或信息技术的理解、掌控与适当选择的能力,以及教学资源(素材、课件等)的搜集、设计的技能、合理的使用方法、高效的教学设计能力及相应的现代教学理念。

1.3.1　教师教育技术能力要求与有关标准

世界许多国家都对教师教育技术能力提出了要求。如美国有一个所谓教育技术四支柱政策:"1.每一个学生都能有机会使用现代计算机和其他教学设备学习; 2.教室将互相连接并连到外面的世界;3.教育软件将成为课程的有机组成部分; 4.教师们将做好使用技术的准备,能用技术来教学。"同时,美国还颁布了面向各州的"中小学教师的教育技术能力标准"。英国则颁布有所谓"中小学教师 ICT(信息与通信技术)能力标准",对各个不同学科的教师规定了许多具体的技能要求。

我国则于 2004 年正式颁布了《中小学教师教育技术能力标准》。该标准是我国颁布的第一部教师职业能力标准,可以看出对教育技术的重视。该标准分为"意识与态度"、"知识与技能"、"应用与创新"和"社会责任"几大部分,还包括了部分具体应用案例。

按照教育部的说法,标准的颁布,是为了:

1.全面推进基础教育课程改革和加快推进教育信息化发展。当前我国基础教育新课程的改革全面推进和实施,迫切要求广大中小学教师提高教育技术应用能力,要求教师有能力将信息技术有效地运用到教学实践之中,去改革教学方式,进而推动学生学习方式的变革。同时,不断推进教育信息化也有赖于教师应用教育技术能力水平的提高。

2.促进教师专业能力的提高和发展。教育技术应用能力是现代教师最重要的专业能力之一,对其开展高质量教学活动具有十分重要的作用。一名教师仅具有教育理论素养和学科教学知识是远远不够的,还必须掌握一定的教学方法和教育技术手段。教师教育技术能力是教师专业能力的重要组成部分,《标准》在这方面提出了明确要求。

3.指导和规范中小学教师教育技术培训,增强培训的针对性和实效性。"新技术"培训的重点是要提高教师将信息技术与学科课程教学整合的能力,使教师有效利用教育技术优化教学过程,改进教学方法,从而达到提高教学效益和教学质量的目的。目前,有的部门组织的信息技术培训与教师教学实际脱节现象比较严重,针对性和实效性不强,一些培训流于形式。《标准》是当前和今后一个时期中小学教师教育技术培训的重要依据;是中小学教师教育技术培训课程资源建设的依据;是开展中小学教师教育技术考试和评估的依据。

1.3.2 课程特点

现代教育技术作为一门高等师范教育或教师培训的课程,其课程内容、教学和学习也努力体现上述标准的精神和要求。本课程具体体现以下特点,需要师生在教学过程中理解和把握:

1.理论与实践高度结合。

2.技术与学科教学结合。现代教育技术范围很广,在针对各专业师范生或各学科教师的教学与培训中,需要尽可能寻求对于学科、专业最有效的切入点。

3.课程本身积极体现现代教育技术的理念、技术和方法。

4.传统学习方式与网络学习等基于现代信息技术的方式相结合,形成所谓的混合式学习。

5.作业数字化,课程学习的评价方式除了传统的评价方式外,也积极采用作品评价和文件夹评价等方式。

1.3.3　课程学习的有关要求

相应的,本课程也对学习者有所要求:

1.现代教育技术课程的实践性特别强,学习者除了按时完成布置的实验和实验报告外,自己应尽力挖掘进一步的实践机会,如参与相应的学科、课件竞赛和社团等。

2.作为教师或未来教师,应有意识关注自己所教或所学的学科、专业,探索其与教育技术的有效或潜在的结合点。

3.现代教育技术的有效应用并不是教师单方面的事情,学习者自己也要主动地适应新的教学方法、模式和理念。如果课程教学采用网络教学平台,要积极努力地去适应。

4.积极应用网络技术,全国已有多门国家级和省级的精品课程发布上网,学习者应积极利用。

5.学习者应该在课程开始就准备好适当的存储空间,建立自己的课程文件夹,并加以管理。存储空间包括自己的 U 盘、网盘、学校提供的 FTP 等。文件夹应有合理的结构,如为每一个学习单元(章)建立二级文件夹,内部再按照内容与作业任务特点建立和维护适当的文件夹结构,将配合学习搜集的资源,自己创建的项目、素材等妥善保管。学习者一定要有信息安全的意识,有用的资源,尤其自己的工作成果,一定要加以备份。即使作业已经按课程要求提交给老师或网络学习平台,自己也应该有备份。这些意识和习惯也是信息素养和现代教育技术能力要求的重要组成部分。

思考与练习

1.简述教育技术定义(AECT94)和现代教育技术的概念。

2.讨论社会,教育管理部门和 IT 产业界对"现代教育技术"理解与关注点的可能不同。

3.简述国内外教育技术发展的主要历程。

4.通过搜索引擎检索"教育技术"以及当前比较流行的相关概念(如"混合学习"、"U-Learning"或"M-Learning"等),选择精练并有意义的若干篇加以阅读和简单综述。

5.讨论现代教师应具备哪些教育技术方面的具体能力。

第 2 章 现代教育技术的理论基础

内容提要与学习目标

本章学习和讨论现代教育技术的理论基础和一些紧密相关的理论。具体学习目标为：

1. 了解教育技术理论基础和主要相关理论的概念与意义。

2. 了解视听教学理论及其对于媒体教学的直接指导意义，掌握戴尔经验之塔各层次之间的关系和该理论的主要结论。

3. 了解主要的学习理论流派，理解建构主义学习理论对于学生主体论、基于资源与环境的学习、探究性学习等现代教育理念和教学模式的影响。

4. 了解传播理论、系统理论与方法对于教育教学资源和过程设计的指导意义。

现代教育技术是一门综合性的应用学科。教育技术发展历程中，借鉴了诸多相关学科的理论成果，也发展出一些该学科独特的理论，这些理论组成了该学科的理论基础。教育技术的理论基础对于教育技术的实践有重要的指导作用。这些理论基础或相关理论主要有：

1. 视听教学理论。它直接探讨了各种视听教学媒体在教学中的地位与作用。

2. 学习理论。它是研究人类的学习行为的基本理论，它解释和揭示学习行为发生的机制和意义，也是教育心理学的基本理论。

3. 传播理论。它是全面研究人类进行信息传递、交换、加工的科学。它建立起来的传播过程与模式的理论，传者、受者与传播媒体的理论，对教育过程有普遍的指导意义。用它解释教育过程，产生了教育传播学。

4. 系统科学理论。系统科学包括系统论、控制论和信息论，它作为一门综合性的横向学科，具有浓厚的方法论特性，提供了适合于现代科学研究与管理的新方法。

2.1 视听教育理论

视听教育理论产生于 20 世纪初视觉教育运动，即教育技术萌芽和初步发展的阶段。随着媒体种类的不断丰富，视听教育理论研究也进一步发展，成为教育技术重要的基础理论。

2.1.1　视觉教育理论

美国视觉教育专家霍本(C. F. Hoban)、韦伯(J. J. Weber)等人在 20 世纪三四十年代,通过对当时兴起的视觉教育的观察和研究,提出了较为系统、全面的视觉教育理论。该理论的核心有三个方面:

1. 视觉媒体与传统的教学材料相比,能够提供具体的、有效的学习经验。

2. 为了更科学有效地运用不同的视觉媒体,应该对其进行分类,而分类的依据应是媒体所提供的学习经验的具体程度。

3. 视觉教材的使用应与实际课程有机结合。

2.1.2　视听教育理论

美国视听教育专家戴尔于 20 世纪 40 年代提出了视听教学理论——"经验之塔"理论。他把人类学习的活动形式按照其提供经验的抽象程度不同进行分类,并将它们有规律地排列起来,构成塔状模型,如图 2-1 所示。该模型被称为"经验之塔"。"经验之塔"的理论要点是:

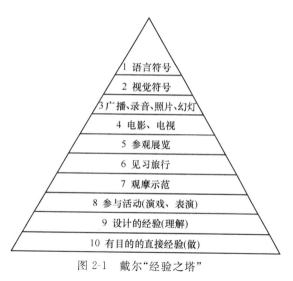

1. 语言符号
2. 视觉符号
3. 广播、录音、照片、幻灯
4. 电影、电视
5. 参观展览
6. 见习旅行
7. 观摩示范
8. 参与活动(演戏、表演)
9. 设计的经验(理解)
10. 有目的的直接经验(做)

图 2-1　戴尔"经验之塔"

1. "塔"体各层是由不同类型的学习活动方式或媒体组成的。从塔底到塔尖,各种媒体所提供的学习经验的具体程度依次降低,抽象程度则依次增加。这有利于教学者更清楚各种教学手段的特点。

2. 模型依据人们认识事物和掌握经验的规律,认为教学应从具体经验入手,逐步上升到抽象层次。

3. 尽管具体经验很重要,但教学不能只停留在提供具体经验的层面上,必须在此基础上向抽象和普遍推进,要形成概念。概念是思维推理的工具,它可以使探求知识的智力过程大为简化。同时,只有抽象化、理性化的知识才更具普适性和现实意义。但是教育的实际情况,往往是抽象有余,具体不足。

4. 位于塔体中间层次部分的是替代经验,它相对来说比较具体,同时又可打破时空限制,弥补了从底层取得直接经验的实施难度,且易于培养学习者的观察能力。因而,教学要重视和研究媒体的应用。

"经验之塔"理论阐述的经验抽象程度关系,是符合人类认识事物由具体到抽象、由感性到理性、由个别到一般的认识规律的。因此,它对今天教育技术的发展仍然具有很实际的指导作用。

2.2   学习理论

学习理论是关于人类学习活动的本质、规律、过程和条件等方面的理论,它从生理学、心理学、社会行为学等各个不同的角度出发,探究人类学习的产生、过程、效果,寻找其中的规律,以便找到使学习更有效的方法。教育技术研究的是学习过程和学习资源,因此学习理论自然地成为其不可或缺的重要理论基础,甚至在现代的教育技术理论体系中逐渐上升至核心地位。

学习理论有很多种不同的流派,这里简单介绍对教育技术产生较大影响的行为主义、认知主义和建构主义三个流派。

2.2.1   行为主义学习理论

行为主义学习理论主要着眼于人类可观察的行为,并将其作为主要的观测元素。行为主义学习理论认为人的行为是对外界刺激的反应,学习的获得就是形成刺激与反应的联结和联想,而强化则是促进这种联结的重要手段。行为主义学习理论注重外部环境的作用,倾向于客观主义,在实践意义上则侧重在"刺激—反应"过程中"强化"手段。

1. 桑代克的联结主义学习理论

美国著名心理学家桑代克(E. I. Thorndike)通过"猫的迷笼"实验(如图 2-2 所示)研究了动物学习的"尝试错误"过程,并在此基础上提出了世界上第一个学习理论——联结主义学习理论。他认为:

(1)学习是个体在刺激情境中产生的"刺激—反应"联结。

(2)学习过程是一种渐进的"尝试与错误",直至最后成

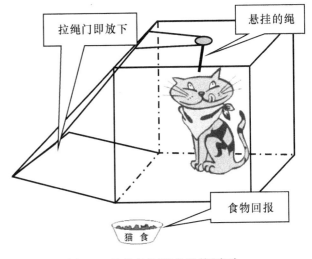

图 2-2   桑代克的"猫的迷笼"实验

功的过程,这种学习方式也可称"试误学习"。桑代克认为,每个"刺激—反应"的联结都是在盲目中尝试错误的学习过程,是由开始的错误反应多于正确反应到最后的全部为正确反应的过程。

(3)在试误学习中有三大定律:练习律、准备律、效果律。练习律指刺激与反应的联结随练习次数的多寡而有强弱之分,练习次数越多,联结越强;准备律指当个体在练习中得到成就感的经验,其刺激与反应的联结将来会自然地出现在相同的情境中;效果律指"刺激—反应"的联结取决于学习者是否得到成功,反应得到奖励会强化联结,反应得到惩罚则减弱联结。上述三个定律中,准备律解释了学习获得的意义,练习律和效果律对学习的设计具有较直接的指导意义。

(4)通过训练迁移可以使学习者在相同或类似情境刺激下形成联结,提高学习效率。训练迁移只有在前后两次所学材料(刺激情境)有共同元素时才会发生。

2. 斯金纳的操作条件作用学习理论

斯金纳设计"斯金纳箱"(如图 2-3 所示),进行了更复杂的动物实验研究后,认为学习就是通过强化某个刺激情景中的自发性反应(操作性反应),建立"刺激—反应"联结(操作性条件反射),形成操作学习。斯金纳的操作条件作用学习理论有以下几个基本观点:

(1)斯金纳把条件作用的学习历程分为两类,即"反射学习"和"操作学习"。他认为,机体并不一定需要接受明显的刺激才能形成反应。他把机体由于刺激而被动引发的反应称为"应激性反应",机体自身主动发出的反应称"操作性反应"。操作性反应可以用来解释基于操作性行为的学习,如人们读书或写字的行为。为了促进操作性行为的发生,必须有步骤地给予一定的条件作用,这是一种"强化类的条件作用"。

(2)强化包括正强化和负强化两种类型,正强化可以理解为机体希望增加的刺

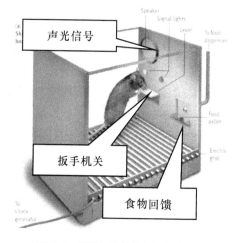

图 2-3 "斯金纳箱"动物实验

激,负强化则是机体力图避开的刺激。增加正强化物或减少负强化物都能促进机体行为反应的概率增加。这一发现被提炼为"刺激—反应—强化"理论。这一理论可以用来指导教学工作:在学习过程中,当给予学习者一定的教学信息——"刺激"后,学习者可能会产生许多种反应(包括应激性反应和操作性反应)。在这些反应中,只有与教学信息相关的反应才是操作性反应。在学习者作出了操作性反应后,要及时给予强化,如学生答对时告诉他"好"或"正确",答错时告诉他"不对"或"错

了"等。这样,在下次出现同样刺激时作错误反应的可能性就会减小,从而促进学习者在教学信息与自身反应之间形成联结,完成对教学信息的学习。

(3)强化程序中有很多种不同的强化实施方式,其中最主要有两类:一类是立即强化与延缓强化,立即强化是指个体表现正确反应,立即提供强化物;而延缓强化则是指个体表现正确反应后,过一段时间才提供强化物,实验的结果表明立即强化的效果优于延缓强化。另一类是连续强化与部分强化,连续强化是指每次个体出现正确反应之后,均提供强化物;而部分强化仅选择在部分正确反应之后提供强化物,实验的结果发现部分强化效果优于连续强化。

斯金纳根据操作条件作用学习理论,提出学习材料的程序化设计思想。其主要原则是:教材分小步子;学生对学习内容作积极反应;反应后又及时反馈,尽量降低错误率;教学应自定步调,自选路径等。依据这样的原则,程序编制者把教材分解成许多小项目,按一定顺序加以排列,对每个项目提出问题,通过教学机器或程序教材来呈现,要求学生作出选择反应或解答反应,然后给予正确答案以便核对,并加以强化。这一理论对今天的客观题练习、计算机辅助教学等依然具有价值。

2.2.2 认知主义学习理论

行为主义学习理论只强调学习的外部刺激和外显行为而忽视了人的内部因素,使得理论体系出现不足,从而导致了另一个学派——认知学派的发展。认知学派认为学习并非是一连串的刺激反应过程,而是人根据自身已有经验,对外部信息进行加工处理,形成认知结构的过程。因此,认知理论强调学习的内部因素,探讨人的大脑对信息加工和认知结构建立的机理。

1. 布鲁纳的认知结构学习理论

在布鲁纳认知结构学习理论中,人类对其环境中的事物,经知觉而将外在物体或事件转换为内在心理事件的过程被称为认知表征,分为动作表征、形象表征和符号表征三个阶段。学习者正是经由这些表征形式在内部建立起对知识的结构框架——认知结构的。新的学习就是将新的信息与原有的认知结构相联系,对其进行调整、补充,并在这个结构的指引下,完成对具体知识内容的认知。由此,布鲁纳提出了"知识结构论"、"学习结构论"等理论,认为对学习者来说,掌握学科知识的结构形态要比学会具体的内容更重要,所以要让学习者学习学科知识的基本结构,在此基础上再按不同发展阶段的特点进行学习。

2. 奥苏贝尔的意义学习论

奥苏贝尔的意义学习理论,旨在直接解决学校知识教学问题,与布鲁纳强调的"认知—发现"不同,奥苏贝尔的强调"认知—接受",并认为有意义接受学习是学生学习的主要形式。有意义接受学习必须满足内、外部条件。内部条件指学习者必须具备有意义学习的倾向,即学习者有积极主动地把符号所代表的新知识与学习者认知结构中原有的适当知识加以联系的倾向性;同时,学习者认知结构中必须具有适当的知识,以便与新知识发生联系;再有,学习者必须积极主动地使这种具有潜在意义的新知识与其认知结构中有关的旧知识发生相互联系。结果,旧知识得到改造,新知识获得实际意义即心理意义。外部条件是指学习材料本身必须具有的逻辑意义。

2.2.3　建构主义学习理论

建构主义(constructivism)是行为主义发展到认知主义以后的进一步发展。与行为主义和认知主义相比,建构主义更加关注学习者如何以原有的经验、心理结构和信念为基础来构建自己独特的精神世界。在这样的认识论基础上,通过长期的理论探索和教学实践,建构主义逐步形成了独具特色的学习理论体系。建构主义对于学习的解释主要有以下观点。

1. 学习是一种建构的过程

知识来之于人们与环境的交互作用。学习者在学习新的知识单元时,不是通过教师的传授而获得知识,而是通过个体对知识单元的经验解释从而将知识转变成了自己的内部表述。知识的获得是学习个体与外部环境交互作用的结果,人们对事物的理解与其先前的经验有关,因而对知识的正误的判断是相对的,而不是绝对的。学习者在形成自己对知识的内部表述时,不断对其进行修改和完善(也称同化、顺应、平衡),以形成新的表述(如图2-4所示),因而这一内部表述是一个开放的体系。实际上,原有知识形成了一个

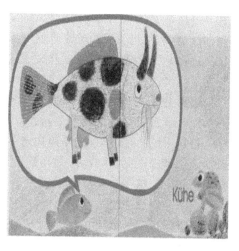

图 2-4　建构主义说明例子——鱼牛图

个的知识体,每一个知识体就是一个小的结构,一个新的知识单元的学习是建立在原有知识结构的基础之上的。

2. 学习是一种活动的过程

学习过程并非是一种机械的接受过程,在知识的传递过程中,学习者是一个极活跃的因素。知识的传递者不仅肩负着“传”的使命,还肩负着调动学习者积极性的使命。对于学习者,存在许多开放着的知识结构链,教师要能让其中最适合追加新的知识单元的链活动起来,这样才能确保新的知识单元被建构到原有的知识结

构中,形成一个新的开放的结构。学习的发展以人的经验为基础的。由于每一个学习者对现实世界都有自己的经验解释,因而不同的学习者对知识的理解会不完全一样,这导致了有的学习者在学习中所获得的信息与真实世界不相吻合。此时,只有通过社会"协商"(协作、会话)展开合作学习,经过一定时间的磨合之后,才可能达成共识。既然学习者对于外部世界的理解可以是各异的,教学评价应该侧重于学生的认知过程,而不是行为的产品(学习结果)。

3.学习必须处于真实的情境中

学习发生的最佳情境不应是简单抽象的,相反,只有在真实世界的情境中才能使学习变得更为有效。学习的目的不仅仅是要让学生懂得某些知识,而是要让学生能真正运用所学知识去解决现实世界中的问题。在一些真实世界情境中,学习者的知识结构怎样发挥作用,学习者如何运用自身的知识结构进行思维,是衡量学习是否成功的关键。如果学生在学校教学中对知识记得很"熟",却不能用它来解决现实生活中的某些具体问题,这种学习应该说是不成功的。因此,有人说,情境、协作、会话和意义建构是建构主义的四大要素。建构主义提倡教师指导下的以学生为中心的学习,学生是知识意义的主动建构者;教师是教学过程的组织者、帮助者、指导者和促进者;教材是学生主动建构意义的对象;媒体是创设情境、协作学习、会话交流和帮助学习完成意义建构的工具。目前建构主义理论对教育技术,特别是第二代教学设计的研究影响较大。

建构主义也有分支或流派。如建构主义的最早提出者皮亚杰(J. Piaget,瑞士),侧重于研究儿童认知发展,被称为日内瓦学派。皮亚杰认为儿童是在与周围环境相互作用的过程中,逐步建构起关于外部世界的知识,从而使自身认知结构得到发展。其理论比较突出认知发展的阶段论。各个阶段从低到高有一定次序,也有一定交叉。每一个阶段都是形成下一个阶段的必要条件,前一阶段的结构是构成后一阶段的结构的基础。由此,有所谓最大邻近发展区理论,差不多就是特定教学过程可能达到的最大目标,也是通过各种手段追求的目标。苏联(俄国)心理学家维果斯基(Lev Semenovich Vygotsky)则侧重建构过程中,语言、表达、交流等社会因素的作用,也被称为社会建构主义。本书第7章重点介绍的网络教学平台Moodle,其开创者和设计师 Martin Dougiamas 也将社会建构主义作为其平台设计的主要学习理论依据。

2.3　教育传播理论

传播是自然界和人类社会普遍存在的现象,是事物之间信息传递的过程。传播学是对人类社会活动中信息传递的规律进行探讨的一门学科。教育活动是人类信息传播的形式之一,是以教育目的为前提,并具有教育相关属性的传播活动。教育技术的研究范畴也正是有关教育信息传播的模式、方法以及过程设计等内容,所以传播学对教育技术的发展有着重要的理论指导作用。

传播学者们从不同的角度对人类传播这一复杂的社会活动进行深入的研究,而传播是一个复杂的过程。为使研究更具普遍性、适用性并且易于深入,学者们大都采用了使其简约化的模式研究法,即从不同的角度出发,对不同类型的传播现象,用某种模式化的方法对其进行描述和研究。下面重点介绍几种有影响的模式。

2.3.1　拉斯韦尔模式

拉斯韦尔(H. D. Lasswell)提出了一个用文字形式描述的线性传播模式。它用一句话去表示这个模式:"Who, says what, in which channel, to whom, with what effects(谁,说了什么,通过何种通道,对谁,产生了什么效果)。"这就是所谓的"5W"传播模式。拉斯韦尔传播模式有五大传播要素:传者、信息、媒介、受者和效果,由此提出了传播学研究的五大内容:

1. 控制分析,即研究"谁",也就是传播者,进而探讨传播行为的原动力。

2. 内容分析,即研究"说什么"(或称信息内容)以及怎样说的问题。

3. 媒体分析,即研究传播通道,除了研究媒体的性能外,还要探讨媒体与传播对象的关系。

4. 受众(对象)分析研究庞大而又复杂的受播者,了解其一般的和个别的兴趣与需要。

5. 效果分析研究受播者对接收信息所产生的意见、态度与行为的变化等。

拉斯韦尔的模式过于简单,有明显的缺陷:首先,它忽略了"反馈"的要素,它反映是一种单向的而不是双向的模式;其次,这个模式没有重视"为什么"或动机的研究。

2.3.2　香农—韦弗模式

香农(C. Shannon)是 20 世纪最伟大的科学家之一。他是信息学理论的开创者,在计算机、人工智能等领域也有重要贡献。香农和韦弗(W. Weaver)在研究电报通信问题时,提出了传播理论中奠基性的传播模式。这一模式原是单向直线式的,如图 2-5 所示。不久,他们将这一模式加入了反馈系统,并引申其含义,用来解释一般的人类传播过程。

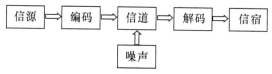

图 2-5　香农—韦弗模式

　　该模式把传播过程分成七个组成要素。它对传播过程的解释是这样的：从信源选出准备传播出去的信息，然后这一信息经编码器转换为符号与信号。信号通过一定的信道传送出去。在接收端，接收到信号经译码器转换成符号并解释为信息的意义。最后为信宿，即传播信息的接收者。受播者接收到信息后，在生理、心理上产生反应，并通过各种形式传播"反馈"信息（图中未包括）。另外，在传播过程中还存在干扰信号，干扰信号可以影响到信源、编码、信道、译码、信宿等部分。这里为了简化，也只集中表示了对信道的干扰。

　　香农—韦弗模式源于通信技术的研究，虽然简单，但能解释人类的一般传播过程，在传播理论中占有重要地位。包括教育技术学在内的许多相关学科都受到这一模式的深刻影响。

2.3.3　贝罗模式

　　贝罗（D. Berlo）传播模式如图 2-6 所示。贝罗模式综合哲学、心理学、语言学、人类学、大众传播学、行为科学等新理论，解释在传播过程中的各个不同要素。贝罗模式把传播过程主要分解为四个基本要素：信源、信息、通道和受播者，所以也常称 SMRC 模式。

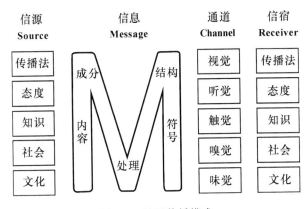

图 2-6　贝罗传播模式

　1. 信源

　　研究信源和编码者时，需要考虑他们的传播技术（例如说话和写作）、他们的态度、他们的知识水平、他们所处的社会系统及他们的文化背景等。

　2. 信息

　　影响信息（Message）的因素包括内容（传播者为达到目的而选取的材料，包括信息及其结构）、符号（内容呈现的形式，包括语言、文字、图像与音乐等）和处理（传播者对内容要素和选择安排符号所做的恰当决定）这几方面。

3. 通道

通道(Channel)就是传播信息的各种工具,如各种感觉器官,传载信息的声、光、空气、电波、报纸、杂志、播音、电影、电视、电话、唱片、图画、图表等。在传播过程中,信息的内容、符号及处理,均能影响通道的选择,通道的选择会影响信息的传送与接收效果。贝罗模式能比较详细地解释教学传播过程。人类的传播活动是非常广泛的,传播不一定都是教学活动,但教学活动却是一种传播。传播者不一定都是教师,但教师却是传播者。因此,教师理解和把握传播理论,协调好包括媒体在内的诸多因素,显然有利于更有效地传播知识、技能,改变学生的思想、行为。

4. 信宿

信源、编码者与译码者、信宿(受播者),虽然在传播过程的两端,但在传播过程中,信源(传播者)可以变为信宿(受播者),信宿也可以变为信源。所以,影响受播者与译码者的因素与传播者、编码者相同,也包括传播技术、态度、知识、社会系统与文化等。

2.4　系统科学方法论

系统科学就是以系统及其机理为对象,研究其类型、性质和运动规律的科学。系统科学打破了人们过去静止、孤立地研究某一事物或现象的思想。系统科学通过整体的研究,分析系统中各组成部分的作用和关系,寻求互相联系与影响的规律,从而对这一事物或现象的发展变化机理有更准确全面的认识,并实现对这一部分乃至整个系统的有效控制。系统科学是一门方法论层次的学科,包含信息论、控制论、系统论,其三大原理——反馈原理、有序原理和整体原理是教育技术取得优化教育效果的重要理论基础。

2.4.1　信息论

信息是事物发出的消息、情报、信号、数据等包含的内容,而不是事物的本身。信息是事物表现的一种普遍形式。信息论是研究控制系统中信息的计量、传递、变换、贮存和使用规律的科学,它就是前面提到的美国科学家香农(贝尔电话研究所)于 1948 年创立的。

在教育领域中,知识、技能、情感与态度等都属于信息的范畴,所以人们也将这类信息称为教育信息。信息论在教育中应用而形成的理论,成为教育信息论。教育信息论是研究教学过程中的"人—人"关系系统(师生间的教学关系系统),教育信息如何传递、变化和反馈的理论,它与教育控制论、教育系统论关系密切。

2.4.2 控制论

控制是通过信息反馈,进行有效的控制和调节,实现既定目的的一种活动。控制论是研究各种系统控制和调节的一般规律的科学。系统的控制和调节都是建立在信息反馈的基础之上的,因此信息和反馈是控制论的两个基本概念,控制论是美国数学家维纳(N. Wiener)创立的。

控制论在教育领域中的应用所形成的理论,称为教育控制论,它是研究教育系统中,运用信息反馈来控制和调节系统行为,从而达到既定目标的理论。教育技术实施的出发点和归宿都在于教育最优化。要"优化",系统除了具备丰富的学习资源外,还必须要有"优化"的教学设计和教学过程,这两者的"优化"关键在于"信息反馈",有了反馈,才能进行协调,使教学设计有的放矢,不断改进和完善,更适合学生的实际情况。有了反馈,才能使教学过程得到控制和调节。计算机辅助教学,就是通过计算机的及时反馈,进行强化、重复、控制与调整教学信息,来达到预定的教学目标的。

2.4.3 系统论

系统论是研究一切系统的模式、原理、方法和规律的科学,它是美籍奥地利生物学家贝塔朗菲(L. V. Bertalanffy)创立的。系统通常是指由相互依存、相互作用并与环境发生关系的各个要素(部分)构成,具有一定结构和功能的有机整体。系统论对系统的定义为:"由若干要素以一定结构形式联结构成的具有某种功能的有机整体。"

系统论的核心思想是整体观,任何系统都是一个有机的整体,不是各个部分的机械组合或简单相加。其基本思想方法,就是把研究和处理的对象当作一个系统,分析其结构和功能,研究系统、要素、环境三者的相互关系和变动规律,优化系统的整体功能。整体性、联系性、层次结构性、动态平衡性、时序性等是所有系统的共同的基本特征,也是系统方法的基本原则。

系统论在教育实践中应用所形成的理论,称为教育系统论。教育系统论把教育视为一个系统,其组成系统的要素是教师、学生、媒体等。系统论提倡以整体的、综合的观点来考察教育教学过程与现象,运用系统的方法来解决教育教学问题。也就是从系统的观点出发,坚持在整体与部分之间、系统与外部环境之间的相互联系、相互作用、相互制约等关系中考察、研究系统,以求得对问题的最优化处理。

2.4.4 系统科学的基本原理

用"三论"(信息论、控制论和系统论)的理论和方法,从系统的特征出发,研究系统的规律,可提炼和抽象出系统科学的基本原理。

1. 反馈原理

任何系统如果没有反馈机能,就无法实现有效的控制,系统将失去保持动态平衡和自适应的特性。所以,对于一个有明确目的与功能的系统来说,信息反馈是十分必要的。这里的反馈包括内部信息的反馈和对外部影响的反馈。内部信息反馈是系统要素间相互作用时,受作用要素向施作用要素发回的状态信息,这种反馈有助于调整对系统的控制;外部信息反馈是系统中的要素对系统外因素变化的反应,它使人们尽快地掌握环境变化对系统的影响,适时地采取相应措施,调整环境和变化系统自身机能。对反馈信息的正确测定与分析也是十分重要的,对反馈信息的处理方法是使其真正起到作用的关键。

2. 有序原理

系统的结构、功能和层次的动态演变有某种方向性,这使得系统具备了有序特征。系统从初始的简单、无序状态,通过逐步的演变,走向高级、复杂、有序的状态。系统要达到有序,首先必须是一个开放式系统,即与外界有信息的交换,否则,一个封闭的自运行系统,是无法走向有序的。其次,系统必须具有偏离平衡态的能力,这样,在外部作用下,才能发生能量变化,并逐步趋于稳定状态。

3. 整体原理

整体性是系统的本质特征,系统中各要素的自身状态和相互关联形式决定了整个系统的总的功能和效果。因此,研究系统必须从整体出发,考虑到各要素之间的联系与制约,充分认识到任何系统都是有结构的,系统的整体功能不等于各部分功能之和,而是等于各部分功能之和加上各部分相互联系而形成结构产生的功能。

2.4.5　系统科学与教育技术

20 世纪五六十年代,教育技术的研究中开始引入系统科学的思想。这改变了过去单一的媒体研究模式,而是将整体教学活动及相关因素放在一起,作为一个有机的系统来研究,使教育技术的各个分支领域融合到一起,形成了新的体系和学科结构,从而孕育了教育技术学新面貌。因此,系统科学的思想、观点和方法对教育技术学的学科形成和发展有着广泛而深刻的影响。今天,系统方法已成为教育技术研究方法的核心。系统科学的思想和方法的运用,对教育技术的理论,尤其教学设计领域的理论与发展具有重要的意义。

1. 系统的整体原理,使人们认识到教育系统中如教师、学生、资源等各要素之间协调运动的重要性。在教学设计中,要改变传统的单一"灌输"知识的思路,从整体出发,认真地对学生、媒体、内容加以分析,有效地建立各要素之间的关系,使其协调互动,发挥出系统的整体优势,以实现教学效果的优化。

2.教育系统必须有反馈机制。对系统反馈机制的要求,促使人们对教育的评价予以足够的重视。反馈信息传递通道的顺畅是保证教育系统稳定、正向发展的前提,而反馈信息的分析方法,即评价方法,是能够正确调控系统运行的关键。因此,对教育系统评价体系的研究是教育技术中重要的内容。

3.系统的动态与有序原则,揭示了教育系统运动的基本规律,也为正确设计教育系统提供了理论指导。教育系统要实现稳定的发展,必须是一个开放式的系统,也就是说,教育教学活动必须与外界有充分的联系,进行必要的信息交换,而不能是关上校门的教师与学生间发生的孤立作用。同时,教育系统又是一个动态的系统,它是在运动过程中不断变化、调整、适应的过程。因此,对教育系统的设计不能企图寻求一个以不变应万变的理想固定模式,而是要建立一个具有健全完善的调整、适应功能的机制,使教育系统在动态发展中能够保持正确的方向,实现动态稳定。

教育技术的基础理论与相关理论无论在理论上,还是在实践上,都对教育技术的发展作出了很大的贡献。这些理论被用于解释教育教学的现象和过程,并为优化教育教学,包括资源、过程、策略、媒体等,提供了指导性或方向性的提示。这些理论的发展有其一定的历史背景和线索,在特定的情景中,能很好地帮助解释和指导现代教育技术的实践。虽然这些理论当中有些更"现代"或"时髦"一些,如建构主义、社会建构主义等,但不能简单地扬此抑彼。这个道理就如同黑板、粉笔和书本并没有被现代媒体设备淘汰,并且在一些教学场合(如数学推理、公式演绎)仍是最简洁有效的手段。随着媒体(信息)技术与设备的不断发展,现代教育技术的实践也是越来越丰富多彩。只有理解和把握基本理论,既积极探索和创新,又不迷失于眼花缭乱的现代设备、理念翻新,才能不断提高现代教育技术的素养和水平,并取得改善教育教学的实效。

思考与练习

1.戴尔的"经验之塔"理论是怎样描述的?各层次之间是什么关系?根据自己的学习经验,解释教学的形象与抽象的关系。

2.学习理论主要研究什么?有哪些主要流派,其主要观点是什么?

3.试解释建构主义和学生主体论、情景教学、探究性学习等现代教学理念或模式之间的关系。

4.什么是传播理论?它对教育技术有什么指导意义?

5.从系统科学理论可概括出哪三个原理?实践中可如何用于指导教学?

第 3 章 视觉教育媒体

内容提要与学习目标

本章主要学习视觉媒体的技术及其应用。内容涉及教学常用的投影媒体器材,软件及其应用。在媒体教材设计制作方面则以介绍数字摄影、数字图像处理为主。本章内容是教育技术十分重要和非常基础的组成部分,具体学习目标为:

1.了解投影媒体器材的基本原理、类别与使用特点;掌握传统光学投影仪和数据/视频投影仪的教学应用。

2.了解数码相机结构与特点,掌握基本操作要领和基本技术,理解适用教学的照片特点并在实践中加以把握。

3.了解扫描仪的教学用途并掌握其使用。

4.了解数字图像的原理、类型、特点及常用格式;掌握教学上常用的图像处理技术。

3.1　视觉媒体的特点和教学功能

视觉媒体顾名思义是作用到我们眼睛,形成视觉刺激的媒体。正常情况下,视觉是人类信息的主要来源,如图 3-1 所示。广义上,视觉媒体既包括印刷的形式,如书籍、画报、照片、挂图,也包括专门为光学投影器材设计的投影片、幻灯片;既包括形象化的图形图像,也可以包括相对抽象化的文字、符号;既可以是静止的,也可以是活动的。本章讨论的视觉媒体主要是指静止的、适合屏幕或投影展示的图形图像媒体,这符合学科历史上传统的分类,也考虑到知识点的分散,

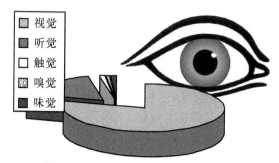

图 3-1　视觉是人类信息的主要来源

便于学习。由于现代信息科技的发展,特别是数字化的多媒体技术的发展,许多媒体设备往往能够综合运用本教材讨论到的多种媒体。例如,本章介绍的数据/视频投影仪/机,通常连接到计算机上。现在的计算机则是高度多媒体化的,不仅可以展示静止图像(我们将在第 6 章中专门讨论),也可展示视频、动画等活动图像。学习者在具体应用中应该根据实际情况灵活把握。

3.1.1 传统视觉媒体

与其他种类的媒体相比,传统视觉媒体主要有以下特点:

1. 直观性。视觉媒体最大的特性是信息呈现的直观性。它可以清晰、稳定地再现教学内容中涉及事物的宏观、微观形态,可以展示各种图形符号,对表现示意图、原理图、流程、结构以及曲线等教学元素具有很大的优势。

2. 静态性。如本节开头所述,视觉媒体呈现的信息形式大多是静态的,而且自身没有声音。尽管有些教学投影片采用简易的机械动画或多层叠加等手段,可以产生较简单的动态效果,但这种动态与电视等媒体的动态信息有着本质区别。所以视觉媒体不适合表现时间概念上的事物变化过程,而是对表现事物的空间形态更为擅长。

3. 灵活性和便捷性。传统的视觉媒体设备(如光学投影仪)操作简单,易于掌握,使用方便。在放映的时间、顺序、重复性上,使用者有较灵活的控制权。

4. 经济性。传统的光学投影仪,设备成本很低,并且学校都已经有大量的配备。根据我国 10 多年前的学校教育技术设备配备标准,每一间教室都配备光学投影仪和投影屏幕。

本章介绍的光学投影仪,属于传统的视觉媒体设备,作为未来教师的学习者还是应该了解并掌握基本操作。但除了课堂临时的书写外,传统投影片的绘制,本书不再介绍。事实上,掌握计算机上的数字图形图像处理技术,就可以设计和打印高质量的投影片,也可以通过复印机快速制作教学投影片。

3.1.2 数字视觉媒体

20 世纪末以来,数字化技术的成熟,可以说给视觉媒体技术带来了革命性的变革。数字媒体已经成了热门的新术语。数字/数码相机几乎取代了传统的胶卷相机,扫描仪则能够将传统印刷媒体,包括书本、画报、印好的照片等模拟的视觉媒体资料快速转换成数字化的版本。数字化的视觉媒体资料在处理方面则有传统模拟技术难以企及的优势。总的来说,数字化视觉媒体除了形象、直观等特点外,还有下列新特点:

1. 获取更加方便。数字相机性价比已经大大超过传统的胶卷相机,更容易获得教学所需的高质量影像。数字相机正在迅速普及,甚至大量的新手机或掌上数字设备(如 iPod)都具备了基本数字摄影功能,为教学所需的图片提供了丰富、灵活的来源。

2.共享方便。由于数字信息的特点,复制、存储、传送都特别方便。因特网和 Web 网站则正在提供越来越丰富的图像来源。通过邮件、FTP 等方式传送和共享教学图片资源也很方便。

3.使用方便。数字化的图像,课堂上使用时无需冲印或绘制投影片。只要使用计算机和数据投影仪就可以迅速、直接地展示。

4.后期编辑处理方便。数字化的图像,通过专门的图像处理软件,可以方便的加工处理。通过诸如像素、层、通道、滤镜这些数字化的分析处理工具,能够得到令人眼花缭乱的视觉效果,包括堪称可以乱真的假图片。教学不需要眼花缭乱或以假乱真,但通过数字化处理,能够得到更适合教学上各种场合使用的视觉媒体(图片图像)。

5.教学使用成本相对较高。比起传统的光学投影仪,计算机加上数据投影仪的成本相对还是比较高的。在条件较好的城市学校,有些普通教室现在也配备了这些多媒体设备。但农村和边远地区,这些设备有时学校只有少量配备,需要临时借用或到专门的多媒体教室上课才能使用。并且由于设备成本和专用灯泡等的消耗,单位课时的使用成本也不能完全忽视。

总的来说,数字化的视觉媒体已经或即将成为主流,是本章介绍的重点。数字化的图形图像,事实上也构成整个教学媒体技术中十分重要的基础,如视频与动画媒体、计算机多媒体和网络媒体都广泛涉及图形图像技术。

数字相机从现实世界直接获得数字图像。扫描仪可将传统印刷材料迅速转化为数字图像资源,并且通过 OCR(光学字符识别)技术还进一步将印刷的文字(如教材、参考书)转化为可供灵活处理使用的文本代码。数字图像处理技术则为数字图形图像的设计、处理、合成等提供前所未有的便利和更适合教学需要的效果。

3.1.3 视觉媒体的教学功能

基于视觉媒体的特点,在教学中主要有以下功能:

1.提供感性材料。利用视觉媒体的直观性,可以在教学中为学习者提供各种直观的感性材料,尤其是一些在日常生活中难以或无法观察的内容,如天文、火山、细胞、分子结构等。通过真实图片或模拟画面将这些内容呈现出来,可以加强学习者对知识的直观感受,从而提高理解、掌握的速度和程度,弥补教师语言抽象描述的不足。恰当的设计和应用,视觉媒体对教学中重点的突出、难点的突破,可以有很大的作用。

2.代替板书。课堂板书大量是文字符号,通过事先准备的视觉媒体将板书内容直接放映到银幕上,虽然不会改变文字的抽象属性,但节省了教师在课堂上的板书时间,同时也保证了信息呈现的准确性和规整度,有很大的实用价值。

3.创设教学情境。直观的视觉图像要比抽象的文字、语言更容易在情感上吸引观众。课堂教学主题展开前,利用主题相关的、合理的、有艺术感染力的视觉媒体,往往能够为教学创设出更好的情境和氛围。通过优美的图片、动人的情景,使学习者在情感上产生共鸣,对教学来说也是十分有益的正向强化刺激,有利于提高学习效果。

视觉媒体很吸引人,但也要在教学需要的前提下加以合理地运用,才能达到预期的教学效果或产生正面的教育作用。学习者要理解,不同的学科、不同的知识点、不同的教学模式下对视觉媒体的设计也会有不同的要求,应尽可能熟悉、结合自己的学科和教材,把握相应的特点和要求。

3.2 传统光学投影器材的原理与使用

投影媒体器材,包括下一节介绍的现代的数据/视频投影仪,基本光学原理都类似,即利用凸透镜的成像原理,将小的、通常是透明的源图像放大投影到大屏幕上,如图 3-2 所示。图中,放映镜头即用于成像的凸透镜,类似照相机的拍摄成像镜头。所不同的是,照相通常将大的实物或场景,缩小成像到底片或感光器件(数字相机中的 CCD 或 CMOS)。图 3-2 中的反光镜、聚光镜都起到将光源(灯泡)发出的光加以会聚,并均匀照射到源图像的作用。周边箱体起到器件构架和隔离内部光线的作用。由于光源发热,箱壁上开有散热孔。投影媒体的关键作用是放大

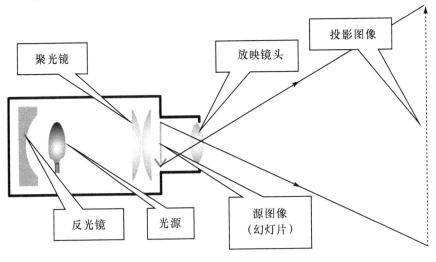

图 3-2 投影的光学原理

图像供(全班)师生共享,所以通常都需要一块大屏幕,或者至少要有一块大面积的空白墙面。通过投影的方法,是教学上运用视觉媒体的典型。这一方法非常实用,给师生的共同观看和教师的讲解提供了方便,比较充分地发挥出视觉媒体具有的直观性、灵活性和便捷性的特点。

传统用于教学的投影媒体器材包括投影仪(Over Head Projector)和幻灯机(Slide Projector)。其中前者就简称投影仪,是教育技术历史上使用最广泛、影响最大的教育媒体设备,在许多国家,都几乎配备到了每一间教室。我国在 20 世纪 80 年代开始,也基本普及到中小学。后者也称 135 幻灯机或自动幻灯机。

3.2.1　135 幻灯机简介

135 幻灯机使用 35 毫米胶片,通常可用传统 135 胶片相机拍摄获得。但胶片要使用反转冲洗法,得到正片(普通拍照冲洗得到的是负片)供放映。对于彩色幻灯片,胶片也要选择专门的反转片,有时就称幻灯胶片(Slides)。冲洗得到的正片也称反转片或幻灯片。冲洗好的正片要装入标准化的框架,成为可使用的幻灯片,如图 3-3 右边所示。放映前,教师将需要放映的幻灯片,按照所需次序,依次排放到幻灯机附带的有滑轨的盒子中。这样,放映时只要按动按钮,即可顺次放映。135 幻灯机和幻灯片如图 3-3 所示。

图 3-3　135 幻灯机和幻灯片

135 幻灯机的好处是可以通过摄影的方法制片(包括黑白和彩色片),相对方便。放映时操作也比较方便,仅需按动遥控器按钮换片(前进或倒退)。缺点是灵活性差,放映时无法调整次序,也无法随时书写或插入标注文字。此外 135 幻灯机亮度也比较暗,需要教室有良好的遮光(类似电影放映的要求)。

135 幻灯机在我国教育技术历史上实际应用不算多,有限的使用也往往是讲座(如美术作品欣赏)、报告等。135 幻灯机一般学校配置也不多,大型学校通常也只配备了一两台。由于机械结构复杂,135 幻灯机也不容易保持良好的可用状态,所以目前已经基本淘汰。但现在最常用的多媒体数据(视频)投影仪,实际上正是借鉴了其原理和结构而设计的。

3.2.2 投影仪的原理与结构

投影仪设计上的特点之一是在基本透镜放大光学原理(见图 3-2)的基础上,巧妙地在光路上插入了一个反光镜,使光路得以作近似 90 度的转弯。这样,投影胶片可以开放式的水平放置。由于最后投向屏幕的光路可从教师头顶穿过,所以投影仪英文通常称为 OHP(Over Head Projector),这样教师进行教学活动时不容易阻挡光路。投影仪设计上的另一个特点是采用大面积的螺纹透镜,物理学上也称菲涅尔透镜。该透镜(作用相当于图 3-2 中的聚光镜)使得投影片的面积可以很大,同时受光均匀。通常玻璃的投影平台面积可达 300mm×300mm。投影片可达 250mm×250mm(小学和幼儿园有时配置的要稍小一些),与 A4 纸的幅面相匹配。这些设计非常适合于日常教学的使用。

投影片可以事先方便手工绘制或书写(通常使用水笔,可以反复擦除),上课时教师可以随时在投影片上现场书写标注,类似板书,所以投影仪也曾有书写投影仪之称。甚至有些具有透明效果的实验,也可以在投影平台上进行。例如物理课的日光灯启动器动作、化学课的显色反应等。利用多层投影片迭放,并作不同维度的抽动或旋转,有时也能模拟一些动态效果。投影仪的亮度也比幻灯机大得多,通常只要屏幕不被日光或灯光直接照射,即可正常使用,从这个角度,相比于幻灯机要求的全黑环境,早先投影仪也被称为白昼幻灯机。

投影仪的结构和原理如图 3-4 所示。图中放映镜头和反光镜组合成一个带调节旋钮的组件。组件通过齿轮与直立的齿轨相连。调节旋钮即可带动组件上下移动,实现调焦。开关面板上除了电源开关,往往还包括灯泡切换杆、光斑调整钮、光亮调整开关等。投影仪为了教学使用的可靠性,往往装有备用灯泡。使用上发现灯泡损坏,即可利用灯泡切换开关调用备用灯泡。当发现投影图像不太均匀或部分区域有色差时,可以进行光斑调整使其均匀。在亮度足够的情况下,使用低亮度档,可以节约用电并延长灯泡使用寿命。

由于投影仪具有使用方便、成本低廉、普及度和可靠性高、自制投影片简单、播放时可以随时现场书写等优势,一直受到教师欢迎。即使在多媒体数据投影仪快速发展的今天,这种传统的投影仪仍有使用价值。在发达国家,普通教室中仍然大量配备有投影仪并且使用频繁。

3.2.3 投影仪的使用

投影仪的操作和使用比较简单,主要步骤包括:

1.摆放好投影仪位置,使其与屏幕有恰当的距离和端正的朝向,以保障能得到全屏幕的、清晰的、并且不失真的投影图像。根据影像的大小,调节投影仪到银幕的距离。具体距离可参考表 3-1。

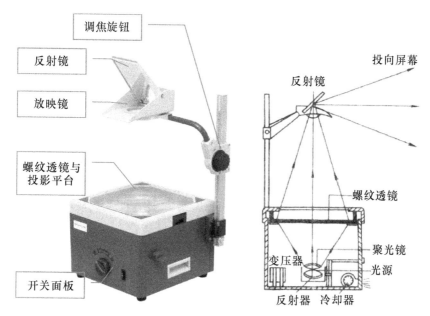

图 3-4 投影器实物及光学结构图

表 3-1 投影距离及银幕面积参考对照表

投影距离(m)	放大倍数	屏幕尺寸(cm)
1.5	4.1	112×112
2.0	5.75	160×160
2.5	7.4	204×204
3.0	9.75	252×252

2.连接电源,必要时通过接线板。打开开关。采用溴钨灯光源的投影仪,开关打开灯泡即发光。而镝灯投影仪采用触发式开关,按下开关,需几分钟之后,光源才能逐渐达到正常亮度。

3.放置投影片,调整反光镜角度,使映像投到银幕上的位置合适、没有畸变。通常需要尽可能保持从投影片到屏幕各个位置(如四个角)的光程相等,否则会产生梯形一类的几何失真。

4.调整调焦钮,使影像清晰。

5.在陌生环境使用又缺乏经验的情况下,根据需要,步骤 1、3、4 可能要反复进行。更多的情况是教室配有固定的投影仪,有专门设计的平台搁置和存放,这时调整就很简单。固定配置、经常使用的投影仪几乎无需调整,开关电源就可以了。

在使用投影仪过程中,还应注意以下几点:

1. 在投影仪不使用的情况下,反光镜通常是扣合在放映镜头上的,如果此时打开电源,光线经放映镜头会在反光镜上形成一个较小的高亮度光斑,时间久了会灼伤反光镜的正面涂层材料。所以在打开电源之前,要先将反光镜抬起。

2. 投影仪机内风扇起到排热作用,因此打开电源后要确保风扇是正常工作的,否则不能使用。

3. 如果银幕上的影像出现亮度不均,光斑呈圆形,四周灰暗,则可以调整光斑旋钮,使光源与反光镜同轴,从而得到均匀映像。

4. 几何失真主要由投影仪和屏幕之间的方位关系不正确引起。投影光轴垂直屏幕时,到达屏幕各处的光程相等,就不会失真。当屏幕较大较高并保持严格垂直地面时(如贴着墙面),实际上很难完全排除上大下小的梯形失真。大多数教学情况下,这类失真是可以允许的。

5. 对于溴钨灯投影仪,机内常备有备用灯泡,当使用过程中出现放映灯泡烧坏的现象,则可以立即拨动灯泡切换杆,将备用灯泡移到放映位置,灯泡会自动接通电源,使其处于工作状态。

3.2.4　投影片的材料与制作

投影片的材料来源十分广泛,凡是透明的薄片如玻璃片、玻璃纸、塑料薄膜、胶片等均可用作投影片,并且可用硬纸板、硬塑料板等材料做片框。投影片大小自行确定,边长由 100～250mm 不等。这里介绍几种较为规范的投影片品种。

1. 单片:正规出版发行的投影教材(教学投影片),一般为边长 150mm 至 240mm 的彩色框片。供教师平时自己绘制和书写使用的,是一种 250mm×250mm 的明胶片。其材料是厚度约为 0.1mm 的涤纶胶片或聚酯胶片。为增强墨水和水彩的附着力,胶片有一面是涂有胶膜的。事先精心设计的图形、文字,应绘制在有胶面。课堂上注解、标画等临时书写,尽可能利用叠加空白胶片,并在无胶面书写,以便重复使用。

2. 卷片:一种宽度为 240mm 的卷筒投影片,使用时安装在投影器两侧的卷轴上,在玻面上左右卷动,长度视需要而定。一般用于展示幅面较大、较宽的书卷、画幅或设计图。

3. 活动片:为了达到图形重叠、图形移动、图形旋转等动态演示效果,一些投影片采用多张胶片叠合、抽拉、旋转等结构方法,构成活动式投影片。活动片是中小学教学中常用的一种投影片。制作旋转的投影片时,可以使用铆钉、大头针之类的进行定位。

4. 打印和复印投影片:计算机技术和办公自动化技术的快速发展,也给传统投影片的设计和高效制作带来前所未有的革新。但要注意,供复印和激光打印的胶片,应选用耐高温的涤纶胶片,厚度也是 0.1mm 为好。复印和激光打印的投影片效果很好,但通常只能是黑白片。如要打印彩色片,一般使用喷墨打印机,并选用专门的喷墨打印胶片,价格稍贵,效果不错。

3.2.5　投影银幕

视觉媒体投影教学中,投影银幕是整个系统中必备的部分,无论是传统投影器材还是现代的数据(视频)投影器材都要用到。投影银幕有时也称投影屏幕。教学用的投影银幕一般固定在教室内黑板的侧上方,幕布上端向前适当倾斜(避免梯形失真),大小一般为 1.7m×1.7m 或 2.2m×2.2m 等不同规格。在品种质地上教学银幕有以下几种类型:

1. 布基白塑幕布:这种银幕是用布作基底,采用高反射系数的塑料喷涂而成,幕面洁白,涂布均匀,光线反射柔和,视觉不易疲劳,并且银幕可以软折,用后可以收入卷筒内,脏了可以用湿布擦洗,价格也较便宜。是目前学校中最常用的一种教学银幕。

2. 玻璃微珠幕布:这种银幕也是用布作基底,但上面涂以塑料,再喷贴上高折射率的玻璃微珠制成。放映的亮度效果很好,并且亮度和清晰度不易受观看角度影响,适宜较大范围内的观众从不同角度观看。玻璃微珠幕布不能折叠,不能用手指或硬物碰触幕面,否则容易造成污痕和裂纹。幕面上的灰尘,可用鸡毛帚轻轻拂去,不可用水洗。由于玻璃微珠幕布的上述特点,加之价格较贵,所以在一般教室中应用较少。

3. 高级塑料微珠银幕:这种银幕是用尼龙薄膜作底。涂以高反射系数的塑料涂料,再喷贴上玻璃微珠制成。成像的亮度和清晰度极好,视角较大,特别适用于投影电视使用。

4. 白布幕:这种银幕用白布制成(最好用粗白布),亮度不及玻璃微珠幕和布基白塑幕,但价格便宜,使用方便,适用于普通教室教学。

5. 木板幕:在农村地区、特别是边远山区的学校,可因地制宜选择木板(三合板或五合板较好),上面刷漆(亚光为好,或可在普通白漆中加入一些立德粉),即可制成简易的银幕。

6. 白墙面:在最简陋或临时性的场合下,也可选方位和大小合适的白色墙面当作投影银幕使用。

专业的投影银幕有两种支撑或安装的方法,如图 3-5 所示。图 3-5 左边银幕采用悬挂的方法,通常都固定安装到墙上,使用的时候将银幕从卷筒里往下拉出即可。为了使用方便,这类投影银幕有些还配置电动装置,只要按通常位于墙上银幕边的按钮,即可控制银幕向下卷出或向上收进。图 3-5 右边银幕采用三脚架支撑,好处是可随时随地灵活配置,并且银幕上方往往可以稍稍前倾,有利于减少映像的梯形失真。缺点是占用额外空间,临时支撑费事费力。

图 3-5　投影银幕

3.2.6　投影教学技巧

1.利用教材配套投影片。各地的电教馆、站多年来组织设计、生产(出版)了大量与教材配套的投影片。这些投影片专家设计、工业化生产,质量与使用效果通常都比较好,应优先利用。

2.精彩的独特想法或材料,需要自行设计绘制,这时应尽可能精心设计制作,成为教学的成果,可重复或推广使用。

3.应充分利用计算机设计、打印、复印机复印等现代化方法,提高效率。MS Word 上可以使用专门的投影片模板进行设计。

4.自行设计时,对文字、图形的尺寸、粗细、颜色等要加以把握,要勤观察、多比较,积累经验。大部分的这类原则和经验在设计数字图形媒体(如 PPT)也是适用的。使用投影媒体的教师应经常到教室后排和边上去观察映像效果,照顾到每一个学生。

5.教学中有时同一幅投影片上的信息(如从上至下的板书)需要逐步展示,可以用纸板等将不展示的部分挡住,逐步移动纸板来渐次展示当前的教学内容。

6.应适当控制教室的照明和遮光(利用窗帘),投影屏幕处应尽可能暗,更不能受直射光照射。教室后面则应有一定亮度,适当开灯或部分开启窗帘,使学生能够正常看课本、记笔记。

3.3　数据/视频投影仪的教学应用

数据投影仪,也称视频投影仪或多媒体投影仪,是目前使用越来越广泛的一种教学投影媒体设备。数据投影仪典型的可以链接到计算机的显示接口(VGA 接口)和视频设备的视频接口(Video Out)。视频设备包括录像机、摄像机、VCD、DVD 播放机以及后面介绍的视频展示台。所以数据投影仪已经成为现代课堂多媒体教学的核心设备。

数据投影仪如图 3-6 所示,它的形状和结构类似 135 幻灯机,但它使用透明的数据和视频显示器件取代了传统的幻灯胶片。显示器件常采用 LCD(液晶显示器),所以也称为液晶投影仪。新式的显示器件如 DLP(Digital Light Processing,数字光处理)也正大量被采用以获得更好的性能。显示器件在内部转接到了 VGA 接口或 AV(音、视频)接口。这样我们就可以接上计算机或 VCD、DVD 播放机等进行投影展示。

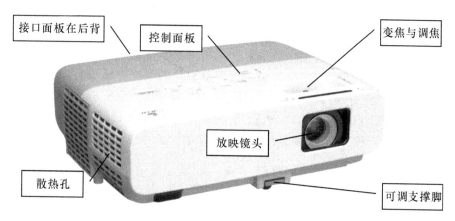

图 3-6　数据/视频投影仪

数据投影仪接口丰富,通过不同的接口同计算机 VGA 以及 VCD、DVD、BD、游戏机、DV 等相连接,播放相应的信号。视频投影仪可以播放静态的图像,事实上也可以播放动态的视频、动画。有些数据投影仪还自带了音响,具备输出声音的功能。数据投影仪已广泛用于会议室、办公室、学校和小型娱乐场所。条件较好的中小学,现在也逐步在每一间教室都固定配备了数据投影仪。

3.3.1 数据投影仪的性能指标

数据投影仪主要有下列性能指标：

1.亮度：主流的 LCD、DLP 专业视频投影机的标称亮度一般在 $1000\sim2500$ 流明。应注意，这里说的流明，实际指的是 ANSI(ANSI，即美国国家标准局标准)流明，与传统物理学的流明定义有所区别。通常，同样的实际亮度 ANSI 流明值要远低于物理学定义的流明值。

2.对比：数据投影仪的对比度是投影可能达到的画面最亮点与最暗点的照度之比。对比度往往反映出的映像的灰度及色彩层次范围，从而影响视觉效果。对于映像再现，一般而言对比度越高越好。对比度大可以使图像清晰呈现，色彩鲜明，对比度小则使画面灰暗。液晶投影仪对比度一般应大于 400：1(ANSI 标准)。DLP 投影仪对比度常可达到 1500：1。

3.显示器件：根据显示器件的不同，视频投影仪分为 LCD(液晶)及 DLP(数字微镜或光显)等不同类型。在通常价位下，三片式 LCD 的色彩表现最出色，但使用了一段时间后(一般在 2000 小时后)，LCD 投影机往往会偏色(偏黄)，主要是因为偏振片的老化及蓝色 LCD 的衰老所致。而 DLP 则没有这种情况，色彩的保持性很好。

4.分辨度：可显示的数据信号像素数，用水平方向与竖直方向的像素数乘积形式表示，一般越大越好。目前教学应用数据投影仪的主流分辨率为 1024×768，跟一般台式计算机正好相匹配。这一参数远超出了标准的 VGA(640×480)，也超出了曾经流行的 TVGA(800×600)，所以有时也称为 XVGA 标准。

5.接口：接口种类丰富，数据投影仪能配接的设备和信号种类就比较多。

3.3.2 数据投影仪的常用接口

最基本的应该有 VGA 和 Video。教学用的数据投影仪 VGA 通常还有两路，分别称 VGA1 和 VGA2，有时也直接标为 Computer1 和 Computer2。两路 VGA 的好处是可以同时接固定计算机(台式机)和笔记本计算机(通常教师自带)。使用时只要在投影仪控制面板或遥控器上按"Input Source(输入来源)"按钮即可随时切换。其他的接口有 S-Video、分量、DVI、HDMI 等。这些扩展的接口通常提供更好的质量，但需要输出设备支持，并使用专门电缆。数据投影仪的常用接口如图 3-7 所示。

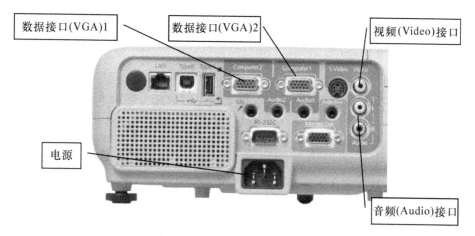

图 3-7   数据/视频投影仪的接口

3.3.3   数据投影仪的使用

数据投影仪一般有两种安置方法。

在学校里的多媒体专用教室,甚至很多普通教室,都采用了固定安装的方法。固定安装通常都采取了从天花板吊挂的方法,这时投影仪通常是上下颠倒安装,以便于控制面板的操作,尤其是在遥控器失效的情况下。固定安装时屏幕也是固定的,安装时已经调试完善,没有特殊情况则使用时几乎无需调整。

数据投影仪价格昂贵,价格常达万元以上。所以学校适量的集中配置保管几台,教师上课需要时临时借用到教室使用也是合理并且常见的用法。这时就需要自行安置和调试。数据投影仪一般都配有遥控器,上面的按钮与投影仪机身上的控制面板基本一致,两者都可以使用。常见的控制面板配置如图 3-8 所示。基本的安置和调试步骤如下:

1. 安置:根据机器手册选择合理的摆放位置,主要是选择通风散热良好、稳固,并且高低、镜头方向和离投影银幕距离都合适的位置。,并进行接口连接和调整。

2. 连接电源和信号:最常用的是利用计算机(台式或笔记本)作信号源。这时应利用数据投影仪通常自带的专用 VGA 电缆,将计算机的 VGA(显卡)接口和数据投影仪 VGA 接口(Computer1 或 Computer2)相连。专用电缆两头都是 15 针的插头,一定要可靠插入。插头上一般带固定螺栓,插入后可考虑适度拧紧。如果是利用 VCD 或 DVD 等视频播放设备,则要利用视频电缆连接视频口。播放设备上是接视频输出(Video Out)口,投影仪方面则应接视频输入(Video In)口。至于音频,虽然有些数据投影仪带内部配置音频与扬声器系统,但有效的功率通常不够充足。所以一般的做法是将信号源的音频输出接到其他的音频系统,以达到更好的声音效果。

3.打开镜头盖,开启电源,通常投影光斑的亮度慢慢增加,需耐心等若干秒钟,方能达到正常工作亮度。播放信号源,如果是计算机,也可以事先启动以节约时间。

4.通常数据投影仪会自动搜索信号源,并加以投影显示。如果没有看到映像,或连接了不止一路输入,就需要通过遥控器或控制面板上的输入选择按钮选择需要的信号源。

5.调整投影仪方位,使得映像位置与投影银幕匹配。数据投影仪前端的支撑脚一般都可调节伸缩高度,来帮助定位映像的高低。需要的话,也可考虑临时在支撑脚下面垫入一定厚度的支撑物(如书本等),以得到合适的映像高低。

6.变焦调整,可以改变投影映像大小,通常应使其恰好充满整个银幕。如果变焦到最小焦距,映像仍不够大,就必须移动投影仪位置,使其与投影银幕的距离延长来得到更大的映像。

7.调焦使映像清晰。

8.由于是数字设备,数据投影仪的亮度、对比度、色饱和度以及几何失真等很多参数都可以通过菜单进行调整。菜单的使用方法跟目前流行的数字设备(如MP3播放机)的菜单相类似。即通过一个菜单启动按钮(Menu),四个方向移动按钮,以及确认(Enter)或返回(Esc)按钮来选择所有的功能和改变取值。如通过菜单选到亮度调整功能,然后通过左右方向按钮改变亮度值。一般情况下,这一步不需要进行。临时场合使用,投影映像出现上大下小的梯形失真应予以容忍,以避免麻烦的调整,或给下一位使用者带来不必要的麻烦。

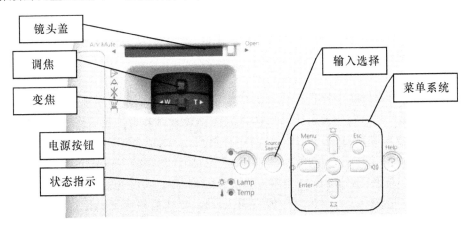

图 3-8　数据/视频投影仪的控制面板

3.3.4　数据投影仪的使用的注意事项

数据投影仪价格昂贵,工作时温度较高,须依靠风扇及时散热。尤其灯泡,作

为消耗品,价格达千元以上。所以使用应格外小心,尽量减少不必要的损失。具体需注意:

1.电源开关切换时间间隔应需 5 分钟左右。频繁开关电源的话,会对投影灯泡产生很大的电流冲击,投影灯泡也就会很容易损坏。切忌频繁地开关投影机,关闭投影机后要是想重新开机的话,需耐心等待 5 分钟左右。

2.运行时,保持通风良好,在机器周围留出大于 30cm 的空间。

3.关机后,要等风扇停止转动后,再切断电源。

3.4   视频展示台的教学应用

视频展示台(Video Presenter)与数据(视频)投影仪结合使用,也是教学上很实用的媒体工具。视频展示台又称实物展示台,是通过摄像镜头,将书本、文稿、图片等印刷材料,甚至实物、过程等信息直接转换为视频图像信号,输出到投影机、监视器等显示设备上加以展示。视频展示台如图 3-9 所示,最基本的组成部分包括摄像镜头和展示平台。摄像镜头通过臂杆与展示平台连接。展示平台正面还包括了控制面板、上面两侧一般安装有辅助照明等,平台后面或侧面则安装有视音频输入/输出、计算机接口等。

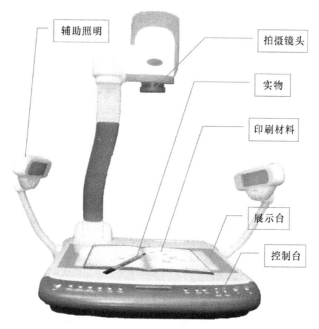

图 3-9   视频展示台

3.4.1 视频展示台的教学功能特点

1.视频展示台使用方便,所展示的图像清晰、逼真、生动。

2.视频展示台台面是透明的,下面配有光源用于透射,所以透明材料(如传统的投影片)也可以使用,并且备有黑白彩色的正负片翻转等实用功能。

3.带有辅助照明设备,具有自动白平衡调节功能,可调整文稿或胶片的色差。

4.自动聚焦,还可手动变焦。有利于现场根据情况实现特写,甚至推拉镜头效果等。

5.具有多路信号输入输出端口,能够方便地与计算机、电视机、录像机、激光视盘机等设备连接,具有多媒体教室"集中控制器"的功能。

6.尤其突出特点是无需专门准备电子讲稿。可代替传统的实物投影幻灯机、胶片投影仪等,能实现一机多能、一机多用。

视频展示台可以应用在各学科教学中。进行文科类教学时,繁多的教学资料可直接置于展示台台面,其内容通过灯光的应用,放大功能的调整,可以清晰显示出来;进行物理、化学、生物等学科教学时,可以在展示台上直接进行一些小型的演示实验。

视频展示台还可与多媒体投影机、大屏幕背投电视、普通电视机、液晶监视器、录像机、VCD播放机、DVD播放机、话筒等输出输入设备配套使用。目前最流行的组合方式是与数据(视频)投影仪、计算机等加以集成,组成所谓多媒体讲台或多媒体教室(参见第6章)。视频展示台寿命长、体积小、噪音低,使用方便。

3.4.2 视频展示台的接口

视频展示台上的接口分为视频输出输入接口、音频接口、数字接口等。视频输出接口(Video Out)、VGA输出插口是视频展示台最常用的接口,用于将摄像头得到的视频信号和其他视频播放设备输入展示台的视频信号送给电视机、投影仪等设备显示。

视频输入插口(Video In)、VGA输入接口与视频播放设备、影像采集设备(如录像机、VCD/DVD播放机、摄像机、MP4、数码照相机等)的视频输出接口相连,以将这些设备播放的视频信号集中送给电视机、投影机。视频展示台上Mic、Audio Out、Audio In等插口,也是类似用作多路信号的集中和切换。

3.4.3 视频展示台的使用

使用视频展示台时,首先要将它与电视机或投影机相连。然后打开电源,根据展示材料的性质开启正面或背景照明。然后根据投影映像的状况和需要进行适当调整。

视频展示台的控制板上有一系列的开关和按钮。除了电源开关外,用于状态切换的有"灯"、"输入输出选择"、"正负像转换"、"黑白/彩色转换"等,用于参数调整的有变焦、调焦、亮度、对比度、饱和度等。这些按钮需要时要进行适当调整。最基本的调节有变焦、聚焦、色彩调整和亮度调整。下面简单说明:

1. 输入输出选择:用于选择是将视频展示台摄像头拾取的信号输出,还是将哪一路视频输入插口输入的信号输出。默认应该是摄像头输出。

2. 正负像转换:可用于将底片影像转化为正像效果呈现,也可以将正常的画面负像化呈现。

3. 黑白/彩色转换:用于调节彩色原件,选择最终呈现的图像是彩色的还是黑白的。

4. 变焦:通过调节视频展示台镜头的焦距,可使拍摄的范围发生变化,从而使要展示的内容在投影机或电视机呈现画面中的大小发生变化。如小型的观察对象,就可以推近(变成长焦)作特写展示。

5. 调焦:使摄像镜头聚焦到摄取对象。视频展示台上的聚焦分为手动聚焦和自动聚焦两种形式。在实物展示情况下,被摄体不在一个平面上,应根据需要进行手动变焦,将焦点对准重点展示的部分。

6. 色彩调整:色彩调整可分为白平衡调整、饱和度调整两个方面。白平衡调整的作用是使获取的影像色彩不失真(不偏色),也分为自动调整和手动调整两种方式。

7. 亮度调整:调整亮度旋钮或光圈旋钮,都可改变摄像头中光圈的大小,从而改变最终呈现画面的亮度。

8. 镜头方位调整:这是很实用的一个功能。根据需要,镜头方向可以有所偏向,甚至对到展示平台外面(如教室一角或学生)。

3. 4. 4　视频展示台使用中的注意事项

1. 视频展示台最大的优点就是可以直接使用印刷材料并可直接在纸面上板书。但要注意的是,素材长宽比例需适当,演示资料表面要平整(必要时需要用一定工具压住)。

2. 虽然材料无需专门制作,但教师仍应在备课时做好充分准备,把搜集到的教学资料、素材进行深入细致地整理,课堂上有条不紊地展示,才能产生预期的教学效果。

3. 视频展示台是通过摄像头翻拍的方法来实现图片、文稿、实物展示的。因此,在实际显示过程中,不要企图把整页文稿全部都显示出来。否则,字体太小,不能阅读。正确的操作方法应该是局部演示或重点放大。再如,当演示的文稿或图片页面较大,不能全部展示在屏幕上时,应该转动摄像头,调整好焦距,再展示其他部分。

4.光照弱会导致所用光圈大,造成画面容易模糊,所以要尽可能地对被摄体补光。

5.视频展示台采用的是摄像头,并且将图像转换为视频,因此分辨率有限。总的来说,文字、示意图一类主要由线条组成的画面,展示效果远比不上计算机的演示文稿(PPT,第 6 章介绍)。

总之,视频展示台在多媒体教学中已得到广泛的应用,在应用过程中,要掌握它的特点和优势,才能充分发挥视频展示台的作用。

3.5 数字图像

3.5.1 数字图像概念和原理

1. 图形与图像

通常,狭义地理解,可以认为图形(Graphics)由线条或色块(无过渡色)等组成,例如,几何图、工程图、教学示意图、卡通画一类,"形"字似可理解为对现实世界中真实景物的形的抽象。图像(Images)则更形象和具体,"像"字可理解为对现实世界中真实景物的写照,如照片、实景拍摄的电影电视、写实主义的绘画等。由于真实景物形状、位置、表面质地及照射光线的复杂性,图像的色调、(亮度)层次细腻,多过渡色。

实际上,上述两者的区分不是绝对的。在计算机领域,随着软硬件技术的迅速发展,更在使两者的创建和处理技术趋于交融。如在三维动画软件 3ds Max 中,通过建模的方法创建多边形(典型的几何图形),又通过贴材质、加灯光等,然后加以渲染(实际是按设定的条件进行计算)来产生效果图(逼真的图像)。因此,本教材对图形、图像这两个术语的用法不加严格区分。

2. 数字图像

人类创建和使用图像至少已有几千年的历史了,起先是刻制或绘制(用刻刀、画笔等),后来还使用照相技术(用照相机、感光材料等)。数字化的图像,前提是如何用 0、1 这些二进制的数据来表示和存储图像(即构成所谓数字图像),以及如何创建(包括绘制、设计、直接拍摄或从模拟图像加以转换)和再现这些数字图像。对于传统绘画和摄影技术来说,存储和再现差不多是同一的。图像保存在纸或画布上,正常光线下,图像也再现其上。数字图像以计算机内在的电子方式(0、1 或相应的高电平、低电平之类的状态区分)存储,直接看不到,必须通过一定的输出设备才能再现图像。一种方法是利用打印机或绘图仪,仍把图像再现在纸上,成为所谓硬拷贝。另一种方法是利用类似电视、投影的技术，把图像动态地再现在显示屏（CRT、液晶以及液晶投影）上。在现代教育技术（如多媒体教学）中，图像再现主要用后一种方法。很显然，这种方法，只要计算机不工作了，图像就不再显示。事实上，显示屏幕上，各个位置或点（相当于像素，由荧光物质构成的颗粒，被电子束打到时会发光）在时间上是轮流被电子束打击，逐个先后发光的。由于电子束的扫描很快（少于 1/50 秒的时间内，每个像素都能被电子束扫到而发光），再加上人眼的视觉暂留效应，实际感受到的是完整的视觉图像。显示器件常见的有 CRT（阴极射线管）、LCD（液晶显示器）等，发光的原理有所不同，但扫描的机制相类似。数字图像内在的机制是用二进制数字阵列来表示图像，这些二进制的数据，加上一些格式描述数据，组成一个数字图像文件。

3. 位图与矢量图

根据数字图像内二进制数字具体对应的图像结构的最小单元，数字图像可以分为位图和矢量图两大类。

(1) 位图（Bitmap），也可理解为像素图。“像素”（Pixel）是由 Picture 和 Element 这两个单词所组成的，是组成位图图像的最基本元素。像素彼此相邻，当数十万至数百万个像素拼合起来，便构成一幅数字图像。若把位图放大多倍，能观察到其中的连续色调区域其实是由许多色彩相近的小方块所组成（参见图 3-10），这些小方块可以看做是显微镜下的“像素”。位图数字阵列中的每个数字（一串二进制位）就对应到像素，具体表达该像素的颜色属性。类似化学中将物质分解到化学元素（原子）为止，位图也只能将数字图像分解到像素为止。一个像素只能有一个颜色属性，不再能够分解。位图的数字阵列结构通常对应（映射）到长×宽个像素的矩形图像结构。数字阵列中每一数字（一串二进制位）则映射到矩形图像的某一个像素。所以位图全称为位映射图，即“bitmap”，这里“bit”的意思是“位（比特）”，“map”的意思是“映射”。

(2) 矢量图，也可理解为图元图。矢量图数字阵列中的每个数字也表示数字图像的一个最小单元。但这个最小单元不是像素，而是矢量，有时也称图元。这里的矢量（Vector）或图元（Meta）数据表示一个简单的基本图形，如线段、三角形、圆形等，以及其颜色、位置、方向（旋转）、放大比例等。通过大量的基本图形，可以合成复杂的图形。例如，MS Office 附带的大量剪贴画，属于矢量图，其文件扩展名为“.wmf”，即“Windows Meta File（图元文件）”，还有一种加强的格式，为“.emf”。

位图与矢量图由于其内在图像信息机制的区别，也带来诸多不同的特点，如：

(1) 位图可由软件工具绘制而成（如 Windows 自带的“画图”软件），但更多的由扫描仪、数字相机等得到。矢量图则主要由专业的图形工具绘制，如 CorelDraw、Illustrator、Flash、Visio 等。支持图形应用的编辑工具，包括 Word、PowerPoint、Flash、Authorware 等，其内部自带工具绘制的图形也属于矢量格式。

图 3-10　位图(左)与矢量图的比较

(2)位图是由大量不同亮度和颜色的像素所组成,文件尺寸较大,但可以很好地反映明暗的变化、复杂的场景和颜色,从而表现逼真的效果,如图 3-10 左边所示。矢量图则使用简单的基本图形来合成图形,文件一般较小,画面简洁,适合表现几何结构图(如 3D 建模)、示意图、卡通图等,如图 3-10 右边所示。

(3)位图由有限个像素组成,通常以"长×宽"的方式表示,即水平方向的像素数乘以竖直方向的像素数。当位图被强行放大显示时,显示器上多个像素的位置只能由一个像素的颜色信息来重复填空,就会出现锯齿或马赛克效应,不能保持清晰。而矢量图由基本图形合成,放大显示时实际是比例因子变化。如一个

图 3-11　位图放大的锯齿效应

圆形,放大就是将半径放大,如同调整圆规重新画一次,所以能够始终保持清晰。两者的比较如图 3-10 所示,左边位图右下角圆圈内是放大 24 倍的情况,一块马赛克就由 24×24 个像素组成,实际只能由一个像素的颜色填空。图 3-11 所示的也是位图与矢量图的放大比较,左边放大后位图的线条呈现锯齿现象。

(4)位图和矢量图编辑处理的思路、方法不同,软件工具往往也不同。矢量图基本图元及其属性的定义各个软件不容易标准化,也即矢量图形格式多样化,互相之间很难交换。矢量图可以方便地转化为位图,反过来就基本做不到或效果很差。位图处理的基本对象就是像素,即改变某些像素的属性(其实就是颜色)。通过多样化的像素选择工具,可以选择合适的像素集合进行批量处理,从而提高效率。

层、通道、滤镜等概念和工具的引入,进一步增强了处理的效果或效率。矢量图的创建往往是对基本图形进行调整、叠加和合成,所以后期应用(包括某些著作工具,如 PowerPoint、Flash、Authorware 等)再处理比较灵活方便。除了可以方便的,不加失真的放大、缩小或旋转等以外,还可以将其解组,分解为基本图形,分别处理或增删后,再合成(组合),得到需要的效果。图 3-12 所示为

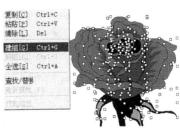

图 3-12　矢量图的分解和组合

剪贴画(.wmf)在多媒体设计工具中被解组后的情况,一个对象分解为了许多个基本图形。

4. 位图的像素尺寸、颜色深度、色彩模型与屏幕显示

(1)位图的一个要素是其解析度,也称像素尺寸(Resolution,常翻译成分辨率),即所包含像素的数量,且用"长×宽"的方式表示,即水平方向的像素数乘以竖直方向的像素数。在显示器件和显示模式确定的情况下,单位尺寸的像素数也确定。这时图像像素尺寸大,像素多,就意味着占有的尺寸或面积也大。显然,位图的整个数据量也跟像素数量成比例。位图的总像素数大,则图像信息量大,包含的细节数多。相同解析度的位图文件,有可能打印成不同尺寸的图像。这时候,打印(显示)成小尺寸图像,单位尺寸的像素多,看起来就清晰细腻。单位尺寸的像素数也称为分辨率,常用的单位为 dpi(Dot Per Inch),意即每英寸的点(像素)数。注意不要与上述像素尺寸相混淆。图像的像素尺寸关注的是像素总量。这里用 dpi 度量的分辨率指的是单位物理尺寸内的像素量,主要影响打印输出的精度或清晰度。两者容易混淆的原因是由于技术发展的历史,都用英文单词 Resolution 表示。图像文件的像素尺寸通常能够在文件属性中显示(如果通过右键菜单看属性,要选"摘要"标签,必要时选择一下"高级"按钮)。

(2)位图的另一个要素是其颜色深度。一个位图文件,描述其单个像素属性(即颜色)的二进制数据位数固定,也称该位图的颜色深度或位深度。颜色深度越大,描述单个像素的二进制位数越多,可以表达的颜色种类也就越多。整幅图像的颜色就有可能更加丰富多彩。图 3-13 所示为位图的颜色深度示意。如位深度为 1,就只能区分或表达两种状态,通常就是"非黑即白"。24 位二进制数(通常给红、绿、蓝三种分量各分配 8 位)则能区分 2 的 24 次方(约 1600 万)种颜色,已经超过人眼能够区分的范围,也称真彩色(True Color)。

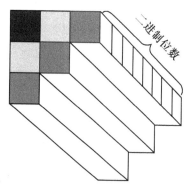

图 3-13　位图的颜色深度示意

(3)由 RGB(Red、Green、Blue,即红、绿、蓝)三种分量(也称三基色或三原色,各 8 位二进制数)的合成(加色法)来表达颜色,也是计算机、显示器、电视机等最常用的色彩模型。RGB 三个分量确定,像素的颜色就确定,这里的所谓颜色确定,意味着色调、饱和度、亮度也确定。事实上,后三者,即色调、饱和度、亮度构成另一种等价的色彩模型,即 HSL 色彩。色彩体系涉及色彩的表达和调整,在设计图形的计算机应用中几乎都要用到,如图 3-14 所示,是一个典型的调色板,两种彩色体系同时可使用。在许多多媒体,如网页 html 代码、多媒体编著工具的脚本语言中,往往也采用 RGB 色彩模型,并且用 16 进制数字来表示 RGB 值,形如"♯ * * * * *

＊"。其中"♯"号表示 16 进制,"♯"号后面两位为红色分量,中间两位为绿色分量,最后两位为蓝色分量。如"♯ffffff"、"♯000000"、"♯ff0000"、"♯00ff00"、"♯0000ff"、"♯ffff00"、"♯00ffff"、"♯ff00ff"分别表示白、黑、红、绿、蓝、黄、青、紫等。RGB 色彩模型跟显示器尤其容易配合。因为显示器通常也采取红、绿、蓝三种分量来合成颜色。数据投影仪(显示器)与显卡之间通过 VGA 接口连接。连接电缆中有三根信号线就分别传输红、绿、蓝三种色彩分量信号。其中有分量信号线接触不良,就会造成偏色并且暗淡。如蓝色信号缺失,整个色调会偏黄,并且屏幕整体暗淡。还有一种 CMYK 色彩模型,常用于彩色印刷中。CMYK 分别代表青(Cyan)、品红(Magenta)、黄(Yellow)、黑(Black),这是一种基于反光的(减色的)色彩体系。CMYK 值是以浓度 0%～100% 来表示,不同浓度叠加会产生不同的色彩。理论上相同浓度的 CMY 叠加,则会变成黑色,但实际混合色料后并不会呈现黑色而是暗灰色,所以将黑色独立出来,增加印刷时颜色的范围。

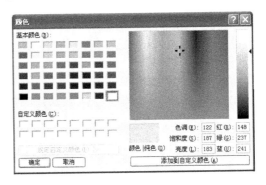

图 3-14　计算机彩色的两种彩色体系

(4)除了黑白图像和真彩色图像,流行的位图图像中,还存在位深度为 4、8、16、32 等情况。以 8 位位深度为例,可以表达 256 种不同颜色,但具体一个 8 位二进制究竟表示什么颜色,往往通过一个颜色索引表来确定,称为索引彩色。这样的好处是可以根据需要或原始图像的颜色具体分布情况来优化取值。如 256 种颜色都取不同程度的灰色,就成了层次丰富的灰度图。显然,位深度越大,每个像素信息存储和处理开销也越大。索引彩色通过减小位深度,能够适当地减小图像文件的数据量。总的位图文件数据量就可由公式"位深度×像素总数",或"位深度×长(像素数)×宽(像素数)"来计算。现在流行的数字相机,像素总量往往达 1000 万,真彩色记录,拍摄的照片如不经压缩,一幅的数据量就达到 3 字节×10000000＝30MB,即 30 兆字节。这里未包括描述格式、属性等的文件头尾信息,但这部分信息其数据量很小,可以忽略。

(5)与位图像素尺寸密切相关的还有一个重要的概念是显示器(屏幕)的解析度(其实也可理解为屏幕的像素尺寸)。如目前学校计算机最常用的设置是"1024

×768",教学上与计算机配合使用的数据投影仪也是以这个指标为多。当然有些笔记本电脑采用宽屏的 LCD,可能为"1280×800"等。注意,虽然显示器的分辨度通常都可以人为设定,如在 Windows 桌面右键单击,选"属性/ 设置",即可看到并设置屏幕分辨度。但一台显示器实际上存在一个最合理的,通常也是默认的分辨率。如学校或家用台式机的普通显示器,无论 CRT 或 LCD,目前多为"1024×768"。专门同于图形工作的大尺寸显示器,则默认的(最优的)屏幕解析度会大一些。作为教学应用,数字图像的主要用途是在显示器上显示,所以要理解并把握好两者之间的关系。当计算机在正常显示(不放大缩小)位图图像时,屏幕上的一个像素就对应着位图的一个像素。一幅位图的像素尺寸,映射到屏幕上相应的像素尺寸和位置,如图 3-15 所示。同样大小的一幅位图,如果在使用 800×600 解析度的计算机上充满整个屏幕的话,那么在使用 1024×768 解析度的计算机上图像则只能占据屏幕的一部分。由此可见,图片的像素尺寸,应根据其在屏幕上占有的比例来取舍或处理,参考图 3-15。如需要一幅教学图像正好在"1024×768"的显示器(投影仪)上全屏幕显示,它的文件图像尺寸就最好也是"1024×768"。如果用一幅像素尺寸小的位图,通常可以令其放大到全屏幕显示,但清晰度低,可能出现边缘锯齿现象甚至马赛克现象,如图 3-10、图 3-11 所示。如果将上面提到的 1000 万像素的数码照片直接用到这里(缩小到全屏幕),则虽然看似画面效果一样,但无论存储还是(CPU 和内存的)处理,都存在几乎 10 多倍的浪费,显示的过程也难以流畅。

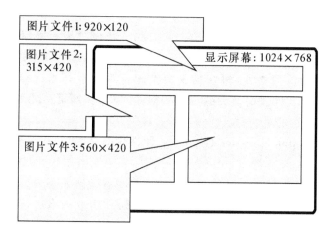

图 3-15　位图和显示屏幕的对应关系

5. 位图的压缩与图像文件常见格式

前面提到位图的数据(文件)尺寸往往很大,影响其多媒体应用,尤其是依赖网络传输的 Web 网页。随着信息压缩技术的发展,对于位图也发展出多种压缩技

术,使得尽可能的精简数据量。图像压缩可分为无损压缩和有损压缩两大类:

(1)无损压缩,利用信息的所谓冗余,如尽可能将相同颜色的像素数据合并表示和存储。无损压缩通常对图形类的,颜色层次有限的图,如文字、示意图、卡通画一类的压缩率很高,且可完全地还原原始信息。无损压缩对于颜色连续过渡的图像类(颜色种类很多,相邻像素颜色完全一样的机会少),如照片等,压缩率非常有限。

(2)有损压缩,利用人眼分辨能力,尤其是彩色分辨能力有限的特点,删除某些信息。实用的有损压缩机制通常也结合无损压缩,典型的如所谓 JPEG 的压缩标准。JPEG 能够对大多数照片提供 10∶1 左右的压缩率,而人眼很难观察出来。由于有损压缩对原始信息作了简化等操作,压缩后不能完全还原原始信息。

由于包括图像信息表示方法和压缩方法在内的图像信息内在信息结构的区别,图像文件存在许多不同的格式,并且通常反映在其文件扩展名的区别。常见的位图格式有 BMP、GIF、JPG、PNG 和 TIF 等。在多媒体等屏幕显示应用中最常见的矢量图格式是 WMF。常用到的图像文件格式说明如下:

(1)BMP(Bitmap,位映射图)是标准的位图格式,支持真彩色、索引彩色到黑白等各种颜色模式,未经任何压缩,显示速度快,但现在慢慢用得少了(网页中尤其少用,主要考虑传输速度)。

(2)GIF(Graphics Interchange Format,图像交换格式)格式采用索引彩色,不支持真彩色,采用无损压缩。GIF 在示意图、文字图、卡通画等情景下压缩率很高,并且还支持简单的多帧动画,是包括网页在内的多媒体作品中大量采用的格式。

(3)JPG(Joint Photographic Experts Group,联合图像专家组)采用 JPEG 有损压缩方法,对照片等连续色调的图像压缩率很高且视觉效果不错。跟 GIF 一样是目前应用最多的位图格式,包括很多数字相机现在也开始直接采用 JPG 格式(取代保真度高,但文件数据量大的 RAW 格式)保存。网页中的照片基本都采用 JPG 格式。

(4)PNG(Portable Network Graphics,便携式网络图形)是一种快速崛起的格式,其显著特点之一是支持 Alpha(透明)通道,采用无损压缩,且对索引彩色和真彩色均能支持,能够在网页和其他多媒体应用中更好地融入场景。

(5)PSD 是最著名的图像处理软件"Photoshop"的专用格式,包含层等很多结构信息,便于进一步编辑。

(6)TIF(Tagged Image File Format,标记图像文件格式)在扫描仪中用得很多,包括用于 OCR(光学字符识别)的原始扫描图像,其他在印刷行业也广泛使用。

(7)WMF(Windows Meta File)基于矢量图,大量的 Office 剪贴画是这一种格式,在多媒体教学中非常实用。一些矢量图形工具如 Visio、Flash 等能够导出这种格式,但有时兼容性不理想。

3.6　数字图像处理

视觉媒体构成现代教育技术和教育媒体中最重要和最基础的部分。数字图像获取和处理则在新世纪以来,已发展为视觉教育媒体设计制作中高度成熟并且最为实用的技术基础。数字图像的最大优势也许就在于其高质量的、灵活的后期处理。数字图像通过二进制数字存储和处理,在多次复制、处理的过程中,原始的质量几乎不会劣化(可对比传统照片的翻拍和处理)。数字图像处理涉及的基本都是位图。位图通过精细到像素的编辑操作,可以达成各种眼花缭乱的效果,当然也包括教学所需要的效果。但通常,教学必需的数字图像处理功能并不太复杂。数字图像处理需要相应的软件工具,许多常见的图像处理软件能够满足教学图像处理的要求。教学图像处理的基本工具和操作有一定共性,应牢牢掌握这些基本功。

3.6.1　数字图像处理的主要任务和目标

教学数字图像多用于大屏幕投影或 Web 网页,可能单独全屏幕播放,也大量用于 PPT 电子幻灯片、教学课件或 Web 教学资源网页中,用于打印则比较少。总的来说,教学所需的数字图像处理主要任务或目标包括:

1. 优化色调、色饱和度、亮度、对比度等:通常由于原图质量较差,如照片曝光不准,才需要这些操作。现在由于相机数字化和曝光自动化,这一操作往往不需要进行,除非为了某些特别效果。

2. 变换像素尺寸:如前所述,是非常重要的基本操作,尤其来自数字相机的照片,用于多媒体教学或 Web 网页,几乎都应进行这一步处理。

3. 裁剪:图像需要特定的长宽比例、突出主题部分或切除干扰部分,都需要这一操作,也是基本操作。

4. 抠象:抠出主体对象,如把原图中需要的某个对象,如人物、动物、器物等从背景中抠出,以便可以融入课件或其他背景,是非常实用的数字图像处理基本功。

5. 合成图像:将多个图像或图像部分合成,包括拼接、叠加、融合等。

6. 文字和图形标注:教学用的图像,用文字或图线加以标注很实用。

7. 文件导入、导出和格式转换:图像处理的开始和结束往往都与文件操作相关。

3.6.2　数字图像处理的常用软件

数字图像处理的工具软件很多,如专业的图像处理软件 Photoshop,常随数字相机附送的 ImageReady,特别配合网页设计的图像处理软件 Fireworks。Windows 自带的"画图"也有一些简单、粗糙的处理功能。值得注意的是,随着软件业所谓"Web 服务模式"的崛起,目前已经有了许多基于 Web 的图像处理平台。用户本地计算机上无需安装图像处理软件,而是通过浏览器登录这些图像处理的 Web 平台,就可以实现处理,并且一般都是免费的,当然除了打印服务。

1. Photoshop:最著名的专业图像处理软件,最新的版本是所谓 CS(Creative Suite,创意软件包)。Photoshop 已成为计算机处理图片的经典,包括制造以假乱真的效果,以至于人们常将计算机处理或包装(伪装)图片的工作称为 PS。但正版的 Photoshop 非常昂贵,并且由于功能强大而界面、操作显得复杂,为创意、平面广告、特技效果以及大型打印输出等考虑多,对于教学图片处理并非必需。安装并不常用的大型专业软件算不上好的选择。如果是专业计算机、美术教师或 PS 爱好者,则另当别论。

2. ImageReady,常与数字相机、摄像机等捆绑销售(或算赠送),功能简单,面向家庭相册之类,但能够完成大部分教学图像处理任务,使用简单。

3. Fireworks,是著名的网页设计三剑客之一,其他两个是大名鼎鼎的 Dreamweaver 和 Flash。由于专门针对网页等屏幕显示应用,非常适合教学图像的处理,足够胜任教学图像处理任务,比 Photoshop 功能和操作都要简单一些。如果正好也需要设计网页和 Flash 动画,那 Fireworks 就应是最合理的选择。

4. Web 图像处理服务:也称在线图片编辑,是新兴的图像处理服务模式,可选平台较多,能够完成绝大部分教学图像处理任务。缺点是文件尺寸大的图像上传耗费时间和网络流量,并且有些平台对上传图像文件尺寸有限制。目前动辄上千万像素的数字相机,其原始大照片很可能超出此限制。Web 服务的优点更多,除了不用购买和安装任何软件,并且在接入因特网前提下,可随时随地在任何陌生的机器上进行工作外,有些平台还能帮助在其网络平台保存和管理这些处理过的图像文件,从而更容易和同事、专家远程合作工作。目前较为常用的 Web 图像处理服务平台如表 3-2 所示。基本功能这里采用 5 级评分,5 最高,表示包括了绝大多数常用的图像处理基本功能,如缩放(变换像素尺寸)、裁剪、色调、饱和度、亮度调整、旋转翻转、拼接、叠加、加文字、基本格式转换等。作为 Web 服务,有不稳定的一面,如有些可能会关闭,实测中文件传输速度差异较大,但显然也跟用户具体的接入网有关。大部分这类网站都比较侧重提供时髦的滤镜或效果,如加相框、美容、闪图、泡泡图等。

表 3-2　Web 图像处理服务平台

平台简称	网址（URL）	语言	基本功能	层	滤镜	存储管理	其他
在线 PS	http://www.webps.cn/	中文	5	有	有		
网民工具站	http://www.wmdiy.com/	中文	4	无	有		GIF 动画
涂改网	http://www.tugai.net/	中文	4	无	有		Ajax
OPCOL 在线	http://www.opcol.com.cn/	中文	4	无	无		简洁
可牛影像	http://yx.keniu.com/online/online2.html	中文	4	无	有		美容效果
图丫丫	http://www.tuyaya.com/	中文	4	无	有	QQ	变形
Picnik	http://www.picnik.com/app#/home/welcome	多语中文	4	无	有	Flickr	
Phixr	http://www.phixr.com/	英文	5	无	有	Flickr	需注册

3.6.3　数字图像处理的常用工具与视图

要完成教学所需的数字图像（位图）最基本的处理，上述软件或服务应基本胜任，而且具体涉及的内部工具图标、菜单、选项有所共性。这里主要基于 Fireworks 作一简单介绍。由于数字图像，尤其位图，在处理的理念和方法上基本相似，所以在使用其他软件工具完成这些任务时也可参照，或尽量寻找类似工具或对话框。

1. 工具

图像编辑的应用软件都会使用包含很多工具图标的工具栏，且处在醒目位置。这些工具可类比传统图像处理的笔（各种笔）、颜色、橡皮擦、裁剪刀等。常用的工具图标如表 3-3 所示。

表 3-3　图像处理的常用工具图标

工具图标	工具名称	功能与基本操作	备　注
	指针、部分选取	选取对象，拖放移动等	后方选取
	选取框	选择像素区域，拖放拉出矩形框	椭圆
	裁剪	拖放拉出矩形框，双击或回车裁出需要部分	选取导出
	缩放	针对选区缩放、变形，拖放操作	倾斜、扭曲
	魔棒	单击选择颜色相近的连续像素区域	近似度可选
	套索	鼠标沿边缘拖动选出像素区域，多边形则单击	多边形

续 表

工具图标	工具名称	功能与基本操作	备 注
	铅笔	随意拖动画线(像素)	效果可选
	橡皮	拖动擦除区域(像素)	尺寸等可调
	滴管、油漆桶	滴管实为吸管,任意位置取颜色,油漆桶填色	
	线条、矩形	矢量作图工具	椭圆等
A	文本	添加和编辑文本	多属性可设
	线条色	线条色,调色板或滴管选取	
	填充色	填充色,调色板或滴管选取	渐变色、纹理
	手形、放大镜	都仅为视图工具,手形拖移,放大镜缩放	

2. 主要视图与属性对话框

由于工作任务特点,图像编辑应用软件主要视图、菜单命令和属性对话框也有相似处,功能较强的工具还有图层面板等。

Fireworks 的典型工作视图如图 3-16 所示。其中左边的工具面板最具图像处理软件特色,具体的工具图标上面已作介绍(见表 3-3)。

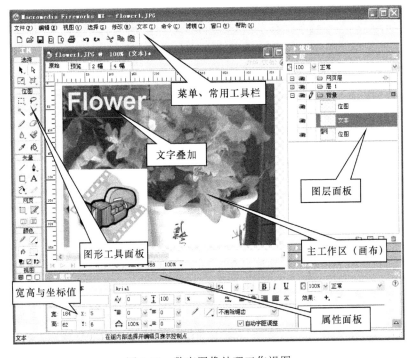

图 3-16 数字图像处理工作视图

右边的图层面板一般较为专业的图像处理软件才有。图层多数时候都是按工作需要自动生成的,如图中添加了文本,就生成了中间的文本层。在有多个图层的情况下,一定要注意当前图层,或由"铅笔"标记的在编辑图层,如图 3-16 右上部所示。许多操作都是针对当前图层的。图层右边的"眼睛"则标记该层是否可见。图层通常为编辑带来很大的方便和灵活性。

下边的属性面板也很重要,包括对象、甚至工具的属性都可能在此显示和修改。属性面板中左边有 4 个数据,显示对象(如矩形选择区或裁剪区)本身的宽、高度(像素数),以及在画布中的坐标。坐标以画布左上角为原点,向右为 x 轴正方向,向下为 y 轴正方向,单位也是像素。这些数据可以修改,往往可替代鼠标进行更精细的操作和编辑。

有许多重要的操作要通过菜单等调出对话框才能进行,如改变画布和图像的大小。作为专业的图形工具,通常会有一种专门的编辑格式,保存在编文件时,内部可以包含图层,多个图像等信息,便于随时进一步编辑修改。Photoshop 的编辑格式是". psd",Fireworks 的编辑格式则是较为通用的". png"。编辑格式对应的工作区在 Fireworks 中称为画布。Fireworks 中新建文件时也是新建画布,并要求指定画布的尺寸(长宽像素数)。画布上可以"导入"多个图像文件,进行拼接、叠加等操作。层其实也是对应于画布的。如前所述,图像缩放,即所谓像素尺寸的调整,是数字图像处理的最基本任务之一,也是教学图像处理中最常见的工作。尤其是来自数字相机的照片,在屏幕上使用都应作适当的缩小操作,才能高效流畅。图 3-17 所示,即为图像大小对话框。画布的大小对话框也与之相似。

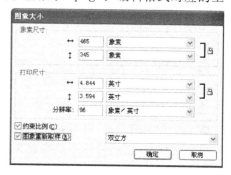

图 3-17　图像大小对话框

作为数字图像处理的结果输出,专业软件中常通过图像导出加以实现,这时可以相应地作诸多选择,如导出的图像文件格式,甚至压缩的比例(针对 JPG 格式,应根据具体需要把握与图像质量之间的平衡)。图像导出对话框如图 3-18所示。

图 3-18　图像导出对话框

3.6.4　数字图像处理的基本操作

根据前面介绍的数字图像处理的主要任务,这里结合上述的工具和工作视图,简单介绍具体的操作和实现。

1. 文件导入、导出和格式转换

作为简单的图像处理,许多时候,可以直接将需要处理的图像文件从所在文件夹拖进 Fireworks,这时画布自动生成且尺寸与图像同。数字图像的重要来源之一是所谓屏幕截图。Windows 中,按"PrintScreen(Prt Sc)"键,可以将整个桌面作为位图信息复制到剪贴板。然后在 Fireworks 中即可粘贴到画布。如在粘贴前新建文件,则会将剪贴板的图像尺寸默认为新画布尺寸,如全屏幕截图就很可能是"1024×768",然后粘贴,就成为画布和图像尺寸契合的文件。屏幕截图也可以选择只截取当前的窗口,方法是按住"alt"键的同时按"PrintScreen"键。另外,像 QQ 一类的即时通讯工具,其中往往带有屏幕截图的工具,可以更灵活地截取任意一个矩形区域。

作为数字图像文件的输出,一般选择导出。如选菜单命令"文件/ 导出预览",弹出导出对话框,如图 3-18 所示。这时,可以选择导出格式,如.jpg、.gif 等。最后单击对话框右下部的"导出按钮",在典型的 Windows 文件保存对话框中选择文件名和保存路径即可。由于图像处理软件导入、导出支持的文件格式均很多,所以通过这个方法也可方便地实现图像文件格式的转换。注意,导出的图像文件实际上是独立于在编的文件(画布)的。如考虑以后还可能在目前基础上进一步修改,则应单独再保存文件,否则可放弃此文件。

2. 图像优化

有时,需对原始图像的色调、色饱和度、亮度、对比度等进行调整。最简单的做法是选择菜单命令"滤镜/ 调整颜色/ 自动色阶",通常都能得到较好的结果。如果希望人工控制,或获得某些特殊的效果,则可选菜单"滤镜/ 调整颜色"下的"亮度/ 对比度"、"曲线"、"色阶"等。其他也有一些类似的效果"滤镜",如"模糊"、"锐化"等可供使用。所谓"滤镜",其实就是一些事先编制好的算法(程序),对所有原有像素进行选择性过滤,改变其像素数据,得到新的效果。

3. 图像像素尺寸调整

即缩放,有实际价值的都是缩小,因为位图放大会模糊。如前所述,像素尺寸调整是对来自数字相机或扫描仪的数字图像的最基本的操作。方法很简单,选中图像(最好与画布尺寸契合),选菜单命令"修改/ 画布/ 图像大小",弹出对话框如图 3-17 所示。注意,一般应选中对话框下部的"约束比例"校对框,否则长宽比例会失真。必要时也选中"图像重新取样"校对框,然后主要针对对话框上部的像素

尺寸数据进行修改设定。下部的打印尺寸部分可以不予理睬。确定后,图像尺寸就变化了。应注意图像像素尺寸和视图中尺寸的区别。视图尺寸可由"放大镜"工具单击进行临时放大或缩小(Alt 键按住再单击)。工作区窗口下面也可修改视图比例。视图比例的修改显然不会影响真正的图像像素尺寸。图像像素尺寸的选择应根据实际需要,可参考图 3-15。

4. 图像裁剪

图像除了总尺寸的把握,实际往往需要取舍,如突出主题部分或切除干扰部分,有时也需要特定的长宽比例。这些都需要图像裁剪操作。教学幻灯片或课件的设计、需要大量像素尺寸和长宽比例合适的数字图像,图像裁剪虽简单,却是最重要的数字图像处理基本功。具体操作只需选择"裁剪"工具(参见表 3-3 工具第 3 行),然后在工作区的图像(画布)上拖放出矩形的裁剪框,然后按回车(或双击鼠标),裁剪框外的周边部分即被裁去。注意在回车前,可以拖放裁剪框边上的控制句柄,进行细调。还可以利用属性对话框中的"长、宽"值和"x、y"坐标值进行精确到单个像素的调整,请参考图 3-16。还需注意的是,一幅图像如既需裁剪,又需缩小,就有一个操作次序问题。一般来说,应考虑先裁剪,去掉多余部分并得到合适的长宽比,再进行缩小操作。

5. 抠象

即将原图中某个对象,如人物、动物、器物等从背景中单独取出,或将背景部分去除,使之透明,以便突出主体,或画面简洁,或可融入课件或其他背景。位图是由像素组成,位图处理软件的很多工具也都是围绕按需选择像素设计的。这里的关键是要将对应主体的像素集合单独地加以选择。如果主体周边背景部分色彩较均匀,又恰好与主体接触部分色彩反差(差异)较大,就可以考虑选择魔棒工具(参见表 3-3 工具第 5 行),如图 3-19 左上图所示。具体操作只要单击选择魔棒工具,在色彩均匀的背景部分单击,就会将与单击处像素色彩近似的连续区域一起自动选中。色彩近似的程度可以在属性面板中进行调整。这一操作需要经验,必要时要反复或配合其他选择工具进行多次加选(按住 Shift 键)或减选(按住 Alt 键)操作。这一操作也需要原图像具备主体与背景反差较大的先天条件。通常,可以将主体置于专门的背景前进行照相,以便于后期处理。如人像一般应置于均匀的蓝背景前合适(人的皮肤色偏黄,与蓝色正好相补,即反差最大)。传统电视技术上也将类似方法称为"色键"抠像。图 3-19 所示的是利用魔棒抠像将主体(狗)和另一背景(风景)合成的效果。另一个更可靠的抠像方法是用(多边形)套索工具(参见表 3-3 工具第 6 行)人工描绘主体的边界,边界曲线封闭后将主体选中。上述魔棒法选的是背景,背景全选中后,只要按键盘"删除(Delete)"键,就会将背景部分像素清除,成为透明。此时图像可以导出,背景通常呈现白色,导出为带有透明属性的文件后,在课件或电子幻灯片中很容易令其再次透明,融入背景。上述套索法选中的是主体,通过菜单命令"选择/反选"可以方便地转化为背景选中。或者,主体选中后,也可考虑复制,然后在 Fireworks 中新建文件,将其粘贴,这时也得到一个非常紧凑干净的主体图像。抠像是一个非常有趣的技术,通过实践掌握技巧后,结合创意,往往能 PS 出令人匪夷所思的效果。抠像在教学软件设计开发中也非常实用,结合数字照相,也是高产、高原创性课件开发的有效途径。

图 3-19 投影的光学原理

6. 图像合成与文字叠加

在画布和层(子层)的基础上,图像的合成,包括拼接、叠加、融合都容易进行,文字的叠加和编辑也类似。如拼接合成,应选择适当尺寸和长宽比例的画布,然后将各个需要插入的图像先导入或拖入 Fireworks,然后从各个图像窗口选择图像,复制粘贴到此画布上,适当调整位置、尺寸即可。文字的插入则一般选择文字工具(参见表 3-3 工具第 11 行),画布中单击,输入或粘贴文字即可。文字和各个子图像,在画布上实际都以对象或子层的方式存在。选择相应的层,即可编辑相应的对象。调整叠加次序,也是简单地拖放相应的子层。通过层的应用,位图编辑也有了一些以往矢量(图元)图编辑才有的优势,成为准对象编辑。注意,层面板左上角有一个可下拉的控制层透明度的工具。通过适当地控制透明度,诸图像、文字之间可以实现半透明的互相融合。

3.7　图像扫描与 OCR 文字识别

3.7.1　扫描仪的基本使用

扫描仪是利用光机电技术和数字处理技术,以扫描方式将模拟图像信息转换为数字信号的装置。扫描仪可以对照片、文本页面、图纸、美术图画、照相底片等稿件,甚至纺织品、标牌面板、印制板样品等平面形实物进行扫描,获取数字图像。通过 OCR(光学字符识别)等技术,还可进一步提取原稿中的文字、标志、线条、图形等,转换成可以进一步编辑的对象。扫描仪已成为计算机的重要外部设备,成为各行业信息化、数字化的实用工具。

扫描仪可分为三大类型:滚筒式扫描仪、平面(平板)式扫描仪和便携式扫描仪(包括笔式扫描仪)。类似条码扫描仪、二维码扫描仪、名片扫描仪、身份证扫描仪等,其实也是特殊用途的扫描仪产品。扫描仪中最通用、并且性价比最高的是平板式扫描仪,如图 3-20 所示。许多学校也作了配置,作为多媒体课件设计与制作的常规设备。

图 3-20　平板式扫描仪

1. 扫描仪的重要性能参数

扫描仪的性能指标最基本的有反映扫描仪精度的分辨率及扫描图像彩色范围的颜色深度。其他指标包括灰度级、扫描速度和扫描幅面等。其中以分辨率和颜色深度(色彩精度)这两个参数最为重要。

(1)分辨率。扫描仪对图像细节的表现能力用分辨率来衡量,分辨率通常用每英寸扫描图像上所含有的像素的个数表示,记做 dpi。目前,多数扫描仪的分辨率在 300~2400dpi 之间。分辨率有水平与垂直之分,水平分辨率取决于扫描仪使用的 CCD 元件本身和光学系统的性能;而垂直分辨率则取决于步进电机的步长。所以扫描仪的参数说明中会有诸如 300×600dpi 或 600×1200dpi 的写法。

扫描仪性能参数的分辨率,指的是其最高可达到的分辨率。这一分辨率高,能够满足更多不同的应用要求。但在具体扫描任务中,应根据情况,合理设定工作分辨率。主要需考虑的是扫描图像使用的场合或最后输出的要求。输出要求包括输出设备分辨率和输出图片物理尺寸。具体换算的依据其实都是数字图像的像素尺寸。教学中最常用的情况是最后输出到显示器屏幕,这时对分辨率要求通常很低。如果将显示屏幕也按物理设备和尺寸考虑,其分辨率通常标称是 96dpi。这意味着如果要将原稿按原物理尺寸搬到屏幕上,扫描分辨率也仅需取 96dpi。如果扫描分辨率扩大到 2 倍,那么屏幕显示的长宽尺寸就都扩大到 2 倍。如对本身尺寸小、清晰度高的原稿(如照片、幻灯片)扫描,并用于大幅面、高分辨率的打印,这时就需要用很高的分辨率进行扫描,并且所得图像文件尺寸也会很大。

(2)颜色深度。扫描仪的颜色深度也称色彩精度,也即上一节介绍的位深度,能标识出扫描仪在色彩空间上的识别能力。颜色深度的位数越高,对颜色的区分就越细腻。颜色深度表示彩色扫描仪所能产生的颜色范围,通常用表示每个像素点上颜色的数据位数(bit)表示。比如常说的真彩色图像指的是每个像素点的颜色用 24 位二进制数表示,共可表示 $2^{24}=16.8M$ 种颜色,通常称这种扫描仪为 24bit 真彩色扫描仪。色彩数越多,扫描图像就越生动艳丽。色彩位数作为衡量扫描仪色彩还原能力的主要指标,经历了 24bit 到 30bit 再到 36bit 的过渡,而 36bit 能更好保证扫描仪实现色彩校正、准确还原色彩。

2. 扫描仪的使用

(1)安装,扫描仪第一次使用时,需要安装,包括连接扫描仪,并正确安装驱动程序和应用软件。应注意,扫描仪开箱后要先开锁(底部的一个小扳手,运输途中一般扳到锁定一边,以固定活动的扫描部件)。目前大多数扫描仪虽通过 USB 电缆与计算机连接,但并未实现完善的即插即用(PNP,Plug and Play),需要安装驱动。一般的安装过程是,在连接前先通过扫描仪随带的安装光盘在计算机中安装驱动。然后连接扫描仪,此时计算机会自动检测到扫描仪设备,完成全部安装。扫描仪再次使用时不再需要安装。

(2)启动计算机,接通扫描仪电源,进行预热。数秒钟后通常会自动启动(也可人工从桌面或 Windows 开始菜单启动)扫描工具软件,弹出工作窗口如图 3-21 所示。

(3)放置原稿,待扫描内容正面向下(贴玻璃稿台)平放,页面顶部应对着扫描仪前端,如图 3-20 中大箭头所示的方向,避免图像输出后再要作上下翻转的操作。一般大幅面原稿,其一角(相当于页面左上角)可对齐扫描仪玻璃平台上的指示箭头,有助于稿件方位的平直,如图 3-20

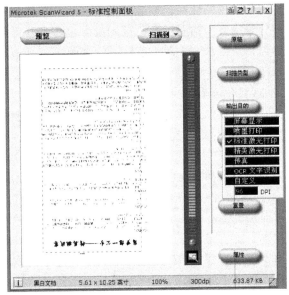

图 3-21 扫描仪启动后的工作界面

中的小箭头所示。较小的稿件可以考虑放在中间,并且可以多幅同时扫描。

(4)预扫描,即单击图 3-21 左上角的"预览"按钮。通过预扫可确定所需扫描的区域,并可通过预扫的图像结果调整扫描参数;图中虚线框可以用来拖放调整正式扫描区域。

(5)调整参数,包括选择原稿类型、扫描类型和输出目的,分别对应图 3-21 右上角的三个按钮。实际就是确定分辨率和颜色深度。不同的原稿类型适用于不同的扫描原件。如:"文件"适用于白纸黑字的原稿,扫描仪会按照 1 位颜色深度来表示黑与白两种颜色,这样会减少扫描文件数据量,节省磁盘空间。"杂志和书籍"则适用于既有图片又有文字的图文混排稿样,扫描该类型兼顾文字和具有多个灰度等级的图片。"照片"适用于扫描彩色照片,它要对红绿蓝三个通道进行多等级的采样和存储。"输出目的"按钮下面还有一个"自定义"按钮,可以手工设定分辨率、颜色深度和其他技术参数。

(6)扫描,单击"扫描到"按钮即完成扫描,其过程较长,随计算机性能、扫描幅面和参数设置的不同,可能需要几秒到几十秒时间,应耐心等待。扫描输出的文件名和路径一般是默认或事先设置好的,可在属性设置中选择"扫描到应用程序"、"启动图像处理软件(如 Photoshop)"以及直接"从扫描仪中获得文件"等。

图 3-21 所示的是 Microtek 扫描仪附带的扫描工具软件 ScanWizard 5 的扫描界面,不同扫描仪或扫描软件的界面可能有所不同,但基本功能和参数设定相类似。

3.7.2　OCR 文字识别

1. OCR 简介

OCR 是英文 Optical Character Recognition 的缩写,意思是光学字符识别,也可简单地称为文字识别。OCR 已经成为从印刷稿或手写稿中获取字符文本的非常高效实用的方法。注意,这里所说的文本,对于计算机/ 多媒体技术来说有特定的意义,即具有标准字符编码(如英文字符的 ASC 码,简体汉字的国标码等)的符号,可以方便地对其字体、尺寸、风格等表现样式进行再设置。OCR 软件通常先通过扫描和摄像等光学输入方式获取纸上文字的原始图像信息。然后 OCR 利用各种模式识别算法分析文字形态特征,判断出文字(汉字)的标准编码,并按通用格式存储在文本中。

OCR 的概念是在 1929 年由德国科学家 Tausheck 最先提出来的,后来美国科学家 Handel 也提出了利用技术对文字进行识别的想法。而最早对印刷体汉字识别进行研究的是 IBM 公司的 Casey 和 Nagy,1966 年他们发表了第一篇关于汉字识别的文章,采用了模板匹配法识别了 1000 个印刷体汉字。

进入 20 世纪 90 年代以后,随着平台式扫描仪的广泛应用以及我国信息化和办公自动化的普及,大大推动了 OCR 技术的进一步发展。OCR 的识别正确率、识别速度都已达到用户的一般要求。目前,比较流行的 OCR 软件很多,英文 OCR 主要有 OmniPage,中文(简体汉字)OCR 主要有清华紫光 OCR、清华文通 OCR、汉王 OCR、中晶尚书 OCR、丹青 OCR、蒙恬 OCR 等。

尽管汉字字量大、字形复杂,但 OCR 技术已经日渐成熟。目前,很多 OCR 软件不仅能识别黑白印刷体汉字,还能识别灰度和彩色印刷体汉字;可以识别宋体、黑体、楷体等多种字体的简、繁体;可对多种字体、不同字号的混排版式进行识别;有些 OCR 软件还能识别图像、表格。OCR 的识别速度已经相当快,识别正确率可达 99％以上。

OCR 在办公、数字图书馆、期刊数据库等领域中应用日益广泛。系统化、规模化的教学课件制作,需要大量的教材文本信息,OCR 也是一个有效方法。

2.OCR 的工作界面和常用工具

OCR 软件的种类虽然很多,但其使用方法大同小异。首先要启动 OCR 软件。这里以"尚书 OCR7.5"为例,启动后的工作界面,如图 3-22 所示。OCR 软件中的主要工具包括:

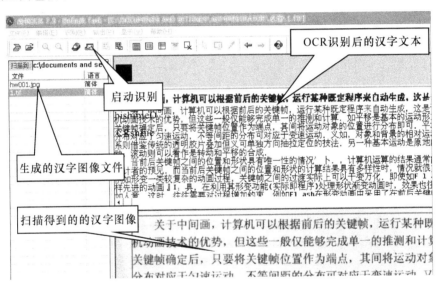

图 3-22　汉字 OCR 使用界面

(1)"扫描"、"打开文件"工具,用于获取供识别的源图像。

(2)"放大"、"缩小"工具,用于缩放图像,便于观察。

(3)"设定识别区域"、"设定识别顺序"、"删除识别区域"工具,分别用于设定识别区域、调整各区域识别顺序和删除不需要的区域。扫描得到图像后,OCR 软件实际上已经自动作了版面分析,给出了参考的识别区域。这里的工具主要帮助完善识别区域设定。

（4）"擦除图像杂点"、"擦拭图像块"工具，用于擦除图像中的杂点或某一区域，以减少干扰，提高识别率。杂点可能因纸张、印刷质量和人为的标注等带来。

（5）"旋转图像"工具，用于将图像旋转 90°、180° 或 270°，以符合识别要求。

（6）"倾斜校正"工具，用于手动校正图像倾斜，以提高识别率。少量的倾斜 OCR 软件往往自动已作了校正。

（7）"识别（眼镜图标）"工具，当然是最重要的。

在文稿格式单一、印刷质量和扫描技术运用均较好的情况下，除了"识别"工具，其他工具有时用得并不多。

3. OCR 的操作

总的操作次序是先对文稿进行扫描，然后进行 OCR 识别。具体操作方法如下：

（1）准备扫描稿件。翻起平板扫描仪的盖板，将要扫描的文稿放在扫描仪的玻璃平台上。文稿扫描面朝下贴向扫描仪的玻璃面。文稿的上端对朝向扫描仪前端，并与标尺边缘对齐。将扫描仪盖合上（需要时可在盖板上加压书本等适当重物，使稿件尽可能平服贴紧玻璃），即可准备扫描。

（2）单击图 3-22 视窗左上角的"扫描"工具，即可自动调用图 3-21 的扫描工具软件，弹出窗口如图 3-21 所示，等待设定参数进行扫描。应注意的是，此时输出目的应选择"OCR 识别"或自定义分辨率为 200～400dpi，以保证识别效果。原稿可选择"文档"，即当作黑白文稿处理。对于有些文稿，可以适当调整亮度以提高效果。启动扫描后，文档图像出现在 OCR 软件视窗中，如图 3-22 右下部所示。

（3）文稿扫描后，刚开始出现在视窗中的待识别文字画面可能太小，可以选择"放大"工具，对画面进行适当放大，以使画面看得更清楚。必要时还可以选择"缩小"工具，将画面适当缩小以看到全部原稿页面。

（4）如果需要，可用"旋转图像"工具将画面旋转至正确方向，如图 3-22 所示。如果扫描时稿件安置方向正确，就无需此步骤操作。

（5）如果文字画面倾斜，可选择"倾斜校正"工具，将画面校正至平直。

（6）根据需要，使用"识别区域"类工具进行"识别区域"调整。有些自动分析得到的识别区域没有有效文字，或者可以忽略，即应将此"识别区域"删除；有时也可手动操作，拖放出"识别区域"。

（7）如果所选识别区域有杂点或有不能识别的图像，则可选择"擦除图像杂点"等工具，将其擦除。

（8）单击"识别"工具（眼镜状图标），OCR 显示正在进行文字切分，然后转入"正在识别"画面，将识别出的文字逐步显示在"文稿校对"窗口。这一过程视计算机性能、识别文字的量和难度等，花费数秒钟时间。

（9）大多 OCR 软件都具有文字修改功能,被识别出可能有错误的文字,会用比较鲜明的颜色显示出来,这时人工可以进行修改。

（10）将识别后的文件存储成文本(TXT)文件或 RTF 文件。

上述步骤看似很多,实际熟练后操作还是相当快的,其中很多步骤往往可以跳过。

要尽可能提高 OCR 的识别率,需要从源头把握原稿和扫描质量,并做好识别前准备工作,具体可注意以下几点:

（1）原稿用涂改液等去掉文中污渍等。

（2）扫描时放正原稿。

（3）保障适当的分辨率,一般设为 300dpi。

（4）根据 OCR 软件要求,选择黑白或灰度模式扫描。

（5）根据特殊的版面情况,结合使用自动和手动版面分析、设定。

3.7.3 扫描仪使用的注意事项

1. 保护好扫描镜头

扫描仪的光学成像部分的设计最为精密,光学镜头或反射镜头的位置稍有变动就会影响 CCD 成像的质量,甚至可能使 CCD 接收不到图像信号。为了避免在运输中由于扫描镜头前后撞击而造成的损坏,扫描仪上都安装有一个锁定装置(机械装置或电子装置),专门用于锁定扫描仪的镜头组件,确保其不被随意移动。用户第一次使用扫描仪前,一定要先开锁,且保证电源开关置于"OFF",才能插入电源插头(某些品牌的扫描仪,若不开锁就开电源,将有可能导致扫描仪传动系统瘫痪)。同样,扫描仪如需长途搬运时,则必须先用该锁定装置把镜头重新锁定。

2. 保持工作环境的清洁

扫描仪工作时,光从灯管发出后到 CCD 接收其间要经过玻璃板以及若干个反光镜片及镜头,其中任何一部分落上灰尘或其他微小杂质都会改变反射光线的强弱,从而影响扫描图像的效果。因此,工作环境的清洁是确保图像扫描质量的重要前提。

3. 预热

在开始扫描以前最好先让扫描仪预热一段时间(时间长短从 10 多秒到几分钟,依具体环境而定)。扫描仪在刚开启的时候,光源的稳定性较差,而且光源的色温也没有达到扫描仪正常工作所需的色温,因此,此时扫描输出的图像往往饱和度不足。

4. 除去网纹

被扫描的原稿若是印刷品,由于印刷品采用大小不同的点来表示颜色的深浅,人眼很难看出来,但是扫描出来就全是网纹了。因此,许多扫描仪有去网纹的功能,该功能可由软件完成或由硬件完成,去网纹功能简化了后期处理的手续,经过调整可以直接得到无网纹的扫描图像。

5. 大稿件分次扫描和拼接

如果原稿较大,而扫描仪的幅面比较小,不能一次扫描完,那就可以分多次扫描后再拼接。先用待扫描的原稿在扫描仪上横竖测量一下,看是横扫还是竖扫好。无论是哪种方法都涉及无缝拼接图形的问题,这就需要我们在扫描时注意一些细节。扫描完毕以后,可将扫描后的多幅图片导入图像处理软件进行拼接。应观察各部分扫描图片的明暗度是否一致,必要的话进行调整。如果图片在拼接时总是错位,也可以利用图像处理软件的缩放、变形等功能进行微调。

总的来说,扫描仪是一个实用的工具,便于对原有课程教学资源的数字化。尤其对于课程特点中文本数量大的学科,如语文、英语等,也可借助 OCR 技术,减少键盘录入文字的工作量。

3.8 摄影技术

摄影技术是最常用的媒体设计与制作技巧之一,其设计原则与绘画、平面设计以及课件和网页的界面设计原则是相通的。根据教学摄影的需要,本节主要分两个部分来介绍有关知识和技能:一是对画面主题、主体、构图、色彩以及光影的理解与处理技巧,有关摄影的艺术方面;二是对照相机掌握和运用的技巧,有关摄影的技术方面。两者是相辅相成的。

3.8.1 摄影的艺术

初学者拿起相机经常会面对五彩缤纷的视觉对象而无所适从,不知该如何拍出满意的照片。我们不妨先从结果入手,来分析一下判断好照片的基本原则或主要方面。虽然对于不同拍摄目的,对照片的要求会有所不同,但大多数情况下,我们可以从三个方面来判断照片好坏。这三个方面分别是:鲜明的主题;突出的主体;简洁的画面。下面就这三个方面来进一步介绍和分析。

1. 主题鲜明

主题鲜明,就是有明确的表达主题,并且让观众一目了然,直接感受到作者想要表达的思想。图 3-23 是 Mike Wells 的经典作品《乌干达干旱的恶果》,视觉效果震撼,画面主题一目了然。

反之,我们来看另一张照片,如图 3-24 所示。这张照片中,树和禅寺到底什么是要表达的主题,令人困惑。

图 3-23　Mike Wells 的
"乌干达干旱的恶果"

图 3-24　作品主题不鲜明

2. 主体突出

主体突出,就是视觉注意力引向被摄主体。只有主体突出的照片才能主题鲜明。那么如何才能使被摄主体在拍摄环境中突显出来呢？实用中突出主体的手法有多种,如控制景深,通过虚化背景突出主体。又如,一些经典的构图手法也可以简化画面,并产生均衡与稳定的画面美感。常用的经典构图手法有黄金分割法、三分法、简洁构图、S 型构图以及对角线构图等。这里就几种常用手法介绍如下:

(1)减小景深,突出主体。所谓景深是指拍摄时焦点前后清晰的范围。这个手法主要用于人像和动植物摄影。通过减少照相机的景深,将被摄人物或其他主体突出。要减小景深,可以采取三种技术手段:一是增大照相机镜头的光圈,具体的操作见后文中"照相机结构"部分;二是使用长焦距镜头;三是减小相机与被拍摄者间的距离。如图 3-25 所示是学生利用了以上三原则,用紧凑型相机拍摄的景物。

图 3-25　小景深虚化背景,突出主体

(2)黄金分割构图。黄金分割是文艺复兴时期最重要的艺术原则,在《蒙娜丽莎》等名作中都有体现。它在画面长宽的 0.618 位置分割画面,使画面各部分形成均衡的比例。黄金分割线的位置也是主体的重要放置位置。图 3-26 是美国杰出的风景摄影师安塞尔·亚当斯(Ansel Adams)的作品。作品中的地平线位置处在纵向的黄金分割线上。

在实际使用中,为了简化黄金分割的构图原则,使用三分法来确定画面的构图位置,如图 3-27 所示,即将画面长宽的三分之一处作为黄金分割的近似值。长和宽的三分线交叉处可以作为画面主体的放置点。

需要注意的是,在实际拍摄中我们经常会遇到如图 3-26 这样具有水平线的画面,如海天风景、湖泊风景等。此时我们一般要避免把这些水平线放置在画面的中央位置,因为这样容易将画面分成对等的两份,既不容易突出画面的主体,又会造成画面的割裂。

(3)简洁构图。简洁构图是指使用简化的背景来达到突出主体的目的,如图 3-28 所示。其道理与减小相机景深是类似的,只是分别从相机的技术上和构图的手法来处理。

图 3-26　安塞尔·亚当斯作品

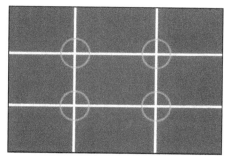

图 3-27　三分法构图

图 3-28　简洁背景突出主体

图 3-29　S 型构图示例

(4)S 型构图。S 型的构图,在构图时设法考虑使画面中具有 S 型线条,如图 3-29所示。画面中的 S 型线条有三种作用:一是使画面具有优美的线条;二是眼神在 S 型曲线的引导下,向纵深移动,画面更具有空间感;三是利用 S 型曲线将分散的景物联接在一起。

(5)对角线构图。当我们碰到一些形态较长的物体时,如果水平或垂直放置,画面会有较多空白留出来,空白处的物体或许会削弱主体。这时我们可以采用对角线构图,将主体沿画面中最长的距离——对角线放置来尽量扩大主体,也使画面更为丰富(如图 3-30)。

其他构图手法还有很多,目的都是造成均衡的美感,从而突出要表现的主体。

3. 事物的特征表现

在教学课件中使用的摄影作品不仅要突出主题,还需要将事物的特征表现出来。当然好的作品能够做到两者兼顾,比如图 3-30,既表现了海南的风景特征,画面又具有较好的美感。下面介绍一种较易掌握的表现事物特征的手法,即"前景"。

前景是摄影中的常用手法,也是摄影初学者容易忽略的手段。前景的作用除了可以增加画面色彩和纵深感以外,常可帮助体现事物的特征。图 3-31 取自一张西湖风景明信片"曲院风荷",图中使用了柳枝和荷叶作前景,将西湖边的柳荷相邻的特征表现了出来。

图 3-30　对角线构图　　　　　　　　　　　图 3-31　西湖风景照
(http://cdxs.cn/new.php? cid=185)

摄影的其他常用技巧包括使用光影效果来勾画和突出主体等。

上述这些手法并非在每次拍摄时都有机会用到。但是对于初学者来说,摄影实践中要有意识地观察、思考,尽可能考虑这些原则,有助于迅速提高摄影水平。通过实践,将这些基本原则和技巧熟悉后,才能在拍摄中随机应变,运用自如。

3.8.2　相机基本结构与数字相机有关参数

1. 相机的基本结构和光学原理

相机的基本结构和光学原理都相似,光路如图 3-32 所示。相机的主要部件都包括镜头、快门、光圈、成像器件、取景器和储存设备。

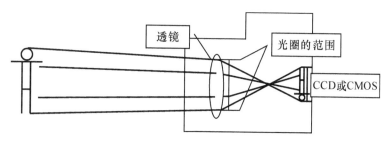

图 3-32　相机光路图

(1)镜头。镜头是一个由多个透镜组成的光学成像装置。每个镜头都有其特定的焦距(焦距是从透镜中心到平行光聚集之焦点的距离,也即照相机对焦到无穷远处时,从镜片中心到底片或 CCD 等成像平面的距离)。镜头的焦距不同,拍摄的效果不同。根据焦距是否可以变化,镜头可以分为定焦镜头和变焦镜头。定焦镜头又分为标准镜头、长焦镜头和广角镜头(鱼眼镜头)。其中标准镜头(50mm)符合人们的视觉习惯,看上去较为自然,使用最广泛;长焦镜头(大于 150mm)类似望远镜光学效果,适合拍摄远距离或小体积物体;广角镜头(小于 30mm)视角比较大,画面的纵深感较强,有种夸张变形展宽空间的效果。镜头的焦距越小,视角越大。

(2)光圈。光圈是安装在镜头中间的由一组薄金属叶片组成的遮光装置。光圈就像是水龙头。如果把它开大,就能有大量的光线进入;如果把它关小,就只会进入较少的光线。镜头孔径的大小称为光圈系数,可以用一个诸如 F1.2,F8,F16,…的数字来表示,称之为 F 值。常用光圈系数序列有 F1.4,F2,F2.8,F4,F5.6,F8,F11,F16,F22,每个数字间光孔径面积的大小差一倍,F 值越小,镜头的圆孔越大。如图 3-33 所示。

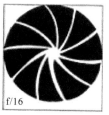

图 3-33　光圈示意图

（3）快门。快门是照相机从时间上控制通光量的一种装置,能够作快速的开关,形成一瞬间的曝光。常见的快门系数序列有:1,2,4,8,15,30,60,125,250,1000 等。若将快门调到"8"这一档,表示此时按下快门,则快门开启 1/8 秒。快门系数越大,实际曝光时间越短,相邻两档间曝光量相差一倍。

光圈与快门的系数组合即曝光组合,如 F5.6,250 表示光圈为 5.6,快门速度为 1/250 秒。可以根据不同的被摄物体和环境选择不同的曝光组合。光圈犹如水龙头的直径之粗细,快门犹如开水龙头的时间长短,即 F8,125 与 F5.6,250 和 F11,60 三种曝光组合的曝光量是相同的。

相机及其拍摄中还有一个重要的概念是景深。当相机镜头对某一物体(所在平面)聚焦时,从该物体前面的某段距离到其后面的某段距离内的景物虽不在焦面上,但也是相当清晰的。聚焦相当清晰的这段从前到后的距离就叫做景深。合理控制景深可以帮助拍摄出主体突出的摄影作品。影响景深的主要因素有:

（1）光圈。光圈越大,景深越小;光圈越小,景深越大。

（2）镜头的焦距。镜头的焦距越大,景深越小;镜头的焦距越小,景深越大。

（3）物距。距拍摄物距离越远,景深越大;距离越近,景深越小。

2. 数字相机的部件和技术参数

数字相机,也常称数码相机,是一种利用电子传感器把光学影像转换成电子数据的照相机。与普通照相机在胶卷上靠溴化银的化学变化来记录图像的原理不同,数字相机的传感器是一种光感应式的电荷耦合器件(CCD)或互补性氧化金属半导体(CMOS)。数字相机的有关部件和技术参数介绍如下。

（1）图像传感器 CCD

CCD 是数字相机的成像核心,是一种光电转换元件。其大小直接决定了数字相机的好坏。图 3-34 所示即为 CCD 面积比例示意图。

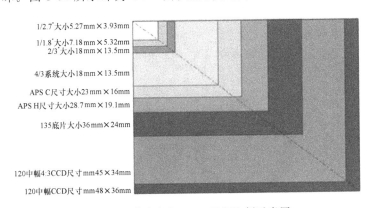

图 3-34　数字相机 CCD 面积比例示意图

（2）像素

像素指数字相机 CCD 上的像素总数。像素越多，清晰度越高，但并不意味图像质量就越好。有些相机的元件像素分为最大像素数和有效像素数。最大像素英文名称为 Maximum Pixels，所谓的最大像素是经过插值运算后获得的，也直接指 CCD/CMOS 感光器件的像素。在打印图片的时候，其画质会明显减损。与最大像素不同，有效像素数是指真正参与感光成像的像素值。即在像素面积不变的情况下，数字相机能获得最大的图片像素。要特别注意的是，相机的 CCD 面积如果很小的话，一味提高像数反而会造成照片宽容度下降，从而影响照片质量。

（3）光学变焦（Optical Zoom）倍数

数字相机依靠光学镜头结构来实现变焦，光学变焦倍数越大，拍摄时取景位置、景别（全景到特写）、景深等的控制灵活性就大。

（4）镜头的焦距和光圈

镜头是一部相机的灵魂，照相机镜头的焦距是镜头的一个非常重要的指标。镜头焦距的长短决定了被摄物在成像介质（胶片或 CCD 等）上成像的大小，也就是相当于物和像的比例尺。当对同一距离远的同一个被摄目标拍摄时，镜头焦距长的所成的像大，镜头焦距短的所成的像小。一般而言，35mm 相机的标准镜头焦长约是 28～70mm，因此如果焦长高于 70mm 就代表支持望远效果，若是低于 28mm 就表示有广角拍摄能力。目前，市场上主要的镜头生产厂商包括两大系列：一个为日本厂商，包括尼康、佳能和宾得等品牌；另一个为德国厂商，包括莱卡、蔡司和施耐德等品牌。日本厂商镜头性价比高，而德国厂商镜头的成像质量较高，但相对来说价格也较贵。

光圈是一个用来控制光线透过镜头，进入机身内感光面的光量的装置，它通常是在镜头内。我们平时所说的光圈值 F2.8、F8、F16 等是光圈"系数"。光圈的大小也是衡量镜头质量的因素之一。一般非专业数字相机的最小光圈都在 F8 至 F11，而专业型数字相机感光器件面积大，镜头距感光器件距离远，光圈值可以很小。对于消费型数字相机而言，光圈 F 值常常介于 F2.8～F16。大光圈能改善数字相机在低照度下的成像质量。

（5）存储设备

市面上常见的存储介质有 CF 卡、SD 卡、MMC 卡、SM 卡、记忆棒（Memory Stick、XD 卡和小硬盘 MICRoDRIVE）。图 3-35 所示为部分常用的存储设备。

CF 卡（Compact Flash）是 1994 年由 SanDisk 最先推出的。其存储容量大，成本低，兼容性好，但体积较大，那些半专业、专业的单反数字相机几乎都选用 CF 卡作为存储介质。

SD 卡（Secure Digital Memory Card）是一种基于半导体快闪记忆器的新一代记忆设备。SD 卡由日本松下、东芝及美国 SanDisk 公司于 1999 年 8 月共同开发

图 3-35　CF 卡(左)、SD 卡和记忆棒(右)

研制。大小犹如一张邮票的 SD 记忆卡,重量只有 2 克,但却拥有高记忆容量、快速数据传输率、极大的移动灵活性以及很好的安全性。SD 卡体积小巧,被广泛应用于现今的数字相机上。

记忆棒(Memory Stick)外形轻巧,并拥有全面的功能。这种口香糖型的存储设备几乎可以在所有的索尼影音产品上通用。

(6)电池

数字相机可以采用干电池、碱性锌锰电池、镉镍电池、氢镍电池、锂离子电池以及锂电池等作为其电源。随着数字相机普及速度的加快,锂电池以它良好的性能,已成为数字相机电池的首选。

3. 数字相机的类别及选择

数字相机可分为单镜头反光相机(DSLR,Digital Single Lens Reflex Cameras,简称单反相机)和紧凑型相机(Compact Digital Cameras)。区别在于,单反相机的光学取景器是入射光通过五棱镜反射后获得的,单反相机更换镜头或变焦后,取景器中所看到的图像与成像是一致的。而现在的紧凑型相机往往取消了光学取景器,使用 LCD 屏幕来显示图像。由于 LCD 屏幕所显示的是成像器件接受下来的内容,其清晰度以及光线的宽容度都受到影响。因此专业拍摄者都使用单反相机进行创作。

数字相机的参数可以分成两类:一类是影响成像质量的技术参数,如镜头、成像器件的相关参数;另一类是改善相机易用性的辅助参数。这些参数也是我们选购相机的主要参考指标。

第一类参数中,最重要的三项参数分别是:

(1)成像器件的大小。数字相机的成像器件有两种:CCD 和 CMOS。一般来说,CCD 成像质量要好于 CMOS,但是更重要的是成像面积的大小。图 3-34 中,成像器件大小和 135 底片大小一致时,被称为全画幅相机。CCD 或 CMOS 面积越大,照片的宽容度、拍摄范围、噪点以及物距都会改善,从而直接影响成像质量和艺术表现力。

(2)镜头的大小。显而易见,镜头的孔径越大,获得的光线越多,成像越清晰。

镜头孔径的直接指标是镜头的最大光圈。不过这里值得注意的是,光圈是相对值。紧凑型数字相机即使镜头的最大光圈值较大,但是由于成像器件较小,镜头孔径也不是很大。在同等参数下,具有较大光圈值的相机在低照度下效果较好。另外,大光圈值下,景深较小,在拍摄人像时更易突出主体。

（3）镜头的变焦倍数。镜头的变焦倍数是指镜头的最长焦距与最短焦距之比,要注意的是有些相机上标注的变焦倍数包括了数码变焦。数码变焦是通过插值计算得到的,是一种"伪变焦",要注意鉴别。许多相机的变焦镜头上都标有最长焦距和最短焦距,把它们相除就得到了光学变焦倍数。如图 3-36 所示为紧凑型相机的莱卡镜头,上面标有 6.0－21.4,由此我们可以知道该镜头的光学变焦倍数是 21.4÷6.0=3.6。特别是镜头的最短焦距,一般等效焦距小于 28mm 时,即认为具有广角拍摄能力,是较为实用的功能。

图 3-36　紧凑相机镜头

第二类相机辅助参数,主要都是针对紧凑型相机。比较重要的参数有:

（1）人脸识别功能。通过人脸识别功能,紧凑型相机可以自动识别出人脸,从而选择合适的焦点和曝光指数,极大地方便了拍摄者。

（2）防抖功能。拿紧凑型相机的拍摄者很少会使用三脚架来稳定相机。使用防抖功能可以提高相机拍摄的成功率。

除了上述几个参数外,还有些功能虽然对拍摄起到很大的帮助作用,如单反相机中的点测光功能、紧凑型相机中的触摸屏聚焦功能等。但这些功能目前只有少数相机才具有。而另一个常用参数——像数,如前所述,必须与成像器件大小及镜头参数一起讨论才比较有意义。

3.8.3　数字相机的使用方法

要拍出好照片,从基本的技术要求看,应该是被摄主体清晰、曝光准确。在被摄主体是静止的情况下,要保证被摄主体清晰需要做到聚焦准确和保持相机稳定。保证聚焦准确最简单的方法是使用半按聚焦技术,即中心对准聚焦物体,先半按快门后,再完整构图。半按快门后,相机一般会出现提示聚焦完成的提示音或标志。此时可继续按下快门完成拍摄。而半按快门还能避免突然用力按下快门造成的机震。

曝光准确的问题主要出现在自动测光下的逆光拍摄。由于数字相机,特别是紧凑型相机的测光主要是计算画面的平均值,因此逆光时,人脸部相对较暗造成了曝光不足。解决办法是提升脸部亮度。在有条件的情况下可打反光板,无条件时可强制闪光灯为开,对脸部进行补光。相机上也设有曝光补偿设定,可以提升相机的自动曝光量。使用曝光补偿虽然可以提升脸部的亮度,却也同时提升了整个画面的亮度,易造成画面背景或其他较亮部分曝光过度。

　　一般的数字相机都具有诸如人像、风景、微距等基本拍摄模式,图 3-37 所示为佳能 EOS 400D 的基本拍摄区及屏幕显示。该款相机的基本拍摄模式从上至下分别是全自动、人像、风景、微距、运动、夜景以及强制不闪光。可以根据需要进行拍摄模式的选择,如拍摄近距离的花朵和小物体可使用微距模式。

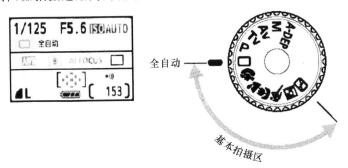

图 3-37　佳能 EOS 400D 液晶屏显及拍摄区转盘示意图

　　虽然入门级的单反相机保留了许多紧凑型数字相机的快捷拍摄模式,但在实际情况中,摄影师在大多数情况下都使用 AV 档(光线优先模式)。光线优先模式是指在此模式下,拍摄者优先确定光圈的大小,然后数字相机会自动根据当前光线量来确定快门的数值。

　　前面我们提到突出主体的方法之一是减小景深。通常情况下,在拍摄人物或其他需要小景深的画面时,先设为光圈优先模式,然后将光圈调到最大值,这实际上就是相机的人像模式。而在拍摄风景需要大景深时,则也使用光圈优先模式,然后将光圈调小。因此,灵活运用光圈优先模式,积累拍摄经验,是提高相机操作能力的必由之路。

思考与练习

　　1.简述视觉媒体特点,结合"经验之塔"理论(第 2 章)解释其教学上的意义。

　　2.比较传统投影仪(OHP)、数据/视频投影仪和实物展示台的功能和教学应用特点。

　　3.结合所学专业或所教学科,利用图像处理技术,设计一幅主体突出的图片,原图可拍摄或网络下载。

　　4.简述利用扫描仪和 OCR 软件获取某参考资料文本的工作步骤。

　　5.结合所学专业或所教学科,拍摄一幅教学图片,命名并解释主题构思和教学上的应用场合。

第 4 章 听觉媒体

内容提要与学习目标

本章主要讲述常用听觉媒体设备,并介绍听觉媒体材料的制作过程。具体的学习目标包括:

1. 了解听觉媒体的特点和数字音频技术的基本原理。
2. 掌握常用听觉媒体设备的连接与使用。
3. 初步掌握听觉媒体素材的录制和常用的音频编辑处理功能。
4. 了解音频特效处理和多音轨编辑功能。

其中第 4 部分适合音乐、外语和中文等专业对音频处理有较高要求的学生学习。

4.1 听觉媒体的特点和使用原理

4.1.1 听觉媒体的特点和教学功能

与其他教学媒体相比,听觉媒体在教学中的优缺点都比较突出,使用中针对性较强。听觉媒体在教学中的相关优点包括以下几点。

1. 听觉媒体的特点

(1)听觉媒体设备使用广泛,操作简单。以 MP3、语言复读机为代表的听觉媒体已被大众广为熟悉。作为最早进入中国家庭的家用电器之一的录音机的普及使得大众对音频设备的操作并不陌生。而音频设备操作标识的统一化,如"播放"用右向三角形,"快进"用两个右向的小三角形表示,使得教师学生不用接受太多训练便可以在课堂上熟练地使用常用音频设备。

(2)听觉媒体的教学应用针对性强。与文字印刷材料、电视媒体和计算机媒体等比较,听觉媒体的在语言、音乐教学中起到了不可替代的作用,而在有些课程中,如数学和化学教学中,则用得很少。

(3)制作设备和技术的入门要求低。虽然某些高保真音频设备价格不菲,但大多数情况下，只要技术运用合理，利用普通的话筒和个人电脑，就可以完成高质量的听觉教学媒体的制作。甚至使用 MP3、语言复读机等常用的设备都可以完成声音的录制。而汉化的声音处理软件也很容易上手，这些都为课程教师、学生自制听觉媒体教材提供了有利条件。

以上特点都是听觉媒体的长处，而听觉媒体的主要弱点是：一是长时间单独使用容易使注意力分散。人平时的主要信息来源是视觉，因此听觉媒体易受其他媒体主要是视觉媒体的干扰。二是音频内容只有通过连续播放才能传播，因此要求收听者注意力集中；所以听觉媒体不适宜用在较抽象内容的教学，也不适于传递要求学生持续关注并思考的问题。

2.听觉媒体的教学功能

听觉媒体在教学上的功能主要通过以下几种形式体现出来：

(1)示范型听觉教材。许多涉及声音类的教学内容，如语言教学中的语音、语调、音乐教学中的演唱等，都需要为学生提供标准的声音信息。利用标准的声音材料，可以弥补教师水平差异而带来的不足。

(2)讲解型听觉教材。讲解型教材不只含有示范内容，还有教师对这类内容的详细解说，比如外语教学的发音讲解，不仅有正确的示范，还有发音要领的分解讲解，这类教材主要用在关键点的讲解上。

(3)练习型听觉教材。练习型听觉教材的重点在于与学习者进行互动的训练，典型的例子包括语言教学的听力材料、复读材料等。

(4)呈现型听觉教材。呈现型听觉教材往往用于教学过程中的欣赏和分析。例如音乐史类课程中的名曲欣赏内容。这类教材与示范性教材的区别在于示范性教材的目的往往是为学习者提供模仿材料，而呈现性是给学习者欣赏和借鉴。这类听觉教材对音质往往有较高要求。

还有些听觉教材属于混合类型，即综合了以上两种或更多类型的教材形式。具体使用何种形式的教材，要根据教学内容和要求以及学习者的特点灵活选择。

4.1.2 听觉媒体的基本原理

在使用和制作听觉媒体的过程中，除了教学要求外，还要根据人耳听觉特性和数字音频技术要求来处理音频材料。

声音的三个要素是响度、音高和音色。

响度是人耳对声音强弱的主观听觉。响度除了与声波信号的强弱有关外，与声音信号的频率也有密切的关系。对于一般强度的声音，人耳对中频段的声音比较敏感，特别是 $1000\sim4000\text{Hz}$ 的声音较为敏感，而在声音比较响的时候，人耳对不同频率段声音之间的响度区别不太明显。对于音频作品，在制作时，由于不可能确定最终播放环境下声音的响度，就无法预先设定固定的频率补偿。一般情况下，需要在播放时,根据声音的响轻,调整不同频段的响度,来均衡各段频率均衡。在大多数的音频播放设备上,如 MP3,计算机中的媒体播放器(Windows Media Player),都有图示均衡器(或称"图形均衡器")用于对各频率段的声音进行平衡。

音高就是人耳对声音高低的主观感觉,主要取决于声音频率的高低。音乐上,两个声音的频率差一倍时,两个音调正好相差纯 8度。如乐器上中央 C 的基准频率是261.6Hz,高音 C^1 是 523.2Hz。对于不同的

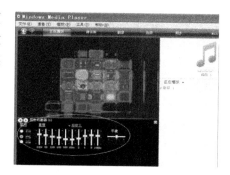

图 4-1　Windows Media Player
中的图形均衡器

频段,人耳对音调的辨别能力不同。在中频段,人耳对音调的变化比较敏感,这段也是人的语音中能量比较集中的地方。把女声降低音高,就可以模拟得到男声。

同一个音符,不同的乐器演奏出来,虽然音高一样,但我们依然能够分辨出来就是因为乐器的音色不一样。人耳把声音中各种频率成分综合起来得到的感觉,就是音色。不同乐器演奏同一个音符,比如中央 C,基频都是 261.6Hz,但在演奏时,还包含其他频率,这些不同的频率部分就构成了这个乐器的音色。人的发音也是一样的情况。语音信号的中高频段声音,对语音的清晰度有重要作用。

4.1.3　数字音频技术

1. 数字音频技术的特点

数字音频技术就是将模拟的波形音频信号转化成一个个的数据。数字音频技术的优点包括:

(1)采用数字信号后,抗干扰能力强,多次复制不会降低音频质量,提升了音频文件质量;(2)数字形式的音频文件可以在计算机上方便的传输和编辑,大大降低了音频材料的制作难度;(3)随着数字技术的提升,小巧而又灵活的数字音频设备极大地方便了音频材料的教学使用。由于以上优点,现在绝大多数的教学音频素材都采用数字音频技术。

常用数字音频格式用到的参数有三个,分别是采样频率、量化级数和数据率:

(1)采样频率。由于话筒录制的声音信号是用模拟波形表示的,所以数字音频技术首先要将模拟信号转成数字符号。如图 4-2 所示,按一定的频率间隔来采集模拟波形的数据,这个频率间隔称为采样频率,是指 1 秒内的采样个数,也就是图中的 t_0,t_1,t_2 等点的个数。

采样频率越高,相同时间段内的数据点就越多,能描述的模拟声音波形的最高频率也就越高。基本规则是采样频率必须大于要保留的模拟信号最高频率的 2 倍以

上。例如,如果要保留最高频率为
5500Hz的声音,那么采样频率必须
大于5500Hz的一倍即11000Hz。

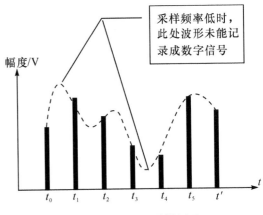

(2)量化级数。数字音频采样
的另一个重要指标是量化级数,实
际上就是每个采样点的精度,用 bit
表示,常用的是 8bit(2 的 8 次方)
和 16bit(2 的 16 次方)。显然,与
8bit 量化级数相比,使用 16bit 量
化级数的数字音频具有更高的精
度,因此也具有更大的动态范围。

图 4-2   数字音频采样原理

动态范围是指记录声音的最大值
和最小值之间的比。显然这个值越大,越能反映被记录音频文件的跌宕起伏。

普通录音磁带的动态范围约为 46dB,而 CD 的动态范围为 96dB,远远高于录
音机的记录范围。

(3)数据率。数据率又称码率,指数字化记录的声音的数据量大小。用每秒多
少位来计算。

在 Windows 操作系统中,对于系统识别的音频格式,如 WAV 或 MP3 文件,
可以直接查看其主要数据。选中文件后,鼠标右击,选择摘要,再点击高级,可以看
到该音频文件的采样频率和数据率(如图 4-3 所示)。

图 4-3   音频文件属性查看

我们常用的 CD 音频文件,采样频率是 44100Hz,因此其可以保留的模拟音频
文件的最高频率是它的一半 22050Hz。CD 的量化级数为 16bit,折算成分贝是
96dB,也就是说 CD 音质的文件的动态范围是 96dB。

普通的 CD 刻录盘的容量为 700MB,在刻录制作 CD 光盘时,每张 CD 的音频文件的长度最好不要超过 70 分钟,以免造成部分音频刻录失败。

2. 数字音频的压缩与格式转换

非压缩的数字音频文件的数据量是比较大的,其数据量计算可参见本章附录一。CD 记录的是非压缩的数字音频文件,74 分钟的 CD 格式音频文件要占用 747M 字节的空间,大概为每分钟 10M 字节。为了降低数据量,可以采用压缩技术。采用不同的压缩技术,就会产生不同格式的音频文件,如表 4-1 所示。

表 4-1 常用音频文件格式

音频格式名称	MP3 (Mpeg Level-3)	WMA (Windows Media Audio)	MP4(AAC)	RM (RealNetworks Media)	Wave(压缩和非压缩)
文件扩展名	. mp3	. wma	. mp4	. rm	. wav
压缩效率	中等	高	高	高	非压缩或低
PPt2003 兼容性	√	√			√
Authorware7	√				√
Flash cs3	√	√			√

对于压缩的音频文件,压缩率越高,数据率越低,音质越差。其具体计算参见本章附录一。

在这些格式中,WAV 和 MP3 的兼容性最好,几乎所有的多媒体著作软件和声音编辑软件都支持,WMA 也获得较多软件支持。压缩效率较高的是 MP4 和 WMA。RM 格式由于格式的封闭性,现已用得较少。

图 4-3 显示的 MP3 文件数据率是 192Kbps,以这个数据率压缩成的音频文件,每分钟需要约 1.4M 字节的存储空间。

4.1.4 常用听觉媒体设备的使用

听觉媒体种类较多,大致可以分为两种用途:一类是用于制作,采集和编辑用,如话筒、调音台和多媒体计算机;另一类是用于播放,如 MP3、CD 播放机、功率放大器和音箱等。我们常用的是后一类。

1. 常用听觉媒体设备的特点

在教学中,经常接触到的听觉媒体设备有 CD 播放机,MP3 播放机和语言复读机以及耳机、音箱等。

(1)CD 播放机

CD 播放机也叫 CD 唱机,是一种音频播放设备,它不具备录制功能。CD 播放机的信号载体是直径 12cm 的光盘。光盘的信号面有按数字信号的 1,0 变化规律排列的凹凸坑。CD 播放机里的激光头发出的激光照射在光盘表面，根据凹凸坑反射的不同来获得数字信号 1,0。数字信号可以经数模转换器输出模拟的音频信号，也可以直接把数字信号输出给数字音箱等可以接受数字音频信号的设备。

CD 唱片的主要特点：①保存时间长。由于 CD 唱片不和激光头接触，因此唱片不存在机械磨损，可以保存较长的时间。②不怕灰尘和恶劣气候。CD 唱片上有一层透明的保护层，因此灰尘和轻微划痕一般不易破坏碟片的信号面，加之音频信号处理系统采用了误码纠正系统，对少量的信号失落，在放音时还可以通过自动纠错予以补偿。③非压缩格式保证了较好的音质。CD 的音频是非压缩的，虽然文件尺寸较大，但保证了音频的质量。④可靠性取决于 CD 唱机的质量和对唱片的保护。CD 唱机的缺点是激光头在长久使用后会老化，从而造成读盘困难。而 CD 唱片不注意保护，可能造成表面磨损厉害而不能读出信号。经常出现的状况是某张碟片在某台 CD 唱机上读不出来而在另一台上却能正常工作。因此，在课堂上使用 CD 唱片时，应该在课前先在要使用的 CD 唱机上尝试播放，确认能正常工作。

(2)MP3 播放机

MP3 播放机是能播放 MP3 和其他音频文件的小型电子设备。有的 MP3 有较大的显示屏还能播放视频文件。MP3 播放机的播放文件存储在机器内部的闪存(Flash Memory)或微型硬盘中。闪存由于没有机械结构，抗外部冲击强，可靠性高。特别是近年闪存价格的持续下降和容量的不断扩展，使得闪存基本已取代了微型硬盘成为 MP3 的主要存储介质。

由于 MP3 播放机的普及，各种型号的机器种类众多，其价格相差巨大。MP3 是压缩文件，播放时在机器内部需要用解码芯片将压缩文件解成非压缩的音频数据，再进行放大输出。影响 MP3 的音质除了解码芯片的好坏外，还有电路本底噪音控制是否良好，耳机的质量好坏等。采用劣质的闪存也易造成数据的丢失。

MP3 播放机的主要特点：①小型化。MP3 的机器比 Discman(CD 随身播放器)做得更小，容易携带。②抗机械冲击能力强。使用闪存的 MP3 没有机械活动结构，可在运动时工作。一般的跌落也不会损坏。③文件管理方便。绝大多数 MP3 可直接通过 USB 接口连接到计算机，一般不需安装特别的驱动程序就可以在 Windows XP、Windows Vista 和 Windows 7 等操作系统下进行文件的复制、拷贝和删除工作。除了少数廉价的 MP3 外，基本都有文件夹管理功能，可以播放指定的文件夹的内容，在闪存容量越来越大的情况下，是非常有用的功能。④使用成本低廉。MP3 不需要消耗任何材料，许多 MP3 自带充电电池，几乎没有使用和维护的成本。

当使用 MP3 播放机作为听觉媒体教材学习工具时，还应该注意以下几个功能：①AB 复读功能。此功能可以在播放的 MP3 文件中设置起始点（A 点）和结束点（B 点），然后循环播放。对于练习型听觉教材由于要经常反复听读，此功能就比较有用，个别廉价 MP3 会省略此功能。有些还有一键重放功能，可以设定重放当前位置前面自定秒数的内容，用于语言学习非常方便。②带摇杆的播放控制。MP3 播放机由于按键较小，在需要反复使用快进快退的听觉媒体教材时，还不如录音机操作方便，如果经常要用此功

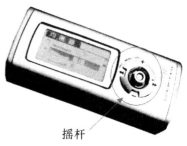

摇杆

图 4-4　带摇杆控制的
MP3 播放机

能，可以使用如图 4-4 所示的带摇杆控制的 MP3 播放机，较按键控制的播放机方便许多。

　　(3)语言复读机

　　语言复读机是专门用于语言教学和训练的音频设备，其特点是可以方便地重复听说特定的内容。复读机可以使用录音磁带或闪存来存储语言信号。虽然它的大部分功能 MP3 都能实现，但是语言复读机的复读专有设计使得这些功能用起来非常方便。例如录音重放功能，语言复读机往往设成一键控制，大大提高了学习效率。以前大多数语言复读机使用录音带，语言播放质量比较差。而目前使用录音带作为节目源的音频教学素材减少，也使得磁带语言复读机的使用逐渐减少。

　　现在有一种使用闪存作为存储载体的 MP3 语言复读机（如图 4-5 所示），其基本功能与磁带式语言复读机相仿。但是由于使用了数字技术，省去了磁带快进快退所需时间，因此选曲和复读功能更加便捷。

　　MP3 语言复读机的一些功能还不完善，如在语言学习中非常有用的自动断句功能，不如计算机上的一些软件做得成熟。而一些按键的设置按照 MP3 播放器要求来设计，还不够合理。例如快进快退功能和选取前一个 MP3 文件的按键是同一个，只是通过按键时间长短来区分，容易误操作。对于语言复读机这种需要频繁使用快进快退功能的机器，应该单独设立按键。语言复读机作为语言学习特别是外语学习的重要工具，其低廉的价格使其具有广阔的应用前景。

图 4-5　MP3 语言复读机

　　2. 常用音频播放设备的使用与维护

　　(1)CD 唱机

　　如前所述，CD 唱机和碟片的可靠性与使用习惯关系较大，正确的使用与维护

包括：①拿盘时，不要碰到光盘表面。②注意不要被硬物划伤碟片的表面。③不要用过硬的笔在光盘背面写字。④不要在日光下直晒刻录盘。⑤不使用时，将机内光盘取出，以减少激光头不必要的读取。

（2）MP3 播放机

MP3 播放机的使用和维护比较简单，主要注意以下几方面内容：①与计算机连接时，尽可能安全删除后再断开，以免文件丢失。②谨慎进行固件升级。固件（Firmware）是 MP3 中担任系统最底层工作的软件，一般的 MP3 在开机时持续按住电源键可以进入固件更新，但是在固件更新时，如果断电或受病毒影响，有可能造成机器的损坏。③避免拉扯耳机线。耳机线是 MP3 中最易损坏的，有人习惯在每次使用结束时将耳机线卷绕在 MP3 上，多次卷绕也易造成耳机线的断裂。

（3）磁带式语言复读机

语言复读机主要保养工作是磁头的维护。几乎所有的机器使用久后都会出现声音发闷变小的情况。这是因为长时间播放磁带后，会在磁头的缝隙中留下磁粉和灰尘，导致播放的声音发闷变小，此时可用麂皮沾上无水酒精清洗。在紧急情况下，甚至可直接用干净的手指把污垢擦去，但是不能用普通棉花沾含水的酒精擦洗，因为棉花的纤维容易留在磁头的缝隙中，而水会使磁头生锈。

磁带的维护主要是要保存在阴凉干燥的地方。有实验表明影响磁带上磁粉脱落的主要原因是潮湿的天气，因此保持磁带长久可用的主要方法就是将磁带保存在干燥的环境中。

（4）音箱与功放

音箱分为有源和无源两种。有源音箱内置功率放大器，因此需要外接电源。好处是声卡、影碟机或 MP3 播放机的输出信号直接连接到音箱上就可工作，因此使用方便，也被称为多媒体音箱。而无源音箱不带电源，因此音源输出端和无源音箱之间需外接功率放大器来放大声音信号。而 USB 音箱，使用 USB 口直接与电脑相连。内置功放的供电也是通过 USB 口获得，也是一种有源音箱。

有源音箱虽然内置了功率放大器，但是放大能力有限，对于话筒直接过来的弱的信号往往无能为力。话筒信号要通过有源音箱播放出来必须先对话筒信号进行预放大。有源音箱内置的功率放大器受散热条件和空间限制，功率不可能做得很大。因此需要较大声功率的场合往往用单独的功放配合无源音箱进行声音放大。

3. 常用音频设备的播放连接

在一般教室的音频设备中，包括话筒、扩音机、多媒体计算机和音箱等，主要的音频连接插头包括以下几种（如图 4-6 所示）：

RCA 插头，俗称梅花头/莲花头，用于音频信号的线路输入输出，常用在电视机、DVD 机和功率放大器上。在传输立体声信号时，分别用白色和红色插头/插座代表左路和右路信号。用 RCA 插头输出的音频信号可直接连到多媒体音箱的输入端。

XLR 插头，又称卡侬插头，常用于较高要求的单路音频信号的传输，如话筒连到调音台。特点是抗干扰能力强，传输的距离较远，还可以给电容话筒提供电源。

TRS 插头，俗称笔插头，又称耳机插头。分为 6.35mm(1/4″) 和 3.5mm(1/8″) 两种，根据不同设计可以传输单路信号和立体声信号。

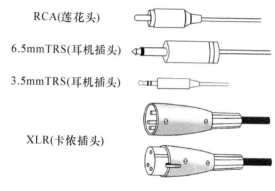

图 4-6　常用音频插头

其中，6.35mmTRS 插头经常用于非电容话筒和功放的连接，而 3.5mmTRS 插头则用在各种电声器材的耳机输出、计算机声卡的输入输出上。

在教室的多媒体系统中，一般是以功率放大器为中心组建的扩音系统。在教室使用的功率放大器都留有多个输入接口，为使用方便，平时各种音频源如 CD 播放机、计算机、DVD 机、录音机等的信号线直接连接在不同的输入源上，使用时，只要在功率放大器上选择相应的输入源就可以了。这些输入接口源除了话筒输入外其他都可以互换，也就是说，当出现某路输入无声的故障时，我们可以通过交换输入接口等方法来确定故障位置。

图 4-7 是典型的多媒体音频放大的连接图，图中的插头也是连接该类设备时最常用的插头。图中的功放提供了多个输入接口。一般功放都会提供 2～3 个 TRS 接口用于话筒的输入。同时提供多路的 RCA 的输入接口。这些接口，非专业人员连接时，容易混淆。其实，声音设备的连接主要需注意以下两个要点：

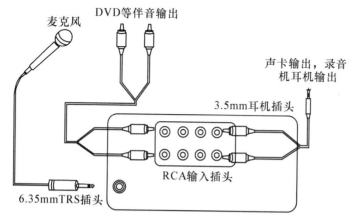

图 4-7　功放与各种设备的连接

要点一:任何设备的话筒输入端(常标示为 MIC IN)上只用来连接话筒。

由于话筒输出信号比较弱,因此从话筒接口输入到功率放大器内部后获得较高的声音放大,把其他信号误接入话筒输入口会造成信号失真。避免出现此错误的办法是看清输入口上的文字标示,功率放大器的话筒输入端标为"MIC IN"或"麦克风 输入"。反之,把话筒接到其他输入端,由于放大倍数不够,输出声音会没有或比较轻。

要点二:各线路输入端(如 DVD,CD,TV 等)可互换使用。

例如,某功放上只标有 CD 输入,没有 DVD 输入。那么连接 DVD 播放机时,可将 DVD 播放机上的声音输出连接到 CD 输入端。这类端口如果类型不一致,只要用转换头或转接线相连就可以了。表 4-2 列出了常用音频连接的中英文标示和连接端口。

表 4-2 常用音频连接设备端口类型

输出器件名称	输出器件端口名称	常用连接类型	功放可用输入端口
话筒	XLR(卡农插头)	6.5mmTRS 或 XLR(卡农插头)	话筒输入或 MIC IN
录音机(Walkman) CD 播放机(DiscMan)	耳机输出 Earphone	3.5mmTRS 耳机插头	CD / DVD / TV / Line IN 可互换使用
声卡输出	Speaker out 或 Line out	3.5mmTRS 耳机插头	
DVD 影碟机	Audio out 左声道(前左),右声道(前右)	梅花/莲花头/RCA	
电视机	Audio Left out, Right out, 左声道,右声道输出	梅花/莲花头/RCA	

还有一种带 S/PDIF 数字输入接口的功率放大器,支持 CD、声卡等音频信号通过数字光缆直接输入功率放大器,避免了传输中的信号损失。

4. 室内扩音设备系统的设置

在教室中使用各种扩音设备时,首先考虑语言的清晰度、响度,然后考虑合理放置电声设备避免引起啸叫和声场不均匀。教室主要用于语言扩声,以教室的大小一般为 8m×10m 计算,喇叭灵敏度按 90dB,用工程学的简化方程计算大约需要的功放功率为 40~50W。

实际工作时,教室人员的多少,地面铺设材料的不同还会对功放的功率要求略有区别,如果条件许可,应该将系统的功率配得大一些。因为如果声音响度不够时,大多数人会将音量开到最响,此时功放工作在非线性区间,导致高频部分能量激增,容易将音箱中的高频单元烧毁。

除了声音的响度,音箱和话筒在教室中的位置安排对是否产生啸叫影响很大。正确的位置应该如图 4-8,将音箱放置在喇叭的前面,避免喇叭放出的声音被话筒直接接收到,从而引起啸叫。另外,在教师站立位置的后面和教室的后面,添加吸音材料可以将反射到话筒的声音吸收掉。但是,教师身后,一般是黑板的位置,较难悬挂吸音材料。所以,在教室的后面悬挂吸音材料,可减少声音的反射从而减少啸叫的发生。

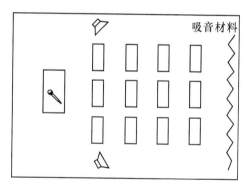

图 4-8　音箱摆放位置示意图

4.2　数字音频信号获取与编辑

制作数字音频文件的过程包括获取素材、剪辑、合成效果和发布输出。获取素材的方法包括录音和直接从已有的音频文件编辑后转成需要的格式文件。

4.2.1　数字音频信号外部录制方法

1. 数字音频信号采集的特点

数字音频与模拟信号相比,在传输过程中不会产生本底噪音,只要音源的噪音不大,一般信噪比不会劣化。但是数字音频信号比模拟信号更容易产生削波失真。原因如图 4-9,我们可以看到,信号超过 0dB 时,模拟信号中的超过部分有非线性失真,但信号的包络还是可以保留下来。而使用数字音频时,当输入声音过大时,数字录音会简单地把超过部分切掉,从而造成失真。因此在数字录音时,要注意控制输入的大小,避免输入电平超过 0dB。

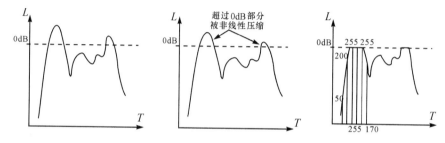

图 4-9　模拟音频与数字音频失真对比

　　数字音频采集的音源分为内部音源和外部音源。外部音源主要是指通过话筒、模拟调音台输出的音频信号;内部音源是计算机声卡自己产生的声音。

　　2.外部声源声音采集的连接

　　普通计算机的声卡输入接口有两个,Mic-In(话筒输入)和 Line-In(线路输入)。如果外部的音源信号较弱,如话筒信号,则应该插入 Mic 接口。反之,如从录音机耳机输出的声音则应该接入 Line-In 线路输入。

　　现有声卡 Mic-In 和 Line-In 的颜色分别用粉红和蓝色来区别。在转录的时候,例如将录音带的内容录到电脑上时,要将录音机耳机输出连接到声卡的线路输入 Line-In(蓝色接口)中。

　　如图 4-10 所示,声卡的话筒输入、线路输入和线路输出上分别有相应的图标表示。话筒输入是一个话筒的图标。线路输入是弧线再加上向中心指向的箭头;而线路输出是弧线加上向外的箭头。实际接线时,许多声卡在计算机机箱的背后而图标又较小,难以看清。此时我们可以通过颜色来分辨。粉红色的是话筒输入;蓝色的是线路输入,可

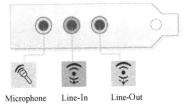

Microphone　　Line-In　　Line-Out

图 4-10　声卡常用输入输出接口

以用来接录音机、语言复读机或调音台的输出。而绿色的是线路输出,一般接耳机、多媒体音箱或功率放大器的输入端。

　　3.声音采集的输入设置

　　录制话筒或线路输入的声音,在连接好外部设备后,要在计算机系统中把输入选为相应的接口。

　　如图 4-11 所示,在 Windows 的音量控制菜单中(点击 Windows 中的小喇叭图标),选择录音后,可以选择要控制哪些音量输入接口。

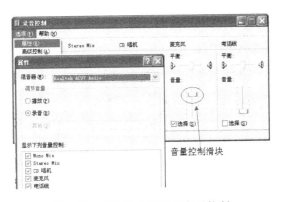

图 4-11　录音输入选择与音量控制

4. 录音电平的控制

在所有的音频处理系统中,音量的最高值统一设为 0dB,所以大部分音量值都是负数。通过拖动音量控制滑块,可以控制输入信号电平的大小。为了避免输入电平超过 0dB 而产生削波失真,需要对照音量显示窗口,小心地控制输入音量的大小。

不同的音频编辑软件虽然界面差别很大,但基本处理功能的操作都差不多。首先包括声音的录制,录音一般都用圆点符号或字母 R 来表示,如图 4-12 所示是两个常用软件的录音界面。

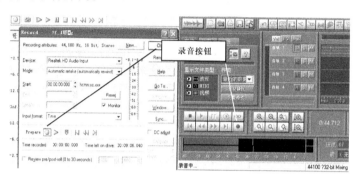

图 4-12　常用编辑软件录音控制窗口

左图是 Soungforge,右图是 Cooledit。两个软件都先要按下圆点或 R,进入录音等待状态,再按下圆点开始录音。

需要注意的是,音频软件并没有在此提供控制输入音量的大小,因此录音时,在注意软件中的音量显示的同时,调整 Windows 音量控制滑块(见图 4-11),使录音电平在 0dB 以下。

5. 内部音频信号的获取和采集

有些声音文件,比如 mid 文件,包含的是乐谱,只有声卡播放后才有声音输出,此时的声音来自声卡的内部。要采集这样的内部声音,不需要连接任何线,只要在 Windows 中将录音源设为声卡的混合输出就可以了。

4.2.2　数字音频信号的基本处理

数字音频信号的基本处理包括音量的提升和降低,编辑、噪音消除以及输出等工作。

1. 数字声音的编辑

声音信号的编辑比较简单,如图 4-13 所示的是声音编辑窗口,横向是时间,其操作方法和文字处理几乎一样,用鼠标拖动可选择,图 4-13 中的高亮部分就是被选择的部分。然后可对被选择部分使用编辑菜单中的复制、剪切、删除等命令。命令的快捷方式也和 Windows 其他操作一样，分别是复制（Ctrl＋C），剪切（Ctrl＋X），粘贴（Ctrl＋V）。

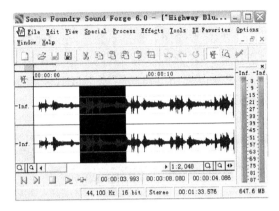

图 4-13　声音编辑窗口

此外，声音的常用编辑技巧还包括：

（1）插入空白声音。如果要在音频中插入一段空白或静默的声音，只要用鼠标先点击要插入的位置，然后在菜单中选择插入—静音（英语用 Mute 或 Silence 表示）就可以了。

（2）给声音编辑点打上标记。与视频文件在当前播放点可以直接显示某处的画面内容不同，由于声音是连续波形，内容必须通过播放才知道，因此在编辑时寻找内容还必须播放才行。为提高效率，在音频编辑时将主要内容点标上标记可以大大提高效率。

如图 4-14 所示是在常用音频编辑软件 Cooledit 和 Soundforge 中打上标记。此项功能是常用命令，因此两个软件都设置了快捷键。在 Cooledit 中按下 F8，Soundforge 按下 M 键即可在光标当前所在位置打上标记。

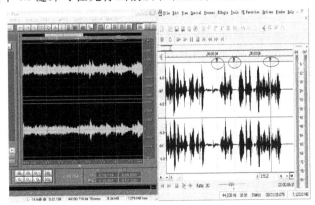

图 4-14　利用标记加速编辑

2. 数字音频信号的基本处理

声音信号的基本处理包括噪音消除,音量的提升和音量的标准化处理。一般通过话筒录入的声音都要经过这三个步骤的处理。

(1)噪音消除

音频信号中的噪音包括电路本身的噪音和环境噪音。噪音信号在讲话和音乐的间歇时表现得特别明显。音频处理软件去除噪音主要有两种思路:

第一种思路,考虑噪音一般比主音要轻得多,因此设立一个门槛,高度设为噪音的最高电平,凡是低于这个门槛的声音就当作噪音滤除。这种方法适用于噪音电平和主音电平相差较大的情况。优点是去除语音间歇处的噪音比较干净,但对混杂在主音中的噪音无能为力。软件 SoundForge 使用的就是这种方法。如图 4-15 所示,噪音

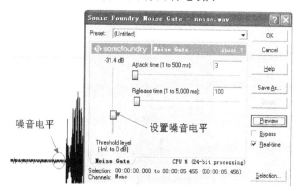

图 4-15　设置噪音门滤除噪音

电平的值在−33 dB 左右,因此将噪音的阈值设为略高于−33dB。图中设为−31dB,这样噪音电平就被过滤了。

第二种方法,是利用软件提取噪音的频率特征样本,然后通过计算去除整个文件中相同频率特征的声音,典型的软件是 Cooledit。这种方法适用于噪音频率特征单一的情况,比如都是计算机的电流噪音。使用这种方法也会去除节目部分频率的声音。

如图 4-16 所示,先在效果菜单中选择噪音消除命令中的降噪器。然后在跳出的对话框中,第一步,先选择噪音采样,把要消除的噪音记录下来;第二步,再点击确定执行去除噪音的工作。这个过程一般要持续 2～3 次才能把大部分噪音消除。

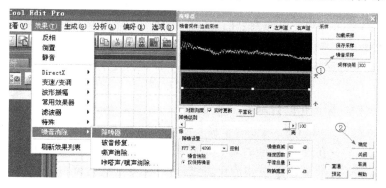

图 4-16　Cooledit 噪音消除

(2)音量的提升

在音频编辑时,通过耳机或喇叭播放来判别声音是否响亮是非常不准确的,因为耳机、喇叭的灵敏度相差很大,各个课堂教室的扩音系统也不相同。应该尽量保证音频的最高值在0dB左右。

如图4-17所示的波形,最大峰值为-5dB,说明声音偏轻。可以利用音量的提升功能,将音量总体提升5dB。要注意的是控制提升量不要超过峰值电平与0dB的差,否则提升过量会造成波形失真。

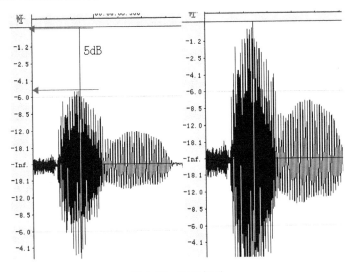

图 4-17   音量提升

音量提升适用于局部区域的音量调整,如果音频文件很长,用音量提升功能来手动控制每段的音量就比较麻烦,因为音量提升功能不会判断音量提升后有没有出现失真。而标准化功能会根据要求对音频文件的音量进行自动处理。

(3)音量的标准化(Normalize)

在制作和播放声音文件时,经常会碰见的情况是不同的音频文件音量差别比较大,给播放带来麻烦。好的音频制作应该保证一个课件,或一张CD里面所有歌曲、语音的平均电平值是一样的,而标准化(Nomarlize)或称规范化就是调节音频文件的音量使之保持在一个通用的标准中,从而使经过标准化处理后的各个音频文件音量相同。

不同软件对标准化的处理也不一样,如Cooledit只是简单地把最高音量提升到0dB。而用SoundForge则可以非常灵活地根据要求自动提升不同比例的音量。例如,我们录了一节课,有可能教师开始授课时声音比较轻,后来逐渐提高了声音,利用SoundForge的平均电平标准化功能,可以方便地进行调整,使得前后声音的音量差距缩小。

由于最高声音信号的值是 0dB,那么声音信号平均值越接近 0dB,总体音量就越大,声音的起伏就越小。如图 4-18 中所示,将平均音量设定为－10dB,这个值是比较大的,适用于人的语音文件。如果是音乐文件,为了突出音乐的起伏,一般将平均音量电平设为－16dB。

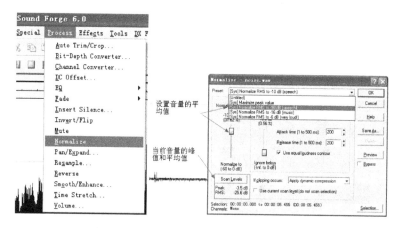

图 4-18　标准化电平设置

3. 数字音频信号的压缩与输出

在对声音处理完成后,常常要生成为各种格式的声音文件。一般只要在文件的另存为窗口中保存成相应的格式就可以了,这儿介绍常用的三种格式,即 Wave、MP3 和 WMA 格式的输出。

(1)非压缩格式文件 Wave 的输出

Wave 格式文件既可以是非压缩也可以是压缩的声音信息。由于 Wave 的压缩格式压缩率不高,一般.wav 格式都用来保存非压缩的音频文件,此时文件尺寸较大,但是音频信号因为没有压缩而保持原始的质量。如图 4-19 所示,在声音编辑软件中选择"另存为"后有多个.wav 格式的保存选项,此时,"Windows PCM(∗.wav)"是保存为非压缩格式的文件。

(2)MP3 文件格式的输出

MP3 格式文件保存选项较多,主要分为 VBR(可变码率)和 CBR(固定码率)两种方式。固定码率是指在整个文件中采用相同的压缩率

图 4-19　音频文件输出选项

进行压缩,而 VBR 方式则根据声音的内容,在指定的范围内自动选择压缩码率,因此使用 VBR 方式压缩效率更高些,但是用 VBR 方式压缩的 MP3 文件,在某些 MP3 播放机上可能会显示错误的文件时间长度。

选择 CBR 方式,MP3 将以固定码率的方式进行编码,以图 4-20 中的 CBR 方式为例,128Kbps 是码率,44100Hz 是抽样频率。

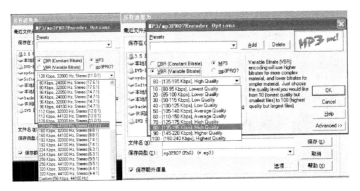

图 4-20   MP3 输出选项

选 VBR 方式是表示压缩的码率可变,括号内 135～195Kbps 表示压缩的码率瞬间最低为 135Kbps,最高为 195Kbps。

如果对文件的尺寸要求不是特别高的话,建议选择 CBR 方式压缩,此时具有较好的兼容性。

(3)WMA 格式的文件输出

WMA 格式也是被广泛支持的音频编码方式,几乎所有的主流音频处理软件都对它有良好的支持。如图 4-21,选择 WMA 输出格式后,在 Custom 中可以设置具体的压缩格式。

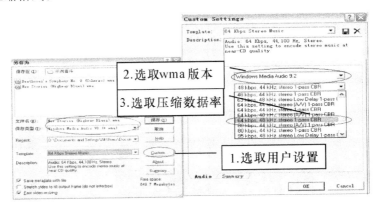

图 4-21   WMA 输出选项

WMA 压缩格式也是用码率来表示压缩率，由于 WMA 的压缩效率要高于MP3。因此对于普通的练习型听觉媒体教材选择 32~64Kbps 的码率就够了。

4.3 数字音频的合成与多轨编辑

4.3.1 数字音频的特效

除了上面提到的基本音频处理外，我们在教学听觉媒体的制作中常常用到一些辅助特效。主要有提升或降低声音文件播放速度，提升或降低音乐的频率，对语音进行润色等。

1. 改变文件播放速度

在语言学习，比如外语听力学习中，原版的听力材料往往语速过快，如果希望降低语速，可以利用音频软件的变速功能实现。需要注意的是，直接降低播放速度，相当于声音时间长度增加，会造成语音频率的降低，因此音频软件中，在选择速度的对话框中，一般要选择保持声音的频率不变。如图 4-22 所示，播放的速率下降到 67％。

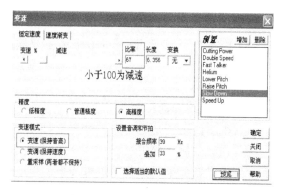

图 4-22 音频变速功能实现

2. 频率均衡调节

在不少扩声器、MP3 播放器中都有频率均衡调节器，其作用是美化声音的频率特性，在制作声音文件时，经常需要根据个人声音特点而对某些段频率进行修改。而不同的录制要求也使频率均衡调节不一样。我们来看一些在教学课件中常用的对语音频率均衡调节的设置。

（1）削弱气流冲击麦克风

在录制歌唱和讲话时，嘴巴离麦克风很近时，经常会形成气流冲击麦克风而发出"砰砰"声，俗称"喷麦"。由于其频率较低，削弱这类声音，可以在图示均衡器中，削弱 80Hz 以下的声音（见图 4-23），可取得较好的效果。

（2）提升中高频来改变语言的清晰度

人语音的频率集中在 500~5000Hz，区别人的声音主要是靠不同频率组成的谐波分量（音乐）和共振峰（语音）。在低频部分，由于频率比较低，各个频率特征间

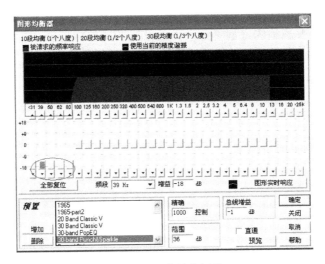

图 4-23 频率均衡调节

的频率相差不大,因此,语音的清晰度主要靠中高频部分的特征来区分。实际操作上,就是对 3000Hz 到 7000Hz 之间的声音进行少量的提升有助于增加声音的清晰度。

(3)改变声音的频率

这个功能主要是用在音乐教学中,根据演唱者的要求来改变伴奏曲的音高,另一种是在缺少男声的情况下,可以将女声降频为男声使用。值得注意的是,音频处理软件的升频效果不如降频效果理想。如图 4-24 所示,图中♯和 b 分别表示升高和降低频率。一个♯或 b 分别表示声音升高或降低一个音程。

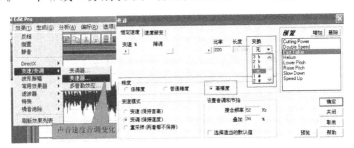

图 4-24 数字音频实现变频功能(升调降调)

4.3.2 多音轨合成功能

许多听觉媒体作品要求使用多音轨合成技术,例如,语文课的配乐诗朗诵,或多人对话,经常是利用多音轨将各种声音合成为一个文件。

如图 4-25 所示,在多音轨上编辑的音乐文件。音轨 1 是鼓声,音轨 2 是电子吉他,音轨 3 是人声,音轨 4 是风琴。由于各个乐器在不同的音轨上,给编辑工作带来很大的灵活性,我们可以将不同的内容放在不同的音轨上,然后针对不同的内容分别调节。例如,配乐诗朗诵,在没有朗诵的地方,或是朗诵的段落间,需要提升背景音乐的音量,而在朗诵部分,则需要压低背景音量。

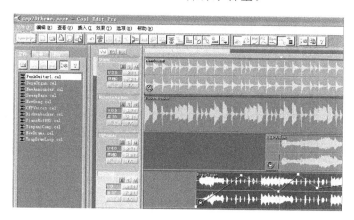

图 4-25　多音轨编辑界面

1. 利用包络线控制音轨的音量

图 4-26 中的第四音轨上显示了如何利用音量包络线来控制音乐过渡。这样起伏的音量线在音频软件中被称为 Volume Envelope(音量包络线)。

图 4-26 中的包络线是通过拖动包络线上的控制点来控制音量,这样的音量改变不会影响该音轨在单独编辑时的音量大小,而只是在合成时也就是在多音轨工作状态下,才影响各个音轨的音量大小起伏。利用多音轨,我们还可以方便地实现多音乐之间的平滑连接。

在图 4-26 中,利用了音轨间的淡入淡出来实现音乐间的连接。图中,音乐 1 在音轨 1 上,调节包络线,使其逐渐变轻,同时音轨 2 的包络逐渐增加,

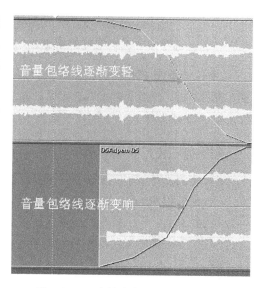

图 4-26　双音轨音频淡入淡出连接

使得音乐 2 的声音逐渐增加,两条包络线都采用平滑过渡的曲线,以尽量减少音乐变化带来的冲击。

2.多轨音频文件的合成输出

各种多轨音频处理软件都提供了调音台功能来控制各音轨间的音量。如图 4-27是 Cooledit 的调音台控制窗口。

图 4-27　调音台窗口

图 4-27 中每个滑块控制相应音轨的音量。根据需要调节完成后,使用"文件"菜单命令中的"混缩另存为"将把所有音轨的音频效果,包括调音台的控制效果,存为最终的音频文件。

附录一:CD MP3 数据量的计算

CD 音频文件,数据量等于长度乘以数据率。

CD 的数据率为:量化级数×声道数×采样频率=16bit×2 声道×44100Hz =1411200bps

一张 74 分钟的 CD 唱片的数据容量是:$74×60×1411200bps/(8bite/Byte)=747MB$

如果一段音乐长 5 分钟,那么它的数据量为 CD 的数据率乘以时间长度:$1411200bps×300s/(8 bite/byte)=53MB$

如果使用 mp3 压缩,数据率选 128Kbps,那么文件大小为 $128Kbps×5×60/(8bite/byte)=4.9MB$,也就是说,文件的尺寸缩小到约为原来的十分之一。

思考与练习

1.数字音频录音过程中,最高的音量电平是多少?

2.你认为 MP3 播放器和传统的录音机相比,它们的优缺点各是什么?

3.用于和声卡连接的插头是什么类型的插头?

4.录音时,录音电平的大小是在哪里控制的?

5.数字音频的压缩质量和其压缩码率有什么样的关系?

6.如果在录制一段讲话时,背景有人说话,作为噪音,你觉得用哪种方法去除比较好?

7.在制作一段语言教材时,如何避免教材中各段语音音量相差较大的问题?

8.在多音轨合成时,如何实现多轨音乐间的平滑过渡?

第 5 章　视听觉媒体

内容提要与学习目标

本章分 5 节,分别介绍了各类视听觉媒体,主要是电视媒体的特点和使用方法。主要的学习目标为:

1. 掌握视听觉媒体的基础知识与教学特点。
2. 掌握普通视听媒体设备的连接与使用。
3. 了解摄像机拍摄的基础知识。
4. 了解视听觉媒体中电视教材制作的基础理论知识。
5. 了解视频素材进行完整编辑与制作的方法。

5.1　视听觉媒体的教学特点和使用方法

5.1.1　视听觉媒体教学特点

视听媒体是指通过各种光电手段记录、存储、再现活动图像和音频的媒体。而随着数字技术的发展,视听媒体更多的是基于数字技术进行处理,例如摄像机拍摄的内容被记录为数字视频。在教学中,视听觉媒体也经常借助计算机多媒体技术环境来进行处理。与视觉媒体相比,其特点体现在视听媒体展现的是连续活动的图像,同时传递听觉信息。典型的视听媒体有电视、电影、动画等。近年来网络技术的飞速发展,通过网络传播的视频也越来越多地使用在教学活动中。

不论何种形式的视听媒体,其在教学使用中的主要特点是:

1. 以视觉形象和活动图像为主。人类平时 70% 以上的信息都是通过眼睛来接受的,同时呈现视觉和听觉材料时,我们会优先关注视觉材料。因此在视听媒体中,视觉的内容应该比听觉内容占更大的比例。而在视觉材料中,应该以活动图像为主,人对活动图像具有较敏锐的观察力。

2. 通过扩展和压缩时间和空间,来克服时空局限,将教学重点表现出来。视听媒体通过技术手段可以实现显微摄影、慢速重播、电视广播等手段,突破时空限制。例如,在体育教学中,通过摄像机的拍摄和慢速重放,可以将运动员瞬间的活动细节在时间上进行放大,从而提高教学效果。

3. 视听结合,多维度传输信息内容。眼睛以面的形式接受视听媒体传递的活动图像和符号,信息量大。视听觉媒体同时传递视听觉信号,传输效果高于单一媒体。

以上这些特点是视听媒体的共性。而各种视听媒体如电视和动画在使用上又有所区别。电视教材的特点是真实性比较强。这一点常被用在创设教学情景、激发学生兴趣中。而动画作品往往是将复杂的具体事物进行简化。在教学中揭示事物最主要的本质特点,减轻学生的认知负荷,大大提高教学效率。但是视听教学媒体也存在着许多局限性,包括:

1. 不适合表现较抽象的内容。视听媒体是通过连续活动的图像来表现的,而抽象的内容往往需要观众耗费大量时间来仔细考虑某一幅画面,两者的矛盾容易造成视听作品的效率低下。另外,视听觉媒体的优势在于声情并茂地表现直观的图像,如果抽象的教学内容不能以直观形象的方式表达出来,那就不适宜用视听媒体来表现。

2. 不适合表现文字性较多的内容。这是因为在课堂教学中,不论是使用视频投影仪还是背投式电视机,其清晰度始终无法和印刷材料相媲美。在 30cm 的视距上,人眼的最佳分辨率约为 $0.08°$。如图 5-1 所示,由于人眼看书时比看大屏幕有更大的视域,而人眼的最小分辨角是固定的,因此人眼观看书本时可以达到更高的可识别像素数。另外,由于视听觉媒体是活动的图像,高分辨率也会造成播放系统较高的带宽要求和数据处理能力,从而增加制作和播放设备成本。

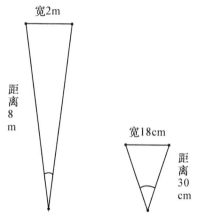

图 5-1　大屏幕与书本观看视域对比

3. 视听媒体的制作技术要求较高。视听媒体材料的制作往往要花费较多的时间和精力。特别是制作电视和动画系列教材,需要较高的技术和较多的时间投入。非专业教师自制此类视听材料有一定困难。一般可以只制作教学中需要的关键片段来减少障碍,提高效率。

4. 制作和播放视听媒体都需要相对昂贵的设备支持,例如,教室播放视听媒体用的视频投影仪、背投电视机就价格不菲,许多条件欠缺的地区和学校的使用就受到限制。

5.1.2　视听觉教学媒体的教学功能

视听觉教学媒体的表现形式比较多,我们在选择的时候首先要确定使用的目

的,再根据不同媒体具有的教学特点功能来选择相应的媒体。视听媒体的主要教学功能包括:

1. 激发学习动机。相对于其他教学媒体,视听觉媒体能真实再现或模拟各种现实世界,其丰富的视听表现手段在创设学习情境上具有很大的优势。视听觉材料所表现真实世界的问题,也容易激起学生探究知识的学习动机。

2. 提供各种技能操作的示范教学。各种动作技能的学习材料,一直是文字类教材表现的弱点。因为许多技能,如体育动作的教学示范,通过电视视频的慢动作重放,其示范效果远比文字和图片的表述来得直观。而语言教学中的发音教学,视听教材可以在展示口形的同时实现声音同步播放,更是发音技巧训练最有效的教学载体。除此之外,一些操作技能的教学,例如

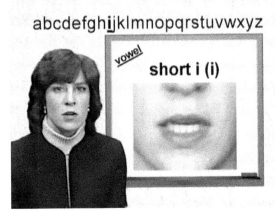

图 5-2　Vocalis 公司的英语字母发音教学电视片

较复杂的计算机应用软件的操作示范教学,用视听媒体来替代文字教材可以提供更高的效率。如图 5-2 所示的发音教学片,可以清晰地展示英语发音时的口形变化过程。

3. 对文字和其他媒体材料提供辅助性教学。根据戴尔的经验之塔理论,视听材料可以在抽象的文字材料和耗时的做的经验之间起到桥梁作用,既能节省时间又能加深记忆,提高效率。特别是有些教学材料是平时生活中不太接触到的,例如文字教材描述月球表面重力只有地球六分之一的时候,用宇航员月球行走的视频配以解说,就可以将抽象的知识形象化,从而大大提高教学效果。

4. 提供完整的、系统的教学讲解内容,替代部分教师教学,实现标准化教学。视听觉媒体材料由于可以提供视频、动画和听觉内容,因此系统化的视听教学材料可以部分替代教师实现远程教学。另外,我国各地区教育环境,教师专业技能差别较大,视听觉媒体可提供标准化教学来提高教学质量。

5.1.3　视听觉媒体教学使用模式和方法

视听教学媒体在教学中的使用基本包括以下几种模式。

1. 在课堂教学中作为教师讲授的辅助手段

在这种教学使用模式中,教师预先准备好较短的视频或动画片段,根据教学需要,由教师使用先讲后放、先放后讲,或边讲边放等模式进行教学。例如,利用视频

创设学习情景,往往是先播放视频,起到吸引学生注意力,提升学习兴趣的目的。而使用动画素材时,则是把复杂的事物用简洁的手法模拟出来。如图 5-3 所示是蛙泳的动画动作演示。使用动画演示去除掉了水花的干扰,以最佳的角度将主要技术要领展示出来。

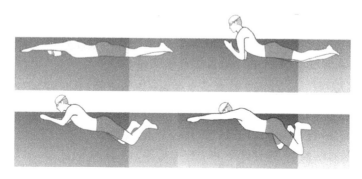

图 5-3　利用动画讲解蛙泳技术要领

如果采用的视频材料是来自 DVD、VCD 等光盘素材,为了避免碟片受损或光驱读盘能力差引起的各种问题,应在上课前在教室中预试一下。另外,在上课过程中快进搜索指定片段,也可能因为光盘的读取而需要较长的等待时间。因此使用这类素材时,最好先使用软件将需要的视频片断从 DVD 中截取出来。作为教师教学的辅助手段,一般连续播放时间比较短,使用方式相对灵活,这也是在课堂上使用最多的视听教材使用模式。在课堂中使用电视教材作为辅助手段的使用技巧包括:

(1)选择使用形象性突出的视觉片段用于课堂教学。视听觉媒体教材的来源可以是教师自制也可以是别的渠道获得的完整材料。不论使用哪种方式,其主要使用方法都是突出视听媒体的形象性。视听教材中一般不宜出现大量的文字、公式等。相对来说,自制教材是教师针对自己的课堂实际开发的,一般能较好地配合课堂教学。而外来的视频素材中,良莠不齐。比如一些早期电视广播大学的教师授课节目中,有大量的纯文字材料显示画面,并不适合作为课堂教学中的辅助材料,需要使用者对这些教材进行删减编辑等加工处理。

(2)注意课堂中视听教材的使用比例不要过大。许多视听媒体材料都有完整和系统的讲解,但是并不能代替老师讲解。在视听媒体的使用中,特别要注意电视媒体也有可能分散学生的注意力。视听媒体往往具有较生动活泼的内容,在大段的播放视频后,学生的注意力就不容易回到授课教师身上;另外,再完整的视听觉教材也不可能和教师的上课计划完全吻合。遇上这种情况,教师在上课时除了有选择地使用部分视频资料外,还可以关掉原电视教材中的声音,用自己的讲授来代替原有的解说,以保持课堂整体讲授的连贯性。

2. 使用讲授型电视教材替代教师授课

通过网络或卫星电视等手段,将较完整的和系统的课程电视授课材料传输给学习者。由于要起到替代教师授课的作用,因此这类视听觉材料的制作完整性要求比较高,片子时间也比较长,多采用系统的电视教材来实现。此类片子中一般要出现授课教师来提高学生注意力,同时电视片中应尽可能地提供多种形式的表现手法来详细地描述教学内容。尽管如此,由于电视媒体本身的局限性,一般还需利用其他媒体,如印刷材料,来提供额外的教学支持。

3. 利用电视媒体的摄录功能帮助自我分析和自我改进

视听媒体既适合大规模教学也适宜于个人自学。电视媒体提供了时间的压缩和扩展能力,利用它可以将被拍摄内容存储下来供个人或小组仔细研究学习用,典型的应用包括微格教学、体育课运动动作重放等。

微格教学是一种利用电视技术手段来培训教师实践能力的教学方法。通常是让参加培训的学生分成若干个小组,在教师的指导下,每个小组的学生轮流扮演教师进行授课,如图 5-4 所示,用摄像机将该学生的授课记录下来,然后在教师引导下,小组成员对同伴的教学提出讨论和评议,授课学生对照自己的录像改进教学。此过程可重复进行,使学生的教学技能有所提高。其特点是每人的讲课时间短,小组成员人数少,因此被称为"微格"教学。

图 5-4 生物教育专业学生利用微格教学提升投影仪教学技巧

在微格教学中,摄像机记录的视听材料能帮助学生发现自己教学中的问题,在实践中被认为是非常有效的提高受训学生教学技能的手段。

电视媒体提供了使被摄主体能以客观角度检视自己的手段。特别是在体育教学中,利用摄像机可以将瞬间的动作用慢动作记录或用软件中的慢动作效果进行时间轴上的扩展,使学习者有时间仔细地观察瞬间动作。而在体育课教学中,视频也使运动员能以客观视角检视自己的动作(见图 5-5),通过与标准动作的对比分析,大大提高了体育动作的教学效果。

图 5-5 利用电视叠加图形和字幕,进行体育动作分析

4. 利用电视媒体课外辅导

电视媒体的辅导教材可作为课外的辅导补充材料,起到对学生自学的辅导作用。它与远程教学中替代教师的电视教材的相同点是都有较详细的讲授内容,不同点是视听辅导补充教材往往是针对课堂教学中的难点和复杂部分所使用的片断。教师可以自制这类教材,也可以从系统的视听教材中编辑、截取部分来使用。如图 5-2 所示的发音教学,教师就可以根据当天的教学情况和进度,让学生课后选取相应的发音字母回去学习和模仿操练。

5.2　常用视听觉媒体设备连接与使用

常用的视听媒体设备包括电视机、视频投影仪、影碟机和小型摄像机等。还有些视听觉媒体,例如电影,现在课堂教学中已几乎不用,这里就不作介绍了。

5.2.1　常用视听觉媒体设备介绍

1. 电视机

作为家用电器的主力,电视机发展很快,种类较多,主要是按显示技术来区分。新型的显示技术主要有 LCD、等离子等,较旧的显示技术有显像管和背投。目前电视机的视频标准向数字高清发展,占主导地位的 LCD 和等离子电视机一般都具有较高的清晰度,物理分辨率从 1024×768 到符合全高清电视标准的 1920×1080 不等。电视机是否支持高清标准,通过机器上的标志便可以看出,附录一中表 5-4 列出了数字电视机上的两种常用标志的含义。

电视机的规格参数除了清晰度外,最主要的指标是尺寸。电视机的尺寸按屏幕对角线的长度来分。例如 42 寸电视机,就是指电视机屏幕的对角线长度为 42 英寸(106.7 厘米)。

不同显示技术的电视机特点有所不同,但总体上来说,电视机在教学使用中具有的优点包括:

(1)亮度高,与视频投影仪相比,大多数电视机在室内使用的时候都有足够的亮度,一般不需要通过拉窗帘等手段控制教室亮度。

(2)使用寿命长。电视机的使用寿命均较长,如 LCD 电视机的标称使用时间一般是 50000 小时,因此不用担心长时间使用后引起的亮度和色度的变化。

(3)使用方便。电视机一般都集成了喇叭等电声器材,使用时不需要另接音箱等设备。由于电视机在家庭的普及,使用者对电视机的使用也较为熟悉,这也给课堂中的使用带来方便。

电视机的主要缺点和局限性是其屏幕尺寸与投影仪相比较小,不适合人数较多和对画面清晰度较高的场合使用。目前不少电视机支持的清晰度达到了全高清分辨率,但是在人多的场合使用时由于屏幕尺寸小,后排的观众还是达不到高清的效果。因此,电视机在教学中传递的视听媒体材料以标清居多,同时不适合用于人数较多的教学环境。

2. 数据/视频投影仪

数据/视频投影仪在第 3 章中已作为视觉投影媒体设备做过介绍。视频投影仪可以接受视频信号,将活动图像直接投影到大屏幕上。随着液晶投影仪性价比的不断提升,越来越多的教室配置了视频投影仪作为多媒体计算机和视听媒体的传播工具。视频投影仪的主要指标为亮度、像数和灯泡寿命。常用视频投影仪的亮度指标为 2500 流明,像数一般为 1024×768,灯泡寿命在 3000 小时左右。这儿要注意的是,有不少投影仪标称的灯泡寿命是指亮度未开到最大时,也就是经济模式下的寿命。在教室教学中,一般都会将投影开到最亮,所以实际灯泡寿命可能还要短些。

视频投影仪在教学使用中的优点包括:

(1)能实现大屏幕播放,有利于较多人数的场合。

(2)提供了 VGA、视频和音频输入输出等多种接口,既可接影碟机等视听媒体,又可接计算机等其他媒体设备。

(3)设备体积较小,使用方便,并有便携式可在各种场合灵活使用。

视频投影仪的缺点是投影仪的亮度衰减变化较大,维护成本比较高。现在常用的视频投影仪分为 LCD 和 DLP 两种类型。LCD 型投影仪价格便宜,但其中灯泡的使用寿命比较短。不同类型的灯泡使用寿命不一样,一般为 3000 小时左右。目前,LCD 投影仪的灯泡亮度不断提升,但同时也使得更换灯泡的成本进一步上升。高端的 DLP 投影仪具有更高的亮度及更长的使用寿命,但目前价格比较昂贵,不容易获得采购部门的认可,而低端的 DLP 投影仪虽然价格便宜,但并不具备使用寿命长的优势。

使用视频投影仪要注意两个问题:一是投影仪在停止使用后,不能马上切断电源,要等风扇停止转动后,再切断电源;二是投影仪长时间使用后,散热片会积聚灰尘,影响散热而导致不能启动,要定期清理灰尘。

3. 影碟机

影碟机用于播放各类碟片,视频碟片种类按画质由低到高分为 VCD、DVD 和 BD 蓝光片(Blu-ray Disc),通常影碟机的类型由能播放的最高画质的碟片决定。例如,能播放蓝光片的影碟机也能播放 DVD 碟片,但被称为蓝光播放机,同理能播放 DVD 和 VCD 的影碟机被称为 DVD 播放机。现在有许多影碟机带有读卡器或

USB 接口,能直接播放 U 盘的视频文件。影碟机的输出除了普通视频接口外,有的还带有 VGA、HDMI 和 RGB 分量信号输出。我国的电视制式为 PAL 制,使用 PAL 制式的 VCD 清晰度为 352×288,现已用得较少。PAL 制的 DVD 清晰度为 720×576,并支持多种语言,可以在播放时选择显示或关闭各种语言的字幕,是非常灵活的视听教学媒体,目前在各类教学中使用较多。蓝光碟片没有制式的区分,可以提供高达 1920×1080 的全高清画面,但目前能真正达到高清分辨率的投影仪价格较贵,在教学中发挥其优势还要较长的普及时间。影碟机的主要优点包括:

(1)与计算机光驱相比,具有较强的读盘纠错能力。

(2)具有 16 倍速甚至 32 倍速的快速播放搜索能力,对于课堂影视片段播放非常有利。

(3)有多种输出接口直接将高质量视频画面输出到电视机和投影仪,使用简单。

影碟机的局限性主要在于只能播放常用指定格式的视频文件,如 DVD 碟片。虽然现在有些影碟机具有 USB 接口,但还是只能播放特定格式的视频文件,兼容性和灵活性较差。另外,有多个视频碟片或文件要播放时,更换碟片或切换文件较为麻烦。

4. 摄像机

摄像机是型号和种类最多的数码产品之一,根据性能可以分为广播级、专业级和民用(家用)级。一般教师自制视听媒体用到的是家用级别的摄像机。与前几年相比,家用摄像机的性能已有了飞速的发展,而使用更加简单,在教学和生活中的使用也比以前大大增加了。

家用的摄像机是由摄像部分和记录部分组成,因此也被称为摄录机(Camera＋Recorder＝Camcorder)。常用摄像机的摄像部分区别不大,而记录的视频格式就非常多,常造成编辑和播放的困扰。摄像机大致可分为模拟记录方式和数字记录方式,模拟方式由于编辑困难,制作设备陈旧,已逐渐被淘汰。数字家用摄像机大致可以按两种方法分类:

第一种是按记录的清晰度区分,可分为标准清晰度(标清,SD)和高清晰度(高清,HD)两种。标清的摄像机主要的记录格式是 DV 格式和 DVD 格式,清晰度为 720×576。高清摄像机格式的清晰度有为 1920×1080 及 1440×720 等,其中,1920×1080 称为全高清(Full HD),已占主流地位。

第二种是按记录媒体分,可分为光盘、DV 磁带、硬盘和存储卡式摄像机。家用摄像机中,用得比较多的是后三种格式。通过附录一表 5-5 中所列的摄像机图标可以大致区分机器的类型。

而新近销售的摄像机中,基本只有硬盘式和存储卡式摄像机,常用各种摄像机的性能对比如表 5-1。

表 5-1   各类家用摄像机性能对照

记录清晰度	DV 格式摄像机		HDV 格式摄像机	
摄像机类型	DV 摄像机	硬盘式 DV 摄像机	硬盘式 HDV(高清)摄像机	存储卡高清(HDV)摄像机
记录媒体	磁带(DV 带)	微型硬盘	微型硬盘	存储卡 SD,记记棒 (Sony)
拍摄时间	每盒 50 分钟,但可携带多盒	取决于硬盘大小,2.4~4G/小时	取决于硬盘大小,2.7~17G/小时	取决于存储卡大小,2.7~17G/小时
可靠性	低	较高	较高	高
价格	低	低	中等	较高
数据输出性	线性输出,较慢,必须通过 1394 接口	较快,可通过 USB 口输出	较快,可通过 USB 口输出	较快,可通过 USB 口输出

由表 5-1 我们看到,使用 DV 磁带的摄录机可靠性较差,经常因为磁头脏或磁粉脱落等原因而造成记录失败,因此虽然 DV 磁带目前还有巨大的保有量,但是比例在不断下降。而硬盘和存储卡式摄像机各有优势。硬盘存储容量大,价格便宜,适合长时间外出拍摄。存储卡读取方便,可靠性高,使用存储卡记录的摄像机在剧烈运动状态下也能正常工作。随着闪存等各类存储卡容量的不断扩大,具有广阔的发展潜力。

目前,大多数电视教学的作品还是用 720×576 这一标准清晰度。因为高清标准的教学媒体不仅制作成本高,而且对显示和播放的机器也有较高的要求,特别是支持高清分辨率的投影仪价格昂贵。另外,高清效果需要较大的投影面积才能有好的效果,这又对亮度和场地提出了更高的要求。因此,许多高清摄像机都具有使用标准清晰度拍摄录制功能,以满足不同要求的拍摄任务。

5. 支持立体显示的视听设备

近年来,虚拟现实技术逐渐用在教学中。其中,立体(3D)显示技术是沉浸式虚拟现实技术的基本要素之一。

人眼的立体感来源于双眼看不同距离的物体时,左右眼形成的视觉差,参考图 5-6。

如图 5-6 所示(http://www.tech-faq.com/stereoscopic-vision.html),不同距离的物体两眼看到是有差别的。无穷远的物体在两眼中的成像没有差别,而近距离的物体,两眼看到的图像位置差别很大,人脑根据物体在两眼中的成像差别自动判断距离形成立体视觉。

因此,要形成立体视觉,须满足两个条件:一是视听设备能同时提供两路图像输出;二是左右眼分别看到不同的输出图像。

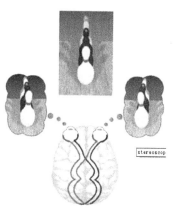

根据不同的图像输出方法,立体显示可分为主动式、被动式和裸眼显示。

(1)主动式显示技术

这是现在使用的主流技术。大多数的 3D 电视机都是采用这种方法。这种方法是将屏幕的更新频率提高一倍(120Hz 以上),然后交替显示左右图像。观看者戴上能快速交替闭合左右镜片的立体眼镜,以保证左右眼看到各自对应的画面输出。LED 和等离子电视都可以采用这种技术。笔记本电脑中,SonyF21,Dell 的 XPS173d 和华硕的 G51jx3d 就是采

图 5-6　立体成像原理

用这种技术。而家用电视中,松下和三星的多款电视机也是使用这种技术。相对而言,由于等离子显示屏的刷新频率可以做得更高,因此在显示快速运动物体时有更好的立体显示效果。这种技术用在视频投影仪上后,可以产生立体显示的投影。

图 5-7 所示为此种技术的示意图,一般采用无线技术来实现眼镜与输出视频信号的同步。

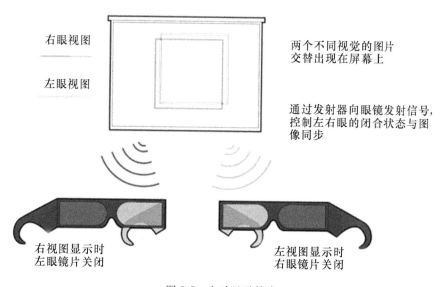

图 5-7　主动显示技术

这种显示技术所需的同步眼镜较贵,而且需要与立体信号源同步,因此适合于个人或家庭等小范围内使用。

(2)被动式显示技术

这种技术利用了偏振光技术。有两种实现方法:第一种是用在电影院会场中,

使用两台投影仪分别投出不同图像。在两台投影仪前加上偏振镜片。同时,观看者戴上偏振眼镜。这样,左右眼只能看到对应的投影仪投出的图像。这种方法投影仪成本较高,但偏振眼镜不需电源和同步信号,价格便宜,因此适合较多人群同时观看的场合。第二种方法是用于笔记本电脑或电视机上,是在显示时将左右眼的内容分别显示在奇数行和偶数行上,然后在显示器前贴上一层材料,使得奇数行和偶数行成为不同方向的偏振光,观看时使用普通偏振镜片就可区分左眼和右眼内容。这种方法成本最低,缺点是由于分奇数行和偶数行,看立体图像时垂直分辨率只有正常时的一半。如联想的笔记本 IdeaPad Y560d 就是采用这种技术。

(3)裸眼立体技术

以上两种技术的都需要通过佩戴眼镜来实现,而裸眼立体显示技术由于不需要佩戴任何眼镜,因此长时间观看不容易出现头晕等现象(或问题),也备受大众期待。

5.2.2 常用视听媒体的连接与使用

1. 电视机、投影仪、影碟机的连接

这三种机器经常组成多媒体教室的视听媒体播放系统。连接分为数字连接方式和模拟连接方式。目前教学上常用的仍为模拟连接方式。主要的模拟视频连接方式有以下几种。

(1)单路视频连接方式

主要使用的接口是 RCA(梅花/莲花头)接口,如图 5-8 所示是普通投影仪和影碟机的连接图。图中提供了 S-Video 连接方式,但实际使用中,由于各种各样原因,经常使用 Video 视频线连接,这时,投影仪的输入应该选择视频输入(Video)。

由于视频和音频都可以用 RCA(梅花头)连接,为了便于区分视频和音频接口,凡是使用 RCA 接口的,黄色表示的是视频接口,白色和红色 RCA 接口分别用于连接左声道和右声道的音频接口。

(2)分量连接方式。分量连接方式是用三根传输线将视频信号中

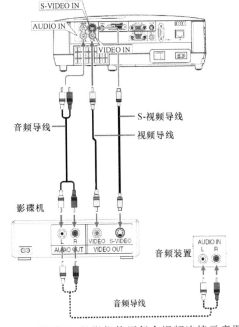

图 5-8 影碟机、投影仪使用复合视频连接示意图

的红、绿、蓝三路信号分开传输,通常是用三路 RCA 接口或 Q9 接口的视频线。由于所有的视频信号在电视机和投影仪内部都要分解为单独的红、绿、蓝三路信号,因此直接将红、绿、蓝三种颜色单独输入,可以避免颜色间的串扰。同时,三路传输增加了信号的总带宽,也可以保证高清晰度画面高带宽的传输要求。在实际传输中,除了 RGB 分量方式,另一种分量方式是用三路信号线传输 Y、Cr、Cb(即亮度,红和蓝色差信号),其原理是一样的,但是在信号接口的标记不一样,两者一般是兼容的。

分量连接方式的接线是用三根同样长度的梅花头(RCA)的电缆。为了接线方便,三个头分别用红、绿和蓝颜色表示,如图 5-9 所示。

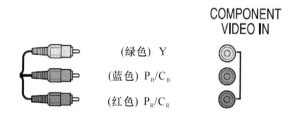

图 5-9　分量视频连接口

(3)VGA 方式。VGA 接口如图 5-10 所示,原来是用于电脑主机的输出和显示器的相连,在 VGA 接口内部,RGB 三路信号是独立传输的。而现在许多 DVD 机都带有 VGA 输出口,因此也可以把影碟机的 VGA 输出口与投影仪或电视机提供的 VGA 输入口直接相连。

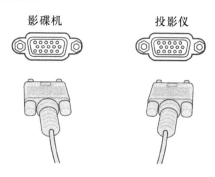

图 5-10　VGA 接口的连接

以上是最常用的三种模拟视频连接方法。而用数字连接更简单一些,数字接口主要有 HDMI 和 DVI、DisplayPort 三种,如图 5-11所示。DVI 接口分为 DVI-I 和 DVI-D 两种。DVI-I 接口除了传输数字信号,还可以传输模拟信号,因此 DVI-I 接口的输出可以通过转接线直接变成 VGA 输出。而 HDMI 用一根数据线完成了视音频信号的传输,使得连接非常方便。DVI 和 HDMI 接口之间的连接可以用

HDMI-DVI 的转换线来完成。HDMI 常用标准有 1.2,1.3 和 1.4。区别在于 1.2 支持高清,1.3 支持 120Hz 高清,而最新的 1.4 标准支持双路传输的立体视频。

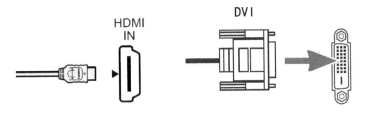

图 5-11　HDMI 与 DVI 接口

2. 视听媒体的设置与使用

在教室中使用电视机和投影仪时,要考虑屏幕的位置、大小以及座位的安排。

在教室中选择投影仪屏幕大小的时候,我们可以参考"二六"法则,就是最近的观众离屏幕距离应该不小于屏幕宽度的 2 倍,最远的观众应该不超过屏幕宽度的 6 倍。假设教室的长 10 米,宽 7 米。那么屏幕的宽度应该为 10÷6 约为 1.7 米,如果是 4∶3 的投影屏幕,根据表 5-2,100 英寸的投影屏幕的宽度为 1.5 米左右,差不多可以满足最低要求,参考表 5-2。

表 5-2　投影屏幕对角线尺寸对照表

对角线(英寸)	长(米)	高(米)
100	约 2.0	1.5
120	2.4	1.8
150	3.0	2.4
180	3.6	2.6

在这样的教室中,第一排离屏幕的距离就应该是 3～4 米。在教室中投影幕布的高度应该是投影幕布的底边和坐的人的眼睛同高,如图 5-12 所示。

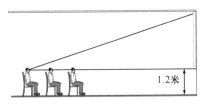

图 5-12　投影幕布悬挂高度

在使用电视机的教室里,电视机特点是亮度高,可视角大,但屏幕小,经常将电视机放置在教室的角落,使观看者呈扇状分布。

5.3　电视与动画教材的基本制作

视听教材主要包括电视教材和动画。虽然现在许多视频材料来源于网络,但其基本的制作手法还是遵循电视制作的各种理论和技能。主要制作手段还是通过摄像机进行实景拍摄连续的画面,经过各种后期处理合成视频图像,因此我们还是将其称为电视媒体。而动画教材的特点是画面不是通过摄像机拍摄得到,而是通过人工绘制或动画软件制作获得。

电视教材和动画教材的后期有许多相同的地方,如配解说、配音以及特效合成等。在许多电视教材中都可以见到动画部分。因此在本节中,我们介绍电视教材的前期拍摄部分和动画教材的原理与基本制作,把剪辑合成等内容留在第 5 节一并介绍。

5.3.1　电视教材摄像机的基本操作

视听媒体自制教材的完整制作过程包括选题、选型、稿本编写、前期拍摄和后期的编辑工作。实际制作中,根据课堂要求和人员、时间的限制,往往简化流程。如微格教学中,只有摄像机拍摄一个流程。在制作过程中,摄像机拍摄也是最重要的环节,因此在电视教材的前期拍摄活动中,我们着重介绍摄像机的拍摄。

摄像机能将需要的活动影像记录下来,摄像机的镜头就像是人的眼睛,但是与人的眼睛相比还是有许多区别,最大的区别是人的眼睛的视角范围大,转动灵活,摄像机是在有限的框框内拍摄图像。如果我们操作的摄像机像眼睛一样随意地转动拍摄,就会造成观看者的迷茫。因此,摄像最重要的拍摄要点就是选择好拍摄目标,持续地锁定目标并突出主体。

摄像机的光学构造和照相机一样,但摄像机记录的是连续的影像。在拍摄时,为了避免将不必要的聚焦、移动、光圈调节等过程记录下来,我们可以采用两种方法:①在每个镜头拍摄前,先设好拍摄的参数,时间允许的话先预拍一遍。比如,拍一个摇镜头,可以在不按下记录按钮时,先摇一遍镜头,检验一下可能遇到的构图、光线等的改变,然后再按下录像钮正式拍摄。②在拍摄记录过程中,在人眼不易察觉的情况下缓慢过渡。因此,摄像机的调节难度比照相机要高。摄像机拍摄时的调节包括以下几个常用部分。

1. 聚焦

显而易见,摄像的第一要点就是目标清晰。为使拍摄目标清晰,将摄像机聚焦在目标上是最基本的要求。摄像机的聚焦分为自动聚焦和手动聚焦,自动聚焦方便而手动聚焦准确,我们在拍摄时该选择哪一种呢? 专业的摄像机一般不提供自动聚焦功能,因为专业摄像师需要能精确自如地控制聚焦点。而家用摄像机的手动聚焦设计和业余摄像者的拍摄经验并不一定适合使用手动聚焦。我们认为在遇到以下两种摄像机时,普通拍摄者可以使用自动聚焦功能来完成拍摄:

(1)所用的摄像机没有手动聚焦环。有的摄像机提供了菜单选择按钮来实现手动聚焦功能,在实际拍摄中很难操作。此时还是使用摄像机的自动聚焦功能更方便。

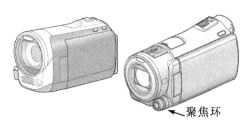

图 5-13 无聚焦环摄像机(左)和带聚焦环摄像机(右)

(2)摄像机带有人脸识别功能的自动聚焦系统。摄像大部分的拍摄对象是人物,具有人脸识别功能的摄像机在主体偏离画面中心时,自动聚焦功能依然有较大机会将焦点锁住人物。

此外,还要根据拍摄内容来选择,被摄主体在大范围内运动时,可选择手动聚焦。例如,正面拍摄跳远的动作,主体与摄像机距离大幅度变化,此时可使用手动调焦环使焦点始终聚集在被摄主体上。

2.白平衡的调节

白平衡决定了画面的色调。对于拍摄要求不高或者经常变换光源的拍摄场合,可以使用自动白平衡,在英文菜单上用 AWB(Auto White Balance)表示。而在相对固定的拍摄光线中,就可以使用预置的白平衡来设置,如在室外,就可以使用晴天或阴天模式。一般情况下,推荐使用预置模式拍摄出环境的真实气氛。比如,要拍摄夕阳的金色阳光气氛,用自动白平衡,就会将暖色平衡成白色,使用晴天的预置模式,就可以还原逼真的夕阳色彩。

3.速度与光圈

速度和光圈的主要作用是控制画面亮度。当光线比较暗的时候,需要更多的光线,这时候可以开大光圈,降低快门速度;而光线充足的时候,可以减小光圈或提高快门速度。除了光线因素外,光圈和快门速度的选择还与被摄物体有关,通常有两种情况:

(1)在拍摄人物肖像时,家用摄像机可选择肖像模式,此时光圈开大,减小景深,突出主体,同时快门速度提升,使运动主体清晰。

(2)拍摄风景,此时选风景模式,摄像机会减小光圈来增加景深,使整个被拍摄场景清晰。

许多家用摄像机都提供了肖像模式和风景拍摄模式,拍摄者只要选择相应的模式后,摄像机会根据实际光线自动调节光圈和速度。

4.曝光补偿

在拍摄中经常遇到背景光较强的情况,如逆光状态。使用自动曝光时,摄像机按平均光亮曝光,但因为背景光线太亮而导致摄像机减小曝光量,从而导致脸部过黑。此时使用逆光模式,可以增大曝光量,从而提升画面暗处的亮度。

5.录制格式的选择

使用高清的摄像机拍摄时,应该对录制格式进行选择。大多数情况下,不需要使用全高清模式进行拍摄。一是因为一般的家用摄像机的成像器件 CCD 尺寸较小,高清模式下拍摄的画面与标清画面在一般室内光照条件下拍出的画面质量实际差别不是很大;二是高分辨率的录制画面在现阶段受播放设备限制,很难将优势展现出来。例如,大多数教室视频投影器支持的分辨率都不超过 1024×768,达不到高清视频画面分辨率(1920×1280)的要求。一般高清摄像机提供有多种质量的拍摄模式,选中等录制质量的模式,能满足大多数的节目要求,同时获得更长的记录时间。表 5-3 是 Sony 家用高清摄像机常用录制格式。

表 5-3　典型数字摄像机主要记录格式数据对照表(Sony & Panasonic)

记录模式	清晰度	数据率(bps)	每小时所需存储空间	压缩方式
HD FX	1920×1080i	24M	10.7G	AVCHD
HD FH	1920×1080i	17M	7.2G*	AVCHD
HD HQ	1440×1080	9M	4G*	AVCHD
HD SP	1440×1080	7M	2.7G*	AVCHD
SD HQ	720×576	9M	4G	MPEG-2
SD SP	720×576	6M	2.4G*	MPEG-2

* 为实际测试所得数据。

由表 5-3 中可以看出,使用 HD SP 拍摄的数据量只有使用 HD FX 模式下的四分之一左右,而 1440×1080 的分辨率完全可以满足大多数情况下的拍摄要求。

5.3.2　电视拍摄中摄像操作要领

拍摄出达到教学要求的视频作品是有规律可循的,摄像的基本要求可以总结为四个字:"稳"、"平"、"准"、"匀"。

1.画面要稳,就是摄像机要保持稳定,拿在手上要尽量避免抖动。拍摄时的晃动,在较小的摄像机取景器上往往不十分明显,拍摄的时候容易被忽视。而在大屏幕电视机上回放时,则会比较明显。

使画面保持稳定的最好办法是使用三脚架拍摄。如果手持摄像机,要采取正确的拍摄姿势,常用的拍摄技巧包括:

(1)站立静止拍摄,两脚张开与肩同宽,右手举起摄像机,肘部紧贴身体,左手轻扶摄像机的显示屏,如图5-14。

(2)站立移动拍摄,腰部挺直,双腿微曲,脚尖先着地,走碎步,尽量控制身体的起伏。

(3)跪姿拍摄。在拍摄小孩或低矮物体时可以使用。这时,手肘可以架在大腿膝盖上做支撑。

2.画面要平,就是摄像机要保持水平。一般正面拍摄的时候不太会有问题。而斜侧面或俯仰拍摄的时候,物体的水平线会因为透视效果而倾斜。这时,应该使画面中的竖线和取景器的横边框保持垂直,来保证画面的水平。

图 5-14　夹紧肘部
保持摄像机稳定

3.摄像要准。摄像要准就是拍摄时要找准目标,推拉镜头一步到位地运动到要拍摄的主体上。要保证摄像要准,需注意以下几点:

(1)拍摄镜头要有明确的目的性,不能无目的地随心所欲乱拍。

(2)拍摄运动镜头时,最好先预拍一遍,进行预演。

(3)保持正确的站立姿势,以免转动身体时重心不稳。

切忌未确定拍摄主体目标就急于拍摄,造成运动镜头拍摄时临时改变拍摄目标,上下左右乱动。同时要养成留出眼睛余光来观察周围景物的习惯,以便及时抓住精彩的镜头。

4.摄速要匀,指镜头的运动速度要均匀,推拉或摇动镜头的时候不要忽快忽慢,动动停停,造成视觉效果的不连贯和节奏上的失衡。

5.3.3　动画的基本原理

1. 动画的基本概念

无论是电影、电视还是计算机显示器上展示的动画,本质上都是一系列静止画面(可称为帧)的连续播放。如图5-15所示的两幅画面,若以恰当的间隔交替显现,就有小球摆动的动感。这种动感的生理依据是眼的视觉暂留现象,同时又与人的视觉经验有很大关系,这种视觉经验某种程度上可以看做是动画的心理依据。如图5-15所示的这两幅画面,一般人都会感觉小球是像钟摆那样从小球下方摆过,而不会认为是从小球的上方绕过的。

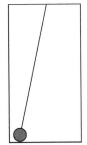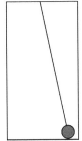

图 5-15　动画原理

电影、电视基本上是采取实物(包括人物)实景实拍的方法。动画则不同。动画片中每一帧画面的产生,更像绘画或其他的形象设计(传统的所谓电影或电视动画,实际上几乎是对着画拍的),一般来说工作量大,每一秒钟的动画至少需要十几帧画面,当然创造的自由度也大。为了减少工作量和难度,动画工作者创造了许多方法,例如引入了"赛璐珞(透明层)"、"关键帧"等概念。

计算机动画也借用了传统动画的思想方法。计算机既然能绘画,又能连续显示不同画面,就当然也能创作动画。计算机软硬件技术的发展,使得绘画的手段更丰富,有位图、矢量图,甚至能像工程师那样设计好三维模型,再赋以表面材料、灯光等的装饰,创造出或者说计算出逼真的三维画面。在连续画面(即动画)的构造上,计算机也比传统方法更有优势。传统动画应用了赛璐珞(celluloid,一种透明的胶片),实际就是层的概念,而计算机采用层的做法似乎空间更大,用多少层也不会有透明度问题。计算机复制同样画面或画面中的某些部分(或对象)既快又没有所谓"多代复制失真"。计算机叠合或混合一些其他画面素材(如照片),也更加容易。计算机也可引用"关键帧"的概念。计算机的擅长是计算,当关键帧之间的帧画面能用算法确定时,就有可能通过计算直接实现,而无需人工逐帧绘制。

计算机动画则一般是直接"创作(或虚构)"出来的,所以除了利用充分视觉暂留外,还应注意前后帧画面之间的逻辑联系,这种联系应基于人的视觉经验或认知规律。而有意识地利用这种视觉经验,在许多场合,就反过来又有可能大大减少不同画面的幅数(意味着工作量)。即以少量的不同画面,来取得符合需要的效果。例如,一些干脆利落或有节奏的动作,如踢球出脚,拿榔头钉钉子,强节奏的体操、舞蹈等,如能抓住关键动作,再辅以必要的声音效果,就有可能以很少量的画面来取得符合教学需要的效果。当然,对于一些需充分展示细微的中间动作(如内燃机气缸内部的运动过程)的过程或缓慢舒展的动作,就需要更多的有细微差别的不同画面。

2. 计算机动画的分类

计算机动画大体上可以分为二维动画和三维动画。如图 5-16 所示,从外部特征看二维动画的图形多用线条和色块组成,而三维动画的光影的变化展示出物体的三维形状。

图 5-16 三维与二维图形对比

实际上,计算机二维动画和三维动画在制作上的区别是很大的。二维动画也称为 2D 动画,借助计算机 2D 位图或者是矢量图形来创建修改或者编辑动画,制作上和传统动画比较类似。许多传统动画的制作技术被移植到计算机上。在二维动画的制作过程中,所有图形线条都只有两个方向上的坐标属性。现在的 2D 动画一部分在前期上仍然使用手绘然后扫描或数写板直接绘制作在计算机上,然后在计算机上对作品进行上色的工作。而特效、音响音乐效果、渲染等后期制作则与视频制作类似,几乎完全使用计算机来完成。一些可以制作二维动画的软件包括 Flash、Animator 等。图 5-17 显示了利用手绘完成二维动画的系列图片。由于二维动画的制作主要靠手绘,其对美术绘画基础要求较高。

图 5-17　小鸟飞翔动作的分解

三维动画也称为 3D 动画,基于 3D 计算机图形来表现。有别于二维动画,三维动画提供三维数字空间利用数字模型来制作动画。这个技术有别于传统的绘制技术,给予动画者更大的创作空间。高精度的模型和照片质量的渲染使动画的各方面水平都有了新的提高。3D 动画几乎完全依赖于计算机制作,在制作时,大量的图形计算机工作会因为计算机性能的不同而不同。3D 动画可以通过计算机渲染来实现各种不同的最终影像效果,包括逼真的图片效果,以及 2D 动画的手绘效果。三维动画主要的制作技术有建模、渲染、灯光阴影、纹理材质、动力学、粒子效果(部分 2D 软件也可以实现)、布料效果、毛发效果等。

图 5-18 是三维动画演示太阳、地球和月亮间的轨道运行关系。利用三维动画的光影计算效果,可以自动的计算生成日全食区域到日偏食区域的亮度的渐变过程。

图 5-18　3D 动画演示地球、月亮和太阳轨道动画

还有一部分二维动画是采用的三维技术进行建模,只是在最后阶段将三维模型渲染为二维风格的图形,许多影视作品中都有采用,如著名动画片《狮子王》中大群角马奔腾的场面,就是先制作出角马模型的三维动画,最后再渲染成二维风格的动画。

5.3.4　常用计算机动画的制作软件

根据动画的种类不同,制作软件也可分为二维和三维动画软件。常用的二维动画软件有 Flash、Animator 等,三维的动画软件有 3ds Max、Maya 等。这些都是综合性较强的软件。还有些软件专门负责动画中的某一项内容。例如,Rhino、Zbush 是三维软件中专门用于构建三维模型的。而 Realflow 用于制作水流特效等。平时在教学课件制作中,用得最多的动画软件应该是用于制作二维动画的 Flash 和制作三维动画的 3ds Max。在制作动画时,选用二维还是三维通常根据教学需求来决定。一般来说,二维动画适合简单的动画场景,上手较容易,动画元素靠线条来表示,对创作者的绘画和美术功底要求高些,而对软件使用的技术要求不高。三维动画要先构造动画的模型,与二维的线条描绘相比,对软件的操作技巧要求较高。但是构建完模型后,在制作动画时,不需要再重新绘制,设定运动坐标就可以了。三维动画的光影效果是由创作者设定好后由计算机运算得到的,因此效果较逼真但对计算机性能要求较高,否则创作者将花费大量时间等待计算机的渲染计算结果。

1. Flash 简介

Flash 是由 Macromedia 公司最先开发的。自从 Adobe 收购 Macromedia 公司后,强化了 Flash 的编程功能,Flash 的交互性越来越强,使得它除了二维动画制作外,还广泛应用于网页和课件制作中,特别是用于富媒体环境下因特网客户端的开发,包括一些网页游戏的制作。不过对于普通教师来说,大多数还是把 Flash 用于二维动画制作和简单的课件开发。另外,不少教师也利用 Flash 的图形绘制功能来作为绘图软件使用。

Flash 基本上包含三个部分的内容:图形的绘制、动画的设定和 AcionScipt(AS)语言编程。

如图 5-19 所示是 Adobe Flash CS4 的软件界面。从 CS4 起,Flash 的界面作了较大调整。例如,为了适应宽屏显示器的普及,将属性模块窗口放在了屏幕的右边,而时间轴部分放在了窗口的下边。这样就和 Premiere、Edius 等视频编辑软件的时间轴位置统一起来了。

图 5-19 中时间轴上的黑点是关键帧。计算机中的关键帧技术是指在动画时间轴的关键位置上设好对象的参数,然后由计算机根据两个关键帧之间的参数变化,生成中间的连续动画。关键帧技术同时用于二维和三维动画,是计算机动画中最重要的技术之一。

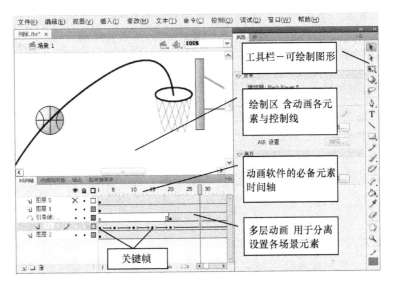

图 5-19   Flash CS4 界面

　　Flash 的动画完成后根据需要可以直接导出为 Flash 动画的专有格式 SWF 文件。浏览器通过加载 Adobe Flash Player 插件可以直接在浏览器中播放 SWF 文件。如果需要将动画作为素材结合到其他著作软件或电视教材中时,可利用文件菜单下的导出影片功能生成 AVI、MOV 等视频格式或生成 PNG、JPG 等图片序列。不过需要注意的是,如果制作动画时使用了大量的 AS 编程语言,部分动画内容在导出为非 SWF 格式文件时不能正确显示。

　　2. 3ds Max 简介

　　3ds Max 软件作为三维动画制作软件,其前身 3DStudio 在 Dos 操作系统下就已存在。该软件借助计算机性能的飞速发展,从一款普通 PC 上的民用软件已发展成为与 Maya、SoftImage 齐名的专业三维动画制作软件。相比其他两款软件,3ds Max 上手容易且功能强大,可用于三维动画制作、场景效果设计以及游戏人物建模等各个方面。作为广泛使用的三维动画软件,其三维文件格式受支持度较高。主流的虚拟现实软件都支持 3ds Max 模型文件的直接导入。另外有不少第三方开发的插件工具,可以方便地实现和增强某些功能。例如 Onyxtree 公司的植物插件安装后可以在 3ds Max 中直接生成各种各样的三维植物,并且可以直接改变植物的外形、枝叶数目,还可以调节受风影响时的形态。

　　3ds Max 与 Flash 界面的首要区别就是三维软件有四个视图(见图 5-20)。这是因为三维软件要在计算机屏幕这个二维平面上来创作三维物体,需要利用顶、左、主和透视图等多个视图来辅助显示。顶视图就是从顶往下看物体,反映的是物体的顶端图,同理,主视图和左视图是从前和从左看物体。透视图则显示物体的透视效果。而与其他二维动画软件和视频编辑软件相同的是在窗口下部的时间轴。

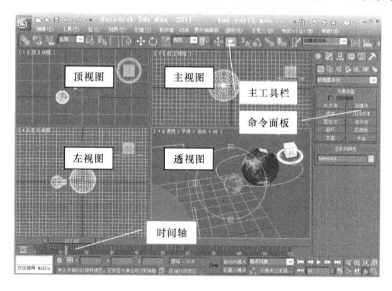

图 5-20　3ds Max 软件界面

由于三维物体的复杂性,软件提供了较多的功能模块和修改工具。但三维模型的构造过程是一样的。如图 5-21 所示,首先要建立运动物体的三维模型,模型是由点和线组成的网格。然后贴上物体的材料,再设好光影。

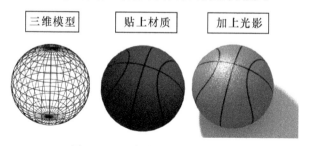

图 5-21　三维动画物体制作过程

由于 3ds Max 的功能强大,该软件也用于建筑场景效果图的设计以及影视特效上。前者侧重于光影效果的设计,后者往往需要使用粒子、动力学等模块。

5.4　电视教材制作的基本理论

电视与动画在前期拍摄与制作上虽然方式不一样,但所用的镜头语言、构图基础都是一样的。因此本节讨论的基本制作理论也完全适用于动画制作领域。

5.4.1 电视教材的拍摄基础

视觉画面设计的主要原则包括主题简明、易懂,能吸引学生注意力和激发学生学习兴趣等(Smaldino,2005)。前一节摄像基础着重讲了如何合理使用资源,拍摄出清晰的画面。而摄像的构图原则,则要求突出主体,保持画面构图的均衡,这样拍摄出的内容才能易懂,才能构思如何使拍摄的内容能激发学生的学习兴趣。

摄像机拍摄的画面有静止镜头和运动镜头。在静态构图上,要遵循摄影构图的基本原则;而动态构图则要体现活动图像的特点。这里我们着重介绍活动图像的动态构图手法。

电视的动态构图是通过摄像机镜头的运动来构成的,摄像机的运动镜头主要有推拉摇移跟。初学者常犯的一个毛病就是过多地使用推拉摇等运动镜头,使观众眼花缭乱而又不知所云。因此我们要知道这些运动镜头的作用,只有在必要的时候才使用这些镜头。

1.推镜头的作用。推镜头就是通过摄像机的变焦操作,使拍摄的物体逐渐放大,它起到的作用是:

(1)突出介绍重点,这是推镜头的最普遍作用。

(2)展示巨大空间,产生纵深感。

(3)产生压迫的气氛。

作用一是推镜头的主要作用。在电视新闻拍摄中,摄像机推的速度不要太慢,因为慢速的推拉会使一个镜头延续时间变长,给后期的剪辑带来困难。

2.拉镜头的作用。拉镜头与推镜头相反,使拍摄物逐渐变小,主要作用有:

(1)表现离去的效果,例如,电视片或电影的结尾,经常使用一个拉镜头来表示结束。

(2)表现事物所处地环境,通过拉镜头可以先介绍主体,然后把主体所处的环境通过一个镜头慢慢体现出来。

3.摇镜头的作用是:(1)展示空间环境和位置关系;(2)展示人与物的空间关系;(3)介绍大面积的主体物。用得较多的是(1)和(3)。例如,我们要介绍某建筑物位于某河流的旁边,就可以用一摇镜头从河流摇到该建筑物上。

4.移动镜头的作用比较多,主要作用是在空间中展示事物及其位置关系。但是因为一般拍摄者缺少专业的设备,很难保证在移动中能平稳地拍摄镜头,所以,在电视教材中使用得相对少一些。

5.跟镜头的主要作用是突出表现运动的事物。跟镜头也可以是其他各种运动镜头的组合。使用跟镜头是处理运动主体的一种主要手段。我们在拍摄运动主体时,可以有两种处理:跟随运动物体移动镜头或保持镜头不动,让运动物体移出拍摄范围。例如,在拍摄公路的场景中,对面开来一辆汽车,可以选择镜头不动,让汽车迎面驶出镜头。也可以选择镜头跟住汽车运动,直到远去。无论使用哪一种,原则都是要果断选择,不可拖泥带水。

以上镜头中,特别是推拉镜头,往往可以用两个不同焦距的定焦镜头来代替,这种时候,优先选择定焦镜头。因为推拉镜头的推拉过程节奏缓慢,不利于编辑点的控制。

5.4.2　电视拍摄的镜头组接

镜头的组接就是如何安排拍摄中的运动和静止镜头。镜头的组接要符合人们的生活习惯和规律,主要原则有以下几种。

1.镜头的组接要符合事物的发展规律

镜头的发展要符合事物的发展规律。例如,当使用推镜头推向楼房的一扇窗户时,观看者自然就会想进入房屋的内部看一下。当拍摄上课教师的特写镜头时,如果教师转头看手上的实验仪器时,镜头应自然地转向教师手中的实验设备。

2.遵循镜头的轴线原则

遵循镜头轴线规律的目的是使镜头中主体物的运动方向保持一致。轴线原则就是在拍摄运动主体时,所有的拍摄点都应该在运动轴线的同一侧。例如在足球比赛中,两个球门的连线是运动员来回奔跑的运动轴线,那么所有摄像机的拍摄位置都应该在这条线的同一侧,才不会发生混淆。

3.动接动,静接静

动有两种含义:一是指镜头是运动的;二是指镜头中的主体是运动的。这个原则是编辑中的最基本原则,意思是前一个镜头的结尾是运动的,那么后一个镜头的开始也应该是运动的。如果前一个镜头的结尾是静止的,那么后一个镜头的开始也应该是静止的。如果我们要在静止镜头后跟一个摇镜头。那么摇镜头中,应该先从摄像机静止开始,然后摄像机再摇镜头,这样两个镜头的连接处就符合了静接静的原则,这也是最常用的镜头连接方法。为了在剪辑中组接方便,一般在拍摄摇镜头时,摄像机应该先静止 3 秒,拍摄一个静止的起幅画面,然后再摇镜头;结束时,落幅镜头也应该保持 3 秒,这样在镜头中包含了动和静的镜头,既方便了剪辑,又保持了镜头的完整性。

4.景别的过渡要自然、合理

表现同一拍摄对象的前后两个镜头要组接得顺畅,不跳动,要遵循两条规则:
(1)景别差别不大时,必须改变摄像机机位;(2)不能同景别相接。例如前一个镜头是两人的中景,后一个镜头,机器只是稍微改变了下位置,但还是两个人的中景,那么这两个就属于同景别镜头。

5.4.3 电视教材的制作结构

许多初学者在制作电视教材时,不知从哪里开始着手。电视教材的结构一般会遵循以下规律,初学者可以按以下规律进行拍摄。

1. 由外到内,由面到点

一般的电视教学教材要先介绍整体,再介绍内部,例如介绍一个实验操作时,先全景介绍实验环境、设备,再特写介绍单个的实验设备;对建筑物拍摄时,先拍摄建筑物的外景,再介绍建筑物的内景。拍摄体育教学动作时,先拍摄动作的全景,再介绍动作的细节。

2. 形象到抽象,由简单到复杂,由现象到本质

先用形象生动的画面给学生感性的认识,再逐步深入,提高到理性的认识。

3. 按时间或空间或扩展的结构顺序进行拍摄

拍摄时,理清头绪,看拍摄内容是按时间、空间还是内容扩展变化。例如,一个化学实验可能是按时间结构来拍摄,而一段建筑物的外景拍摄,就需要按空间的变化来安排结构。

以上是基本要遵循的结构原则,拍摄时,最好先观看学习别人已制作好的电视教材,再遵循基本原则拍摄,然后逐渐提高总结。拍摄过程中,注意各类拍摄题材的特点。例如,在微格教学中拍摄学生授课时,就与普通的课堂实录不同。

在拍摄一般授课时,摄像机可以这样操作:

开始授课时,使用全景镜头,拍摄授课人和整个环境;然后逐渐往上推镜头,拍摄授课人的近景;当授课人的言语或动作示意听众观看屏幕操作或其实验操作等时,摄像机转到拍摄屏幕或实验操作部分,拍摄完后再拉出来到授课人的镜头。

但是在微格教学中,重点是授课人的授课技巧,听众主要关心的是授课人本身,所以观众的镜头可以少拍或不拍,而多拍摄授课人的中景,以便清楚地观察授课人的教学动作。

5.5 数字视频文件的后期处理

5.5.1 视频格式的转换

在视频编辑时,经常会碰到一些视频素材的压缩格式在某个视频编辑软件中不受支持,这时就需要用视频转换软件将这些格式转成需要的格式。此时,我们可以采用一些视频转换软件,如 Canopus 的 Procode,曦力视音频转换软件以及

Mediacoder等软件来转换格式。在转换过程中,影响视频转换质量的主要参数有图像尺寸、码率、编码方式和编码次数。

1. 图像尺寸的选择

最常用的视频格式是 DVD。DVD 碟片的压缩方式是 MPEG-2,尺寸与电视制式有关。中国 DVD 和 VCD 的制式是 PAL 制,其分辨率分别为 720×576 和 352×288,而美国、日本用的是 NTSC 制电视,DVD 和 VCD 的尺寸分别是 720×480 和 352×240。目前,在标准清晰度的视频文件编辑中,一般清晰度都选 720×576。

2. 码率

码率,就是数据率。一个视频文件的尺寸＝码率×时间长度。显而易见,码率越高,压缩率就越小,视频质量越好。但是在实际使用中,还需要考虑存储空间的问题。最典型的是在制作 DVD 碟片的时候,一般最高数据率为 8Mbps。但选择 8Mbps 的码率录制公开课时,2 节课的长度 90 分钟,我们很容易计算得到 8Mbps ×90×60/8＝5.4G 字节,超过了一张 DVD 盘的容量,在刻盘时就会遇到麻烦。如果我们选择码率为 6Mbps,即使再加上课前的 5 分钟准备活动,总的文件尺寸为 6Mbps×95×60/8＝4.3G 字节,小于普通 DVD4.5G 的容量。因此在这个例子中,选择 6Mbps 的码率是比较适合的。

3. 编码方式

编码方式是指在压缩时采用的是恒定码率(CBR)还是可变码率(VBR)。恒定码率是指不论画面内容如何,一段视频从头至尾的数据率是一致的。而可变码率则是根据画面的内容采用不同的数据率来压缩画面。

以上面压缩 DVD 视频为例,一张 DVD 的总容量是 4.5G,我们设码率为 6Mbps。如果是用恒定码率来制作 DVD 视频,两节课中,不论画面内容是什么,每个时刻的码率都是 6Mbps。而如果用可变码率来压缩的话,当遇到是静止图片等要求不高的内容时,压缩比设得比较大,此时数据率可以小于 6Mbps;当遇到画面内容较多,变化较大时,压缩率设得小些,数据率可以大于 6Mbps。这样在压缩时,在总文件大小不变的情况下,可变码率将数据用在最需要的地方,所以可以获得更好的编码效果。例如,同样尺寸的视频文件,RMVB 格式比 RM 质量要好,就是因为 RMVB 是 RM 格式的可变码率编码方式,而 RM 是采用恒定码率。

可变码率虽然压缩质量比较好,但是不适宜用在网络流媒体如网络直播的情况。因为变化的码率会使网络带宽状况非常复杂而无法有效保证稳定的视频传输。所以,恒定码率用在网络视频上比较好。而在非实时场合,如下载播放,则应该用可变码率进行压缩。

如图 5-22 所示是 Procode 视频转换软件的设置图。

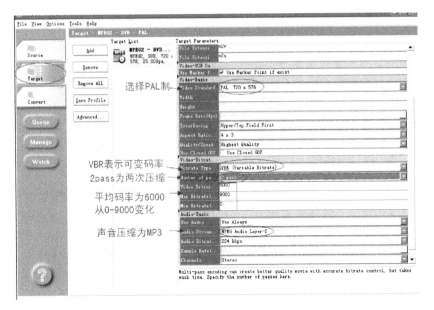

图 5-22　视频格式转换输出设置

如图 5-22 所示,我们在压缩 DVD 时,可以选择可变码率方式(VBR)压缩。当选择了可变码率压缩方式后,会多出一个选项,编码次数(Number of Pass)。因为可变码率压缩方式的压缩码率是变化的,同时还要满足文件的平均压缩率。因此,多次编码可以使计算机更好地总览整个文件,从而改进码率的分配。图中选择2Pass,就表示会进行二次压缩编码来优化压缩质量,当然,此时的压缩编码时间也要相应延长。

有些视频格式转化软件,不具备多次编码能力,那么其压缩质量就不能进一步优化。而有个别软件,如 Premiere 6.5 的 CCE 插件,支持 3 次编码,可以更进一步提高视频编码质量。

5.5.2　视频编辑软件使用

1. 视频素材的获取

如果是使用 DV 磁带录制的视频,在视频编辑软件中使用捕捉(Capture)命令来导入;如果记录视频的媒体是闪存或硬盘,则把摄像机通过 USB 口连接到计算机后,直接将视频文件复制到计算机上,然后用视频编辑软件的"打开"或"导入"命令调入到编辑软件中即可。

2. 视频素材的剪辑

剪辑是最常用的功能,剪辑是把拍摄下来的镜头中不需要的部分去掉,并将一个个镜头按结构要求排列。几乎所有的视频软件的剪辑操作思路都是一样的。基本过程包括：

（1）管理素材

将要编辑的视频导入编辑软件的素材库中，便于集中管理。如图 5-23 所示是视频编辑软件，打开媒体文件到素材库后，在素材库中将增加新的素材文件。

图 5-23　导入视频到素材库

（2）剪辑素材

将素材中有用的视频部分设好起始点和结束点（见图 5-24），然后拖入到时间轴或故事板。时间轴和故事板就是剪辑后的内容。

图 5-24　剪辑视频

（3）过渡与转换

如果要对两个镜头之间设置过渡，直接把选好的效果拖到两个镜头之间就可以了，如图 5-25 所示。

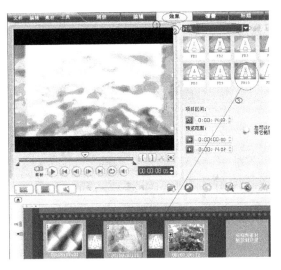

图 5-25　设置剪辑效果

（4）声音和字幕

给建好的内容添加声音的过程与添加视频的过程非常相似。先选择音频，打开音频文件放入素材库后，在窗口可以选取需要的段落，然后将音频文件拖到音频轨道上，利用鼠标点击音频轨上的点，可以控制某点音量的大小（如图 5-26 所示）。输入字幕，就是先选择"标题"菜单，然后选择字幕类型，将字幕拖入 T 轨，就是字幕轨，接着就可以直接在屏幕上输入字幕（如图 5-27 所示）。

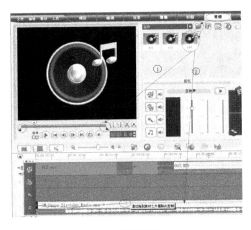

图 5-26　控制音量大小

图 5-27　添加字幕

5.5.3　视频的发布

发布就是将在时间线上剪辑好的文件合成输出,一般输出的视频有三种用途。

1. 作为网络视频发布

网络视频特别讲究文件的码率,因此一般视频的尺寸和数据率都比较小。例如,国内最大的在线视频网土豆网的视频尺寸多为 480×320。另外,为了保证网络带宽的稳定,一般都选择恒定码率压缩方式。

2. 作为计算机多媒体视频文件播放

在这种情况下,可以自由选择各种压缩方式,图像尺寸可以大些,以备以后再次编辑使用,传统上选用 MPEG-2,720×576 居多。随着高清节目源和高清摄像机的普及,许多文件发布为高清晰度视频格式。高清视频格式的压缩方式一般都选用 H264,分辨率为 1920×1080。

3. 制作成 DVD 光盘使用

DVD 光盘的视频只要教室有影碟机和电视机就能播放,而且 DVD 光盘设置交互菜单后,播放时可以选择菜单中相应的段落进行播放。另外,DVD 的 MPEG-2 压缩格式,是现在最广泛使用的压缩格式,大多数电视台的视频素材,播出文件都是用此压缩方法压缩。视频发布成 DVD 后,既可作为成品,又可作为视频素材留给以后使用。

DVD 的制作有两种方法:一种是用编辑软件直接生成 DVD 文件,这样制作过程比较简单,但视频编辑软件的 DVD 制作功能比较少,对多轨字幕、多轨音频和交互菜单的制作往往不支持。另一种是使用 DVD 制作软件,可以制作交互菜单、多轨音频和字母。对于多片断,有播放控制要求的 DVD 视频,建议用此方法制作。

如图 5-28 所示是第一种方法,直接在视频编辑软件中打开 DVD 制作工具,可以添加视频文件,选择刻录的菜单,但是不支持 DVD 多轨字幕的设置,也不支持多音轨的设置。

图 5-28　创建 DVD 光盘

如果要详细地设置各种 DVD 功能,可以使用专门的 DVD 制作软件,如 Ulead 的 DVD Workshop,Sony 的 DVD Architect 等。

附　录

附录一:数字电视常用标志

HDTV(High Definition Television)的分辨率包括 1280×720p,1920×1080i,1920×1080p 三种,p 和 i 分别表示逐行扫描和隔行扫描。1080i 和 1080p 被称为全高清,是数字高清电视要达到的标准。可以通过标志来分辨该机器是否支持全高清。

表 5-4　常用数字电视标志

表示清晰度为 1920×1080,逐行扫描 全高清	表示有 3 个 HDMI 接口

表 5-5　常用摄像机标识

硬盘摄像机	使用 AVCHD(H264)压缩	支持使用记忆棒(Memory Stick)存储	支持使用 SD 卡存储	使用小型 DV 磁带记录

AF(Auto Focus)表示自动聚焦,MF(Manual Focus)表示手动聚焦。

附录二:常用的数字视频文件格式介绍

由于视听媒体记录的是连续的活动图像,每秒钟要记录 25 幅画面,因此必须采用高效率的压缩方法才有利于后期的保存和编辑。视频的压缩格式较多,甚至同一个标准下不同厂家间也各不一致。我们根据它们的压缩能力大致可以分为四类:

第一类格式是 VC-1 和 H264。压缩效率高,用于高清视频拍摄和保存。H264 用在 Sony 和 Panasonic 的高清摄像机中,被称为 AVCHD,文件后缀名为. mts,. m2t等,其分辨率主要为 1920×1080,1280×720;H264 编码现在被广泛使用,包括 Flash 视频的压缩格式也采用了 H264 编码。Flash 视频的后缀为.flv 和.f4v，从 Flash CS4 起，FLV 视频已经使用 H264 作为压缩格式，文件扩展名用.f4v 或.mp4 表示。

　　H264 的压缩率较高，算法复杂，因此计算机解码的负担比较重，不少视频编辑软件在编辑时，会出现不流畅的情况。

　　第二类压缩格式是 WMV，MPEG-4，RMVB，RM，MOV 等，具有比较高的压缩率，基本上用在计算机和网络的视频播放上，文件扩展名为.avi，.wmv 等。在这儿，.avi 只是视频容器的名称，也就是说，用.avi 作文件扩展名的视频文件里面可以是 MPEG-4 压缩格式但也有可能是别的压缩格式。

　　第三类压缩格式是 MPEG-2，MPEG-1 分别用在 DVD 和 VCD 上，其压缩效率一般，但是对计算机的要求比较低，技术成熟，所以也被广泛使用，常用的文件扩展名为.vob，.mpg，.m2v 等，视频尺寸为 720×576（PAL 制），720×480（NTSC 制），VCD 为 352×288（PAL 制）。几乎所有的视频编辑软件都对它们有良好的支持。

　　第四类是采用低压缩效率的 DV 格式，其数据量巨大。720×576 的分辨率，每小时的视频素材要占用 13.3G 的空间。因此新型的摄像机已不使用这种格式，但由于 DV 格式的摄像机保有量巨大，预计其使用还将持续一段时间。

表 5-6　常用视频压缩格式

	压缩效率	常用文件扩展名	常用场合	常用分辨率
VC-1	高	.avi，.mts	高清视频，BD	1920×1080，
H264（AVCHD）	高	.mp4 * ，.m2t，.mts，.f4v	高清视频，BD，HDV	1920×1080，1440×1080，1280×720，其他
WMV	较高	.wmv	网络视频	
MPEG-4	较高	.mpg	下载视频	
RM（RMVB）	较高	.rm，.rmvb	下载视频	
MPEG-2	一般	.vob，.mpg	DVD，标清视频编辑	720×576*
DV	低	.avi	标清摄像	720×576

　　* 早期 MPEG-4 的文件格式也有采用.mp4 的文件扩展名，现在的.mp4 文件主要是指用 H264 压缩的文件。

　　由表 5-6 可见，压缩效率最高的是 VC-1 和 H264，而 H264 用得更多些，Sony 和 Panasonic 高清视频文件采用的是 AVCHD 编码就是以 H264 编码为基础略作改进。而标准清晰度的视频记录文件则是用 MPEG-2 进行压缩的。

思考与练习

1. 视听媒体的教学特点是什么？

2. 全高清视频的分辨率是多少？用怎么样的图标表示？

3. 电视机和影碟机(DVD机)的连接方式有哪几种？

4. 电视摄像的基本操作要领是什么？

5. 使用模拟视频线连接影碟机和电视机/投影仪有哪几种方式？

6. DVD光盘中的视频文件的压缩格式是什么？图像尺寸是多少？

7. 电视镜头的组接技巧包括哪些？

8. 什么是动画的关键帧技术？

第6章　交互式多媒体

内容提要与学习目标

本章主要介绍计算机,尤其是多媒体计算机辅助教学的有关内容。计算机用于教学的突出特点是其交互性,所以本章名称称为"交互式多媒体",当然也为了与前面几章的名称尽可能协调。本章的主要学习目标为:

1.理解计算机辅助教学原理,认识其在教育教学中的重要意义。

2.理解计算机多媒体技术,理解媒体的不同分类,理解和运用多媒体的集成与交互特性。

3.使用PPT设计课件,熟练掌握相应的教学环节设计、导航、版面与风格设计。

4.了解多媒体教学软件的特点及编著工具,了解 Authorware 的媒体与交互设计。

5.了解多媒体集成系统的结构,掌握其应用特点,了解交互式电子白板。

6.1　计算机/多媒体辅助教学概述

6.1.1　计算机辅助教学历史及其意义

伴随着技术的发展,现代教育技术可以说经历了丰富的历史进程。从幻灯、投影到电影、广播、电视,都在教育技术历史发展中起过重要作用。但作为信息时代标志的电子计算机,包括它们互联所构成的网络,还是堪称教育技术发展史中的里程碑。除了计算机(网络)技术本身的先进性、综合(多媒体)性,交互性给教育教学带来前所未有的应用前景外,相伴发展的系统化思想方法也促进了教育技术理论与研究领域的发展。本教材最后一章介绍的"教学设计",其特点之一就是应用了系统化的思想方法,并成为现代教育技术的重要研究领域。

事实上,随着声音、图像、视频、动画信号的数字化,计算机的多媒体化和网络化,原先各自独立的多种媒体,从设计制作到播放应用,正迅速集成到多媒体计算机之中。甚至像报刊、电话、广播、电视之类的大众媒介也正逐步融合到像因特网这样的大型计算机网络中。而多种媒体的集成,并与计算机强大的逻辑判断能力和交互能力相结合,发展出基于计算机的交互式多媒体技术,使媒体的教学功能进一步得以质的提升。

计算机辅助教学(简称 CAI)原本是一种利用计算机施行的自动化的教学技术。在 CAI 中,计算机用来向学习者呈示教学内容,学习者通过回答问题、练习等与计算机之间的交互活动,来实现各个环节的教学功能。就比较严格的意义来说,CAI 辅助的直接对象主要是学生,以实现个别化的教学。其辅助教学的内容则是传统的课程,课程的目标、内容甚至评估的方式都基本不变。

在具体实践中,也常泛泛地将一切基于计算机的教学活动(纯粹为学习计算机本身的教学活动除外)称为计算机辅助教学。当然,如上面所述,在某些国家的某些阶段,也采用一些其他说法,如前面所述的 CAL、CBE、CBT 等。CAI 是一个很早就有的提法,原本意思较为狭隘,但其中文翻译"计算机辅助教学"无疑最容易为我国教育界所认同,并将它在直接辅助的对象方面作较广义的理解,即较多地理解为辅助教师的课堂教学活动。更广义的计算机辅助教学概念不受传统课程及相应的具体课程目标、评估方式等的约束,有助于计算机辅助教学在突破传统教学模式、加强能力和素质培养上发挥作用。对计算机辅助教学作广义的理解在理论上与实践上都有意义。从我国当前的实践来看,计算机(尤其是配合大屏幕的计算机/数据投影机的使用)大量被当作辅助教师讲课演示的媒体工具,广义的计算机辅助教学不排斥这样的用法。这种情况符合我国传统教学模式以讲为主的国情,渐变的过渡容易为学校和教师所接受。尤其在利用多媒体的演示能力方面,这种方式也确有可取之处。通过一定的实践与理论探讨,相信会有更多的计算机辅助教学的形式出现,尤其是个别化的或小组化的。计算机辅助教学在突破传统教学模式、较狭隘僵化的传统课程范围及课程目标、评估方式的约束,加强学生能力和素质培养上,将发挥更大作用。

6.1.2 计算机辅助教学原理

计算机为什么能辅助教学,或甚至直接对学生进行个别化教学?这可以通过分析、比较一般的教学过程和计算机系统的功能特点来理解。

一般的教学过程可看做是一个系统过程,这个系统由学生、教师、教材(包括教学目标、内容和其他材料)组成。教师根据教学目标和学生情况,对教材信息进行一定的处理、加工,以讲授、板书、演示的手段向学生展示教材信息。教师还应通过提问、让学生做练习测验、注意学生表情姿态等获取学生的反馈信息,以对教学作出评估。这些反馈信息被教师判断后用于决策,以控制和调整进一步的教学活动。

可以看出,合理的教学过程,其信息流向应是双向的,并且教师与学生之间应相互作用。信息双向交流,并且相互作用,可以叫做交互(Interactive)。一个具有有效交互的教学过程,通常师生之间,师生与教材、教学目标之间容易取得更好的协调,从而优化教学过程和效果。

图 6-1 计算机信息展示和人机交互

再来看计算机的功能与特点。计算机是能够处理信息的机器。计算机能够通过键盘、鼠标等输入设备输入信息(如图 6-1 所示),通过显示器、扬声器等输出设备输出信息。计算机内部能对信息(数据)进行处理加工,除了进行运算外,还能进行逻辑判断,从而在程序控制下,实现自动执行、分支、循环等功能。所以计算机实际上也具有人机对话即交互的能力。

比较上述的教学过程和计算机的功能特点,不难看出,计算机是一个具备教学潜能的机器。当然,这一功能的具体实现,还要配以适当的可用于教学的软件(有时称为课件)。总的来说,计算机作为能模拟教师教学行为的机器,确实是前所未有,它的潜能远远超过了以往的投影幻灯、广播录音、电视录像等教学机器。可以说,计算机之用于辅助教学,实在是最自然不过的。

6.1.3 计算机辅助教学常用模式

实践中的计算机辅助教学,不一定承担教学的全过程。根据不同的具体教学功能和目的,计算机辅助教学大致可以分以下几种具体教学方式:

1. 操练和练习(Drill and Practice),这是对常规课堂教学的辅助。通过计算机控制的补充练习题,复习巩固课堂教学内容,如对四则运算技能的训练(如"数学咪咪宝"就是一种简易的四则运算练习用的专用计算机),语文和外语教学词汇的练习(如"轻轻松松背单词")等。在用于操练的 CAI 系统中,由系统逐个提出一组组难度逐渐增加的问题让学生一一回答,并给予适当的指导和帮助,使学生达到所要求的技巧熟练程度,或者加强所学过的概念理解。这种方式通过计算机与学生之间的频繁交互作用充分发挥了计算机系统个别化教学的潜力,减轻了教师布置和批改作业的繁重劳动。

2. 指导、演示(Tutoring and Demonstration),这是在计算机控制下进行课堂的部分教学(讲授、演示),在多媒体环境下,配以大屏幕投影机,这种方式目前在我国特别流行。它能充分利用多媒体快速和集成的信息展示能力,有助于改善教学情景,提高直观形象性,提高课堂效率。这种方式中,计算机通过课件向学生展示课程内容,包括引入概念,讲述基本原理,实验、操作或例题演示。这种方式也可插入简单的提问,并对学生回答予以评判,给以鼓励、指出错误或要求重新回答等。

3.对话(Dialogue):它是一种在学生与计算机教学系统之间进行互相提问和答问来训练学生理解力的方式,又称为咨询方式。提问分学生提问与计算机提问两种类型。这种系统要求计算机以更加复杂多样的形式来适应个别差异,它不仅要对学生的回答作出正确与错误的判断,而且应该给出解答问题的方法与结果,它不仅能处理学生的简单或多重选择方式的回答,而且能对学生的非标准回答作出分析及应答。用于对话的计算机教学系统的难度在于自然语言的理解以及对学生回答问题时出错的判断与处理。目前,基于 Web,采用弱人工智能技术的聊天机器人(Chatbot)发展较快,如图 6-2 所示。目前在我国的教学实践中,这种方式的运用还较难见到。

图 6-2　与人工智能机器人对话

4.计算机模拟(Computer Simulation):它指的是利用计算机构成一种模拟环境,用以模仿自然的或人工的系统规律或行为,也叫计算机仿真。模拟与演示不同,演示的过程虽可反复,但仅是简单重复。模拟则让学生可以改变条件(或参数),以观察不同的表现或结果。学生通过模拟探索规律,更像通过计算机做实验(如图 6-3 所示)。计算机模拟这种教学方式的应用越来越受到重视,因为它适合一些宏观、微观的过程、历史事件等学生在实际生活中无法见到的或难以进行实验的教学内容。如著名的几何画板,就在数学教学中取得很好的效果。利用计算机系统所模拟的实验,不但视觉逼真,并且节约时间和费用,还能直观地体验许多实际难以观察到的现象和规律。能实现模拟的计算机软件,通常要求有较高的技术水平。

以上的计算机辅助教学各种模式与所用的计算机辅助教学软件的界面、结构、编程方法通常也是关系密切,并且分类的方法也并非唯一。事实上,随着计算机技术本身及其教育应用的发展,计算机能承担的教学环节或任务也在不断发展变化。有些计算机教学应用配合现代教育思想或教学模式的发展,一时可能还难以用传统的方式或模式加以概括。如大容量的教学资料(如"百科全书"一类)光盘,包括

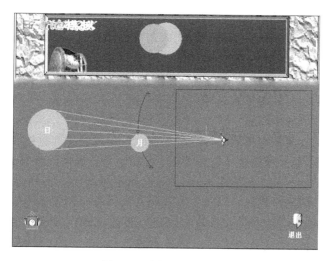

图 6-3　计算机模拟日食

扩大到整个因特网的开放资源的引入,往往构成小组协作式的、基于资源的、探究式的学习,实际上往往突破传统的教学环节或模式。

6.1.4　多媒体计算机技术

1. 计算机的信息处理和输入输出

计算机是能够处理信息的机器。计算机能够接受(输入)信息,例如可以在键盘上打字,存储到计算机的内外存储器。计算机也能输出信息,例如可以将文本、图形等显示在屏幕上,或通过打印机打印到纸上。计算机最主要的特点是能对信息进行处理。例如,计算机能进行高速的数字运算,也能对字符进行处理。例如能将符合某些特定要求的字符快速地从大段的文字中寻找出来,必要时替换成其他字符,或将字符(包括汉字)变成不同的字体、风格、大小加以显示或打印等。计算机还有一个重要特点是能进行逻辑判断,从而在程序控制下,实现自动执行、分支、循环等功能。例如,根据输入的信息(键盘输入或鼠标操作等),计算机能自动确定下一步怎么走,实际上也就具有了人机对话即交互的能力。但传统的计算机通常只能处理(包括存储、处理与显示)数字、文字及一些简单的图形信息、声音方面,更是仅能通过所谓 PC 扬声器发一些简单蜂鸣声或模拟一些最简单并且十分单调的音阶。

2. 计算机技术领域的多媒体概念

信息是通过媒体传递,最后作用于人的视觉、听觉等感官,为人所接收的。所谓媒体,本意即"中介"或"两者之间"。例如,物理学研究指出,声音在真空中不能传播,必须通过空气等中介才能传播,这时,空气等中介就称为声音传播的媒体。

在信息领域,媒体指的是信息传播的中介或手段。媒体的具体指代和分类常因行业的不同或注重点的不一而不同。如社会上一般将报刊、电影、广播、电视等称为新闻媒体(或媒介、传媒等)或大众媒体,并作相应分类。学校常将课本、幻灯、投影、录音、录像等视作教育媒体,差不多是按设备技术特点分的。有时又按信息作用于人的感官不同而分为听觉媒体、视觉媒体或视听觉媒体。图书馆则按信息的物质载体不同区分为印刷媒体和非印刷媒体。媒体也可侧重信息呈现或表达的形式,并区分为文字(文本)、图形、图像、声音、动画、视频等多种媒体。计算机如要处理这类媒体信息,所采用的技术有所不同,目前计算机领域的多媒体概念,媒体主要就是据此分类的。文本、图形、图像、声音、动画等媒体传递信息的特点各不相同,在有效性方面,则常常是可以优势互补的。如果将多种媒体的优越功能集于计算机一身,让多种视听信息纳入计算机的统一存储、编辑、管理、调用,并且能纳入交互之中,那么这样的计算机就可以称作多媒体(Multimedia)计算机。相应的软硬件技术也称为计算机的多媒体技术。多媒体计算机能显示文本、图形乃至逼真的图像,发出清晰的语言,演奏动听的音乐,播放动画片和视频图像,并且这些媒体信息的呈现与人机交互融为一体。以往的计算机也能发声,但仅能发一些简单的和单调的声音。以往的计算机也能显示图形,但难以显示层次丰富、色彩鲜艳的图像照片,更无法播放大段的动画片或视频。当然,多媒体技术的发展与成熟实际上有一个相当长的过程,这些功能也是逐步实现的。

多媒体技术(Multimedia Technology)虽然在 20 世纪 80 年代末才开始崭露头角,却迅速地得以发展成熟,可以说和网络并列成为世纪之交信息技术领域最成功、影响最大的两大应用。计算机多媒体技术一直在不断发展中,难以有一个统一、严格的定义。一般认为,"计算机多媒体技术是将文字、声音、图形图像,甚至视频集成进入计算机中,供人们能以更加自然、更加人类化的方式与计算机进行信息交流,使信息表现为图、文、声并茂。"利平科特(Lippincott)和鲁宾逊(Robinson)在 1990 年 2 月的 *Byte* 杂志上发表文章,对多媒体技术分别给出了不太严格的定义,概括起来是:"计算机综合处理多种媒体信息,包括文本、图形、图像和声音以及动画,在这些信息间以某种方式建立逻辑联接,并集成为一个具有交互能力的系统"。

  3. 多媒体计算机技术概念的两大要素

所以可以说,当计算机能处理的不只是数字或文字,而是包括有图形、图像、声音、动画、视频等多种媒体,而且这多种媒体有机结合成一种能实现人机交互的信息媒体时,才有了计算机领域的多媒体概念。对计算机多媒体的概念理解,应注重两个要素:

一是媒体集成性,这里媒体主要指信息呈现形式,即文字(text)、声音(Auido)、图形(Graphic)、图像、(Image)、动画(Animation)、视频(video)等。这些媒体(数据块)不是简单地顺序排列和呈示,而是结构上具有非线性,呈示时可按需有机搭配。

二是交互性,即人机关系。人不是纯粹被动地看或听,而是参与其中。例如,面对计算机呈示的某一界面(环境),人(用户)可以从键盘输入数字或文字回答问题、用鼠标单击(或指向、双击)某一位置、或用鼠标拖动某一显示的对象等方式向计算机输入信息。对于用户不同的输入,计算机下一步呈示的信息或环境也是不同的。这一点是计算机多媒体与电视、录像等的根本区别。

多媒体技术不是一夜之间诞生的,也不是一个人发明的。不同的人,从不同的领域,以不同的专业角度来看待什么是多媒体,其结果也可能是不同的。例如,计算机专家从数据结构的角度来看,先有数字、文字、加上表格、线条图形、点阵图像,现在又加进了活动影像、声音等新的数据表示方式,所以多种数据结构和多种处理方式是多媒体的特征。如果从涉及的硬件设备来看,多媒体计算机除了需要传统的主机与外部设备,往往还需要增加光盘驱动器、声卡、鼠标、触摸屏等设备。为信息的采集,还很有必要增加话筒、扫描仪、数字相机、摄录像机加视频卡等。为用于教学和会议,可能需要大屏幕电视机或投影机。电视制作界则将能够用于对视频进行非线性编辑,从而制作电视节目的计算机系统称为多媒体。多媒体的本质不仅是信息的集成,也是设备的集成和软件的集成,并且通过逻辑联接形成有机整体从而可以实现交互控制,因此可以说集成和交互是多媒体的精髓。

4. 多媒体计算机技术的发展和应用

多媒体的发展技术上依赖于计算机软硬件技术的发展。硬件技术方面,多媒体信息数据量庞大,并有时间限制(如声音、动画、视频),要求处理的速度很快。速度不断创新高的 CPU,海量化的内存、硬盘,显示能力(包括同屏幕的色彩数及显示速度)持续改进的显示卡和显示器,声卡、光盘等技术的发展,及相应的性能价格比提高,为多媒体技术的成熟和推广创造了基本条件。软件技术方面,则得益于图形化操作系统,数字化技术,压缩技术,多媒体规范,能适应多媒体应用开发的语言、工具等的迅速发展。在网络与多媒体结合日益紧密的时代,网络技术,尤其宽带、光纤、无线通信等技术的发展,也提供了不可或缺的支撑。

多媒体技术的发展对世界产生相当大的影响。多媒体被公认为 20 世纪 90 年代计算机技术发展的三大热点之一(其他两个热点为网络和人工智能),被迅速应用到广泛的领域,并与其他的信息技术相互交融,例如:

(1)公共信息查询系统,用于机场、车站、旅馆、博物馆、展览馆等的信息查询及导游,通常配以触摸屏幕做输入,使用十分直观方便。

(2)多媒体出版物,许多专业读物或"百科全书"被搬上光盘,并且图文声并茂。

(3)教育教学,多媒体的教育教学应用也正是本章讨论的重点。

(4)广播电视技术,多媒体技术正在深刻地改变广播电视节目的制作技术,多媒体的重要特点就是能处理声音、视频,并且不受传统编辑技术严格的线性次序,依赖纯硬件的合成方式的约束,形成了更具创造力,更随心所欲的所谓非线性技术。

(5)多媒体对电子、计算机和视频游戏的作用当然也是十分巨大。

(6)多媒体通讯日渐影响整个通讯领域,多媒体技术与网络技术的结合,差不多就是信息高速公路的概念。

(7)虚拟现实技术也与多媒体技术密不可分。

6.1.5 基于多媒体技术的计算机辅助教学

1. 多媒体计算机技术的教育应用

多媒体计算机最早的应用领域就是教育,多媒体计算机将逼真的视像和音响效果与巨大的信息存储量和快速处理能力相结合,为教育提供了新的技术手段。例如,在高度专业化的医学、航空、军事等领域的教学中,它能够给教员提供更形象的演示讲解手段,给学员提供更具真实感的模拟操练机会。利用多媒体技术的电子参考书、电子培训教材、电子自修课程,生动易学,非常适合于自学。目前,发达国家各类多媒体教学软件已成千上万,并且还在迅速开发中。各种媒体形式在传送教学信息方面各有所长,并可互相补充。如文本适合于传递定义、概念等精确抽象的描述性文字信息,声音适合于传播语言、音乐等信息,在语文、外语、音乐等教学中十分重要,图形、图像适于传递需要视觉形象的信息,视频能传送活动图像及伴音,展示动态的过程,但对文字、图形、静止图像等的呈示却不理想。并且,心理学、传播学、信息论的研究结果显示:学习过程中,同时使用听觉和视觉,能明显提高学习效率与记忆,也就是说,通过多种媒体可以增进信息传输的致效性。这时的学习使学生有身临其境的感觉,图、文、声同时刺激大脑神经,使学习效果更好、更快、更扎实。对于外语教学,则由于多媒体技术的直观显示和有声有色,加上学习者的参与和"身临其境",计算机的即点即发音,及有即时判断的练习与测验,也容易取得既能读,又能听,既能写,又能说的效果。另一方面,计算机的多媒体化,使得计算机对人来说,显得更自然和可亲近,即改善了人机关系,对教师和学生有更大的吸引力。多媒体巨大的、有组织的信息存储量也使得许多教育的新思想、新观点更易于体现,从而使计算机更容易进入学校、家庭的教育领域。所以,现在除了家庭,学校就是多媒体计算机的最大用户。多媒体化使计算机辅助教学受到教育专家、学校管理人员、教师、学生、家长的前所未有的欢迎。

多媒体计算机也受到成人教育的认同,因为图文并茂、声形映辉而使成人的继续教育更充实和更具有吸引力。多媒体计算机辅助教学和职业培训受到工商企业界的普遍欢迎,企业家们早就发现利用多媒体技术训练工人和销售员,可以更快掌握作业技巧和种种作业规范。一些大型工厂甚至可以自行出版通用于全厂各个岗位工人和行政管理人员的统一行动手则,这样做将使工厂的管理更有章法,也可减少因为人的因素而使某些作业达不到标准规范要求的可能性。

2. 多媒体计算机辅助教学的主要特点

多媒体计算机技术用于教学和培训,主要有以下特点:

(1)信息显示方便、快捷,表现方式形象、自然,丰富多样。如地理课上,学生可以看到热带茂密的丛林,听到鸟儿的歌唱,野兽的奔跑和捕猎也是动态展示。比单调的语言和文字描述确有很大改进。在用于操作培训时,学员在屏幕看到的机器、环境十分逼真,它们实际上可能就是拍下来的。

(2)交互方式更加自然、方便(鼠标、光笔、触摸屏等)。学生(或操作的教师)几乎可以无需专门的计算机知识,也可几乎不用键盘。在软件适当的设计下,鼠标点到(单击)感兴趣的位置,计算机就会有反应。如鼠标点到树洞,可能蹿出一只松鼠,点到池塘,可能蹦出一条小鱼。用鼠标拖动实验部件,可以组装实验装置,等等。在操作模拟时,学员用鼠标单击或拖动嵌入逼真机器上的按钮、滑杆或旋钮,观察到和实际情况几乎完全一样的结果。

(3)容易实现寓教于乐,所谓 Edutainment,实际上是一个新诞生的词,头尾分别取自单词教育和娱乐的头尾,这种方式近似游戏,但有明显教育目的,让学生在娱乐中不知不觉中学习知识与技能。例如,有一个著名的多媒体光盘产品,题目叫"Living Books"(意即"活的书")。运行时,儿童们面对的是一本本生动有趣的故事书,如"龟兔赛跑"等。学生"阅读"时,不光是又看又听,而且可操作鼠标一起参与"玩"。事实表明,它对大部分儿童的吸引力超过了动画片。儿童在参与性的阅读中,学到词汇和其他许多知识。

(4)因为光盘等技术所带来的"海"量的信息存储以及灵活多样的检索方式,有助于一些新的学习模式的实现,例如探索式的学习模式。有些课程的教学,并非一定要局限于课本上提供的事实或结论,而是将论题出给学生,让学生(通常分成组)自己在光盘(如某些百科全书光盘)或甚至在因特网上检索有关的信息、资料,经学生(小组)自己分析、讨论、处理,得出自己的结论。这种计算机辅助教学的新方式,不排斥传统的媒体(如报纸、书本、图书馆等其他资料媒体),发挥学生的主体作用,促进学生之间的讨论合作。这种方式还往往重视学习的过程甚于学习的知识性结果。这种教学方式在不少课程中能较好地体现现代的教育思想,在发达国家和地区日渐流行。在我国,在日渐重视素质教育的改革中,相信这种教学方式也有很好的前景。

多媒体计算机技术是原有计算机技术的发展,它在保留和发展原有计算机技术具备交互能力的前提下,主要发展了多种媒体集成处理的能力,确实给教学应用提供了更大的可能性。教学的需要是多种多样的,实际情况中,并非每一个应用都非要用到所能支持的每一种媒体不可。在传统的计算机辅助教学和多媒体条件下的计算机辅助教学,实际上也无须划上一条人为的分界线。还要注意的是,虽然

"多媒体"的提法现在很时髦,但作为计算机辅助教学的实际参与者,应清醒的是:不应为多媒体而多媒体,而要为教学需要而选择媒体。

可以说,教育是多媒体计算机技术最有前途的应用领域。实践也表明,多媒体计算机技术(包括多媒体化的网络)的应用也确实正在给教育的手段乃至思想带来巨大变革。

3. 计算机辅助教学与现代教育技术

计算机辅助教学已成为现代教育技术的重要组成部分。如本书第 1 章所介绍,教育技术是"对学习过程和学习资源进行设计、开发、使用、管理和评价的理论和实践"。相对于原来的电化教育(视听教育)理论,教育技术的理论更加全面,它重视利用包括媒体在内的全部学习资源,重视研究教学全过程中各个环节及其相互关系。在我国,常沿用"现代教育技术"这一说法,其本意应同于国际上的"教育技术"。实践上,由于教育行政事业机构、学科专业设置和学校的人员配备等实际情况,这一说法侧重于现代信息技术(包括计算机在内的现代教育信息媒体)在教育上的应用,计算机辅助教学的发展曾受到著名心理学家斯金纳所倡导的程序教学思想的影响,它的实践又反过来推动理论的深入和发展。如今,教育技术方面的一些重要理论和方法,如"建构主义"的学习理论,"教学设计"的方法,都同计算机辅助教学在理论与实践两方面关系密切。可以说,计算机辅助教学在很大程度上推动着现代教育技术理论的发展。

虽然就技术设备而言,教育技术还涉及其他许多的教学媒体与设施,乃至所有的教学资源。但由于计算机技术的发展,特别是多媒体及网络技术的迅速发展及在教学上的应用,使得计算机辅助教学无论在理论与实践两方面,都在教育技术这一领域里扮演越来越重要的角色。同时,也不应人为地将计算机辅助教学与包括粉笔、黑板甚至光学投影仪(OHP)在内的其他比较传统的教学媒体的应用对立起来。冷落粉笔黑板、投影录音的态度不足取。事实上,就如今每一间教室都几乎装备了的投影器、录音机而言,计算机文字、图形处理、声音处理和打印技术的成熟,正在给它们的应用注入新的活力。

教育行政部门、学校和 IT 产业界都十分重视现代教育技术的应用。如教育部在一系列的会议、文件(包括《面向 21 世纪教育振兴行动计划》)中多次提出要推动教育信息化进程,强调要积极倡导教育技术的应用,并称之为以计算机技术为核心的现代教育技术。许多专家、领导也在不同场合多次提出要把应用现代教育技术作为教育教学改革的重要突破口,以及学校装备和教师培训的中心任务。

作为新世纪的教育工作者,应努力认识计算机/多媒体(包括网络技术)辅助教学对学校教育的冲击,并积极参与这一重要的教学变革过程。这一参与包括身体力行地利用计算机辅助教学,努力参与适合教学需要和国情特点的教学软件的开发,积极研究和探索与新的教育技术相适应的教育思想、教学方法和教学模式。

6.2　多媒体演示课件设计

直接配合教师讲授使用的演示(展示)型课件是日常教学中最常见的多媒体应用。最典型方式是运用 MS Office 套装软件中的 PowerPoint,事先设计好演示文稿,课堂上利用数据投影仪一边播放,一边讲解。这类多媒体演示型课件也常称为电子幻灯片。因其所生成文件的扩展名为"PPT",所以也常称 PPT 课件,或直接简称为 PPT。比起传统幻灯片,PPT 能够综合运用文本、图形图像、声音、视频动画等多种媒体来展示教学内容。PPT 课件设计好后,上课时只要简单的单击鼠标或按键盘即可自动播放,非常方便。

6.2.1　PPT 的设计理念和教学特点

PowerPoint 是一个主要面向屏幕展示的软件工具,如同 Word 是一个主要面向纸面打印文稿的软件工具。所以微软也将其输出的 PPT 文件称为演示文稿,也可将 PowerPoint 称为设计和输出电子幻灯片(Slides)的应用。本书第 2 章介绍的135 幻灯机,能够播放排列好的胶片式幻灯片,即将他们顺序投影到银幕。PowerPoint 设计和创建一系列电子幻灯片,组合成一个演示文稿(.ppt 文件),从计算机的 VGA(显示接口)输出到数据投影仪播放,实现电子幻灯片的效果。可以想象,PowerPoint 集成了设计和播放的功能,应该至少有编辑(设计)和播放两种工作模式。实际上,典型的播放模式是全屏幕方式,隐去了应用软件的所有可视化部件(窗口、菜单、工具等),就像传统幻灯机的播放方式。演示(展示)型课件的应用场景如图 6-4 所示。

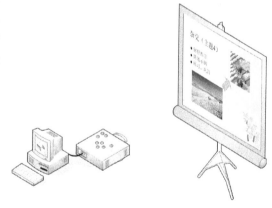

图 6-4　演示型的教学

1.PPT 在教学应用中的主要优势

在实现传统幻灯功能的基础上,作为多媒体计算机的应用,PowerPoint 能够发挥电子化、数字化、多媒体化的潜能,能够在设计风格、效率,播放效果等方面,实现诸多传统胶片幻灯不可能达到的功能。其主要的特点和教学应用优势包括:

(1)在具备基本计算机技能(如文字编辑)的基础上,学习和使用方便。

(2)编辑方便、直观,辅助工具多,备课和编辑一体化。

（3）编辑、修改、保存非常方便，可重用性（Reusability）强，减少教师备课的重复劳动。

（4）多种媒体集成，包括文本、图形、图像、声音、视频、动画等多种媒体。

（5）能够实现简单的非线性导航结构，以便在教学上比传统幻灯片有更好的灵活性和现场可选择性。

（6）通过文件（如 Flash 交互动画）调用，可以实现教学需要的交互性。

（7）设计、播放一体化，现场修改也有可行性（当然不推荐）。

（8）播放自动化，减少教师记忆负担，大大节约课堂板书时间，使新教师或新课程情况下更容易摆脱备课稿上课，播放过程中可以在屏幕上作简单的画线等现场注解。

（9）教师间有较好的共享性。

2. PPT 的局限性

虽然 PPT 设计使用入门容易，总体应用效果较好，但也应注意到其缺陷或局限性，如：

（1）要设计风格与教学主题贴切并保持协调，图文并茂，能够持续吸引学生注意力，真正达到较好教学效果的演示课件并不容易。

（2）虽然优于传统幻灯片，但播放次序的灵活性总体还是较差，课堂现场调整不太方便。

（3）数据（视频）投影仪购置和使用成本较高，通常也对使用的光照环境有要求。

（4）从经典的计算机辅助教学概念看，PPT 的交互性较差，也不适合个别化学习。

6.2.2　PPT 的具体设计操作

1. 启动与工作主界面

PowerPoint 的启动与一般应用软件一样，根据情况可以从 Windows 开始菜单或桌面快捷方式启动，如图 6-5 所示。如果是已有文件（存储在文件夹中的 PPT 文件），也可以双击直接在 PowerPoint 中打开，如图 6-5 中右上角标注所示。PowerPoint 启动后界面如图 6-6 所示。

PowerPoint 的主界面与文字处理 Word 等有很多相似处，有些完全一样，如绘图工具栏。常用工具和格式工具有很多也一样。但其面向幻灯片的应用，也带来一些特点：

（1）工作区域通常分成 3 个窗格。分别为用于单张幻灯片编辑的主窗格，为单张幻灯片编辑备注的备注窗格以及为浏览和排列幻灯片次序的浏览大纲窗格。用鼠标拖动窗格分隔条，可以改变各窗格的大小。

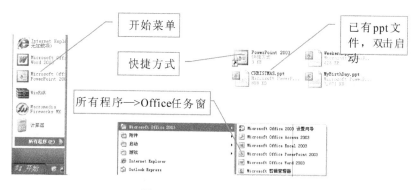

图 6-5　PowerPoint 的启动

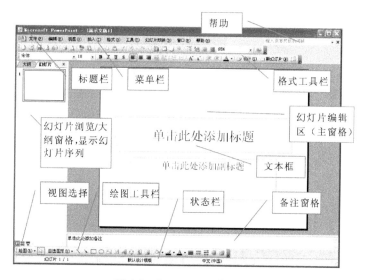

图 6-6　PowerPoint 主界面

（2）按照功能特点分多种视图。其中左下角"视图选择"的 3 个按钮可分别选择普通视图、浏览视图和放映视图。普通视图就是图 6-6 所示的视图,设计编辑时最常用的视图。浏览视图则在主窗格也显示幻灯片的缩略图,可方便幻灯片的插入、删除和次序调整,如图 6-7 所示。按放映按钮即从当前幻灯片开始播放,进入全屏幕的放映模式。另外,在"视图"菜单中还有一个"母版"命令,可进入母版视图。

（3）任务窗格是 PowerPoint（如本教材用的 2003 版）中用来辅助用户完成一些特定任务的,它经常是针对用户的当前操作自动地弹出,也算是人工智能应用的尝试。如图 6-8 所示是在用户调用"文件/新建"命令时自动弹出的有关新建任务的辅助窗格。如选其中的"根据内容提示向导",就会进一步弹出"内容提示向导"对

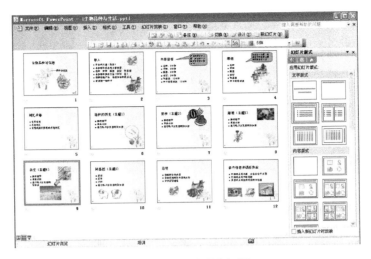

图 6-7　幻灯片浏览视图

话框。所谓内容,就是先让用户选择一种应用场合,如"商务计划"、"集体讨论例会"、"建议方案"、"论文"、"实验报告"、"培训"等,然后让用户可以跟着向导一步步构建内容(多个环节、多张幻灯片),形成结构。这些内容向导大部分面向商业应用场合,其中的"培训"一项较为接近教学的应用,初学者可以借鉴其套路形成初步的课件构架,在此基础上再行修改。当然,教师设计教学用的课件时通常都对内容和环节需要有自己的教学设计,一般无须依赖这些向导。任务窗格可以根据需要改变大小和拖动位置,如可以通过拖放让其拼装到整个工作区域的右边,如图 6-9所示,也可以让其浮动。任务窗格可以随时关闭以腾出空间,也可以通过菜单命令"视图/任务窗格"随时调出并选择具体的任务。

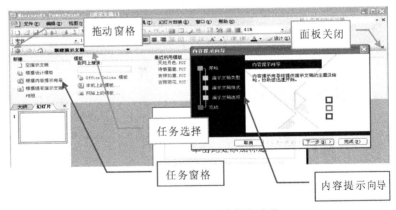

图 6-8　PowerPoint 的任务窗格

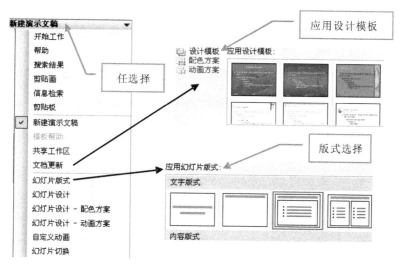

图 6-9　任务选择与任务窗格

（4）一个演示文稿（PPT 文件）由一系列固定"尺寸"和长宽比例的幻灯片组成，除了新建文件时主窗格会自动生成第 1 张幻灯片（通常默认是"标题幻灯片"版式）供编辑外，其他就需要一张一张地添加和编辑。添加幻灯片可单击工具栏的"新幻灯片"按钮或选菜单命令"插入/ 新幻灯片"。在浏览视图中快速地用"新建"、复制粘贴等方法也是快速形成多个幻灯片构架的好方法。

2. 文字、图形和其他媒体的插入和编辑

幻灯片的版面结构概念与文字处理不一样。文字处理起源于打字机，一般都直接在"纸面"上输入和编辑文字（文本）。电子幻灯片更多考虑图文和各种多媒体组合应用，所以即使文本也要在已有的或自己建的文本占位符（占位框）中输入和编辑。这样的设计思路，调整版面结构更加方便灵活。

（1）文本插入和编辑：文本需输入到文本占位符或文本框里，PowerPoint 大量使用所谓自动版式，常用的自动版式都默认包含了若干文本占位符。如图 6-6 中，有两个虚线框，上面已有提示文本"单击此处添加标题"和"单击此处添加副标题"。这两个虚线框就是自动版式 "标题幻灯片"默认带的文本占位符。鼠标单击，提示文本自动消失，出现文本插入光标，此时即可输入和编辑文本，文本的格式设定与 Word 类似，利用格式工具栏或格式菜单即可进行。如果鼠标单击虚线边框，即可以拖动调整整个文本框（连同其中的文本）。

用 PowerPoint 制作课件，多半情况下会在自动版式下编辑文本，除了"标题幻灯片"，最常用的自动版式还有"标题和文本"等，如图 6-10 所示。该版式顶部是标题占位符，下面的大框是内容文本，输入时按"回车"键即可形成一条一条的"板书"。通过文本的层次升降工具，可以形成可读性更好的结构，如图 6-10 所示。结合过渡动画的设置，播放时单击鼠标即可以让这些文本逐条地加以显示，教学上非常实用。从图 6-10 可以看出可选的自动版式还很多。

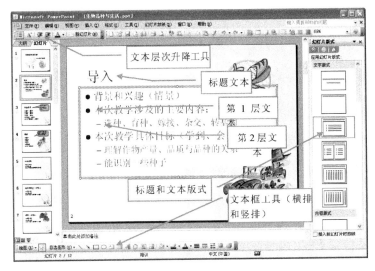

图 6-10　最常用的"标题和文本"版式

在自动版式基础上，如需要添加其他位置的文本，可调用图 6-10 标注所示的文本框工具，在幻灯片的任意位置形成占位符，添加和编辑文本。两个文本框工具可分别实现横排和竖排文本，各有用处。此外，使用自选图形工具中的标注方式，也可以方便地添加各种样式的标注，如图 6-11 所示，在教学中也非常实用。

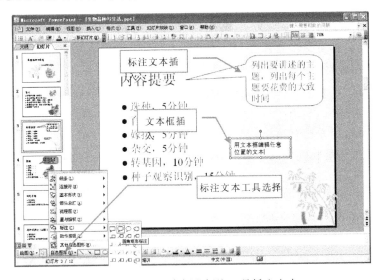

图 6-11　利用文本框和标注工具插入文本

(2)图形插入和编辑:图形的使用在教学中有很重要的意义,图文并茂几乎是优秀演示课件的必要条件。PowerPoint 图形方面,功能也很强。通常通过菜单命令"插入/图片"在当前幻灯片上插入图片。其中来自"剪贴画"实际上就会调用"剪贴画"任务窗格,从中搜索和选择非常方便。选择"来自文件"则打开经典的 Windows 文件选择对话框,如图 6-12 所示。从中通过文件夹、扩展名等条件可找到和插入需要的图形文件。PowerPoint 支持的图片文件格式很多,但最常用的为.jpg、.gif、.png、.bmp、.wmf 等扩展名的文件格式。

其中.wmf(Windows Meta File,图元文件)基于矢量图形,实际就是剪贴画文件。剪贴画是非常实用的图形,它是人工创作,常带些卡通风格。图形简洁,色调明快,使用得当有很好的教学效果。PowerPoint 的剪贴画库是 Office 共用,包含众多的现成的剪贴画,应该充分地利用。由于是矢量(图元)文件,编辑修改方便。可以在剪贴画插入进幻灯片后,选中并右键单击,在右键菜单中选择"组合/取消组合"命令将其分解为图元。然后对各个图元可单独进行编辑,如换颜色,拖放改变形状以及复制删除等。最后将编辑过的各个图元重新组合即可。PowerPoint 的绘图工具栏上有一个艺术字工具,可用于创建风格多样、色彩缤纷的美术字。实际上,通过艺术字工具创建的图形化(矢量化)的文字,可以进行更复杂的编辑操作,如利用填充工具进行"纹理"填充或镂空成空心字等。Office 共享的自选图形也提供了很多现成的简单矢量图形,这些图形往往在教学示意图的绘制方面很有用。如其中的"流程图"组就提供了 28 个有用的流程图符号。

对于 JPG、GIF、PNG、BMP 等位图格式,在选中图片后可以通过"图片工具栏"进行一定的编辑优化操作。"图片工具栏"如图 6-12 所示,典型的操作包括调整亮度、对比度,以及旋转、加框、彩色转化黑白、灰色等。对一些具有单色背景的图片,如手工绘制的卡通类的 GIF 图片,可以通过"设置透明色"工具单击图片背景,令其背景透明,从而"无缝"地呈现在幻灯片的背景上。图 6-13 中插入了一幅鸟的 GIF 图片,并复制成了 3 幅。左边图片未经处理,带有原图白色的背景。中间图片用"设置透明色"工具抠去了白色背景,使其成为透明。右边图片还进一步作了旋转和少量的拉伸处理。"图片工具栏"对矢量图也可以起作用。但矢量图一般无须设置透明。

在幻灯片上编辑图片,还可以在选中后进行拖放、缩放、旋转等操作,版面安排很方便。但对位图应尽可能避免不必要的缩放等操作。将大尺寸位图缩小使用,会浪费计算机资源,影响运行性能。小的位图放大,会有马赛克现象出现。矢量图缩放则没有问题。不按比例的缩放会造成图片变形。为保持按长宽比例的缩放,可在按住"shift"键的同时进行拖动缩放操作。

(3)声音和视频的应用:声音和视频是多媒体的重要组成部分,PowerPoint 可以在幻灯片上插入声音、视频、外部的动画,在幻灯片放映时进行播放。正是这些

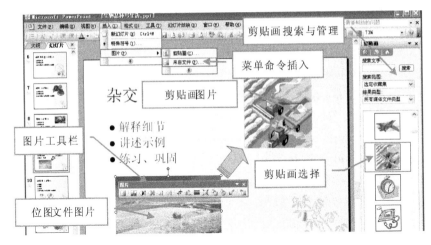

图 6-12 PowerPoint 图片插入

图 6-13 图片编辑功能示例

丰富的动态的多媒体效果,使得计算机演示课件能够完全突破传统幻灯片静止图文的局限性。这一意义上,电子(数字化)幻灯片在幻灯概念上有了根本性的突破。

PowerPoint 中,声音一般插入到当前编辑的幻灯片上。通常可以通过菜单命令"插入/影片和声音/文件中的声音"插入,也可利用任务窗格"剪贴画"搜索收藏的声音插入。两种方法的插入情况如图 6-14 所示。这两种方法插入时一般会弹出一个对话框,供选择启动播放的方式。一种方式是放映到该幻灯片时自动播放,另一种方式是幻灯片上显示一个声音图标,放映时单击该图标才开始播放。编辑时图标如图 6-14 右上角的两个图标所示,放映中鼠标接近时,鼠标指针呈手指形,显示其链接属性,如图 6-14 下面图标和手形指针所示。对于短小的 Wave 声音文件,也如同图形文件一样,可直接从文件夹中拖放到幻灯片上,这时默认为第二种方式,并且声音图标会有所不同。第一种方式多用于解说或背景音乐;第二种则用于教学对象直接的声音表达,如动物和其他自然现象的声音。更多的则用于语言或音乐教学,如汉、英语对话、诗歌朗诵,或特定乐器、乐段的演奏等。需要的话,可以在声音图标旁配置相应的文字或图形,但这时声音还是通过喇叭状的图标独立地、显性地"展示"在幻灯片上。

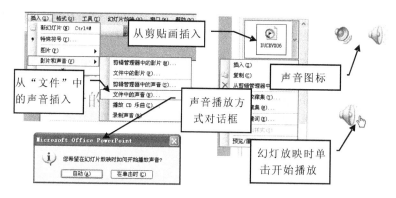

图 6-14　声音的插入和播放

　　声音的另一种使用方法时通过文本、图形对象背后的"链接"隐藏,幻灯片放映时表面注意不到,但鼠标单击或仅移动至对象上面即播放。这种方式交互更加自然,也是多媒体课件中声音使用的一种经典方法。设置的方法是选中对象,右键单击,选择"动作设置",在弹出的对话框中选择"播放声音",然后选择声音文件,如图 6-15所示。该例中选择了鸭子叫声的声音文件。也可以选择特定文本,如图中的单词"Duck",对其设置"发声"动作,配上单词发音声音文件。这种方法在生字、生词的教学上显然很实用。这种方法设置的声音,在幻灯放映时只要单击或鼠标移到对象(文字、图形)处,即会自动发声,不需要专门的、显性的声音图标,往往能使得多媒体交互更加自然、生动。

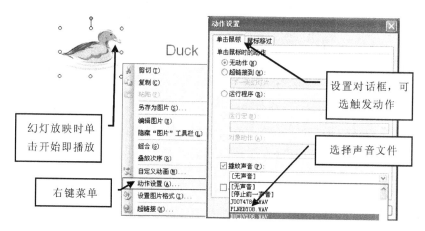

图 6-15　声音的"动作设置"

　　PowerPoint 支持目前流行的各种主要声音文件格式,如常用的 Wave、MP3、WMA、MID 等都可以使用。时长较大的声音最好采用 MP3、WMA 等压缩格式,并且始终应尽可能避免过分冗长的乐段。短小的效果声、单词、句子发音,常构成主要的教学内容交互,以采用 Wave 更合理。MID 是合成音乐,同样时长的音乐器乐,常常只有十多 KB 的数据量,作为背景音乐也不错。PowerPoint 支持跨幻灯片的背景音乐,但教学上实在意义有限,甚至起到干扰教学的副作用,应慎用。另外,要有效使用多媒体声音,一定要想到,演示型教学的课堂人数多,一定要有相应的音响系统供计算机声卡的输出连接。

视频的插入方法与声音非常类似,如图 6-14 所示的插入菜单中有"文件中的影片"一项,选中后在对话框中选择视频文件即可。视频插入时也与音频类似的会弹出一个对话框(参考图 6-14),供选择启动播放的方式。一种方式是放映到该幻灯片时自动播放,另一种则是幻灯片上显示静止的视频起始画面,单击才开始播放。播放过程中,通过鼠标单击可以继续灵活控制播放的暂停和继续,如图 6-16 所示。PowerPoint 支持的视频文件包括 AVI、MPEG、WMV 等。在一幅幻灯片中可插入多个视频,甚至能够同时播放。视频的尺寸大小可以调整,但长宽比例不能改变。很多教学视频标准尺寸(分辨率)很小,针对大屏幕应用,有时适当放大一些是可取的。图 6-16 所示的幻灯片中插入了两个视频画面,左边的是 AVI 格式,来自 3ds Max。右边的是 MPEG 格式,来自摄像机拍摄,画面原始分辨率小于左边视频,被拉伸到与右边尺寸一致了。

图 6-16 幻灯片中的视频

(4)交互动画应用:目前纯粹播放式动画一般都转换成视频的格式,如图 6-16 中左边的视频其实是 3ds Max 生成的三维动画。目前已经很少采用 FLI、FLC 等专门动画格式,而是直接转换使用 AVI 视频格式。但交互式的动画,如 Flash 动画,还有一些虚拟现实(Virtual Reality)作品,也需要交互式操作,则在教学上特别有使用价值。AVI 等视频格式不能实现其交互性。对于这类交互式应用,Power-Point 一般可采取对象或控件插入或超链接的方法使用。以 Flash 动画文件 SWF 为例,在 PowerPoint 中也有相应的 3 种方法可使用。

第 1 种方法利用控件插入法。其具体操作步骤为:

①调出工具箱。操作步骤为从主菜单中选择"视图/工具栏/控件工具箱"。

②在弹出的控件工具箱中选择"其他控件"（位于右下角），这时会列出电脑中安装的 Active X 控件，找到并选择 Shockwave Flash Object 控件。③这时，鼠标变成"＋"字叉，可在幻灯片中需要插入 Flash 动画的地方画出一个框。④在框上鼠标右键单击，选择"属性"，如图 6-17 所示，出现属性设置框。⑤在"Movie"的值域填入所要应用的 SWF 文件的完整路径，如"D:\clips\swf\Tiger_Ra.swf"。在联网的条件下，填入远程服务器的 URL 也是可以的。

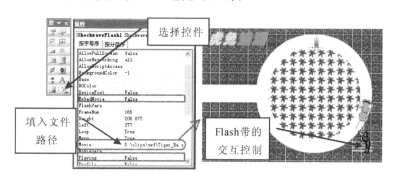

图 6-17　Flash 的插入和应用

另外要特别关注的两项是"Playing（播放）"和"EmbedMovie（嵌入影片）"。"Playing"选项可选"True（是）"或"False（否）"，意思是要不要自动播放。通常无交互的纯播放动画应选"True"，以保证能正常播放。有交互控制（如动画画面上自带"播放"按钮）的则可以选"False"，已实现更好的交互控制性。"EmbedMovie"选项也可选"True"或"False"，意思是要不要将文件嵌入 PPT 文件。选 True 则嵌入影片，即将 swf 数据包含到 PPT 文件内，复制 PPT 时无需再单独复制动画文件。将PPT 复制或移动到其他文件夹和其他计算机使用时也仍能正常显示 Flash。选"False"比较灵活，并且不会影响 PPT 文件的尺寸。但打包时要注意 SWF 文件一起打包并保证路径正确。用控件方法运用 Flash，是与 PowerPoint 幻灯片真正无缝结合的。Flash 播放时不再带有自己的窗口。幻灯片切换时，也不必专门地人工关闭。

第 2 种方法利用 Flash 的方法是对象插入法，步骤为：

①单击菜单栏上的"插入/对象"，出现插入对象对话框。②注意一定要单击选择"由文件创建/浏览"，这时可浏览选择需要插入的 SWF 动画文件，然后确定。③在刚插入 Flash 动画的图标上，单击鼠标右键打开快捷菜单，选择"动作设置"，类似图 6-16，但要选择其中的"对象动作"项，并选择"激活内容"。④动作标签选择"单击鼠标"或"鼠标移过"都可以，然后单击确定即可。放映时，把鼠标移过或单击该 Flash 对象，就可开始播放 Flash 动画。

应注意的是，两种 Flash 插入方法的播放效果有所不同，如图 6-18 所示。第 1

种方法 Flash 播放如图右边的情况所示。可以看出,Flash 动画较好地嵌入幻灯片画面,幻灯片上还在其周边加了一些标注。事实上,我们还可以在 Flash 的控件属性对话框中,对"Bgcolor"属性通过输入 6 位 16 进制数设置其背景色,以达到更好的无缝嵌入效果。但遗憾的是,PowerPoint 并不能对 Flash 作背景透明的处理。第 2 种方法实际上是调用独立的 Flash 播放器(Stand Alone Player)播放,所以带有播放器本身的窗口,如图 6-18 左边所示。并且在播放前,往往会弹出一个 Office 的提防病毒警示框,如图 6-18 左下角所示。其控制也是独立于 PowerPoint,也就是说,可以随意拖放、伸缩播放窗口。如果不人工关闭播放窗口,当幻灯片切换时,它也并不会自动关闭,而是独立地在操作系统下运行。当然,计算机上必须事先安装有 Flash 播放器(现在绝大部分机器已有安装)才能正常运行。

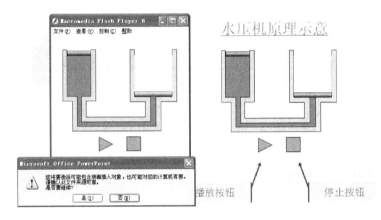

图 6-18　两种 Flash 插入方法的比较

第 3 种方法是通过对幻灯片上可视对象,如图形、文本等设置超链接,然后播放时单击超链接启动需要播放的 Flash 动画。其方法同一般超级链接的设置。实际上这一方法的播放效果与第 2 种方法类似(参照图 6-18 左边带窗口运行的情况)。这一方法 PPT 打包时,要注意 SWF 文件一起打包并保证路径正确。一个好的做法是事先将 SWF 文件放到 PPT 所在文件夹(或其子文件夹),再建立超链接。这样打包时只要将整个文件夹打包即可,既方便又可靠。

其他一些如 VR(虚拟现实)一类的交互式应用,有些也是交互视频类型(如 Quick Time),有些有自己的矢量格式。但采用类似上面的方法,也大多可以在 PowerPoint 中应用。其中第 1 种方法需要控件,通常可以从该应用软件的官方网站免费下载,并进行注册。第 2、第 3 种方法也需要独立的播放器,并且都会随开发工具免费分发或从网站免费下载。Flash 的情况其实也一样,只是 Flash 的控件和播放器事实上已经高度普及,连微软自己的帮助也有使用 Flash 的,所以一般无需专门下载和注册。

还有一种最简单的动画,就是 GIF。GIF 本是图片格式,但这种格式内部支持多幅图片"叠装",他们依次循环显示,就构成简单的动画。这些 GIF 动画通常尺寸很小,设计卡通化,只要直接如一般图形那样插入幻灯片,放映时就能展现生动的动画效果。这类人物、动物或日常用品的 GIF 动画网上很多(有专门收集的网站),可以随时下载收集。此外,新版 Office 的剪贴画库中也带了一些。GIF 动画来源丰富,使用方便,但也不宜多用滥用。这些动画主要起到装饰、点缀的效果,在初中、小学、幼儿园等低年段教学中使用得当能带来画面生动、有趣的效果。过多的或与教学内容不相关的使用,反而会分散注意力并引起视觉疲劳。

3. 过渡效果与自定义动画

PowerPoint 中从幻灯片的切换到幻灯片中各个文本、图形对象的进入和退出,都可以设定一定的动态过渡效果。如幻灯片切换时,可以设定一种效果,让新幻灯片从某个方向推进来,顺便将原幻灯片挤出,再添加一个同步的机械动作音响,这就很好地模拟了传统幻灯机的动作情景。当然计算机的程序,可以让这一动态过程千变万化。传统幻灯画面是绝对静止的,而电子幻灯片不仅如前所述可以在静态幻灯片上播放声音和动画,也可以让画面上的各个对象,有先有后并且是有控制(如随鼠标单击动作逐个出现)地出来。这一点无疑在教学上非常有用。教师可以让同一张幻灯片上的教学信息逐步展示,就像传统的板书。还可以控制信息展示的先后和节奏,需要的话还可以让某些展示过的信息隐藏,使得教学信息组织得更精练和有序,便于学生理解和把握。这种控制可以看做是对象的过渡效果,PowerPoint 中也常称为动画。新版本的 PowerPoint 增加了更丰富的自定义动画功能。例如,可以设定对象运动的运动路径和速度等,可以说具备了简单的路径动画的功能。

幻灯片的切换效果配上合适的音响,可以在教学中带来一定的节奏感,对学生起到教学环节或信息更新的提示作用。幻灯片的切换效果的设定如图 6-19 所示。选择菜单命令"幻灯片放映",可以看到图 6-19 左边所示的菜单。进一步选其中"幻灯片切换...",就弹出"幻灯片切换"任务窗格。可以看到窗格上部是过渡动画效果,中部可选过渡的速度,下面还可选切换时的"声音"效果。"声音"下面有一个"换片方式"选择,一般都选"单击鼠标",当设定自动播放时,可以选择时间间隔。窗格底部的"应用于所有幻灯片"按钮通常可选一下,这样整个幻灯片播放时都有切换效果,且风格一致。过分花哨多样的切

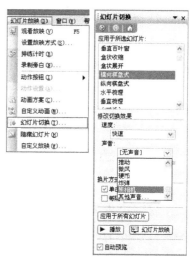

图 6-19　幻灯片切换效果设定

换效果在教学中是忌讳的。

对象的自定义动画可以控制教学信息的有序呈现。设置自定义动画的方法如图 6-20 所示。可以先右键单击要设定动态呈现效果的图文对象,选择快捷菜单命令"自定义动画...",就弹出"自定义动画"任务窗格。然后单击窗格上部的"添加效果"按钮。接着按照信息渐次呈现的需要,通常选"进入"。然后在其右方出现的选择框中选择具体进入方式就行。如果需要的话,可以单击选择框中的"其他效果...",会进一步弹出对话框,显示更多的可选方式,如图 6-21 所示。如果不要动的效果,就要渐次呈现的效果,应选择最简单的"出现"选项。这也是教学上应用最多的方式。如上所述,过分眼花缭乱的动作,效果往往会适得其反。

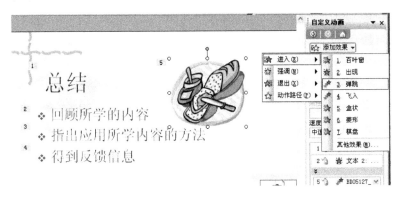

图 6-20   文本和图形对象的自定义动画

图 6-21   自定义动画的多种效果

图 6-20 中单击窗格上部"添加效果"按钮时,先弹出的选择框中包含 4 个分支选项,可以看作代表了信息呈示的环节。上面选择的"进入"是用得最多的。该选择框中的"强调"、"退出"分别表示信息展示期内的强调效果和信息隐藏过程的效果,设置的方法类似。当需要信息展示需要组织的特别精确时,如教学难、重点的

处理,这些方法有时也用得上。注意图 6-20 中的文本和图片旁边的数字,它们就是对象呈现的次序。其中右上方的标题(自动版式)文本"总结"随鼠标单击第 1 个呈现。随着鼠标的渐次单击,内容文本框中的 3 行第 1 层文本也会渐次呈示。这显然在教学中很适用,可以呈示一行,讲解一行。鼠标第 5 次单击,图片才展现。鼠标第 6 次单击,幻灯片切换到下一幅。图 6-20 中每一环节的效果选择框最下面一项都是"其他效果",选择它们会弹出不同的效果窗口,展示更多可选效果,如图 6-21 所示。其中的"路径"效果可以构造更可控的运动,实现简单的对象动画,图 6-22 中对嵌入的 GIF 图片(动画)添加了向右运动的路径动画。该 GIF 原本是狗的原地奔跑动作,加了沿路径向前的运动后,就成为合成运动。幻灯片放映时,小狗的运动就成为奔跑向前。从图 6-22 可以看出,可以设定的路径还很多,包括自己绘制的路径,并且包括速度等也可以设定,所以自定义路径动画对有些教学内容和场合还是有发挥余地。

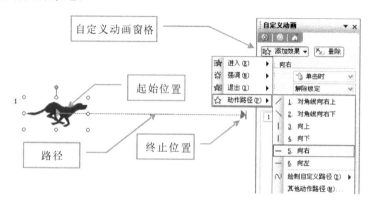

图 6-22 PowerPoint 的路径动画

4. 链接与导航

传统的幻灯片概念,信息是成线性呈现的。作为数字化的电子幻灯片,Power-Point 突破传统,实现了很强的超级链接和交互式导航功能。这些功能可以通过对象的动作设置来加以实现。本节前面其实已经用到过对象的动作设置。如图 6-15 中为实现单击对象触发声音的效果时,就用过"动作设置"。可以看出,图中选项框中除了当时用的"播放声音"以外,还有"超链接到…"选项。选中该项可以进一步看到可选的链接方式,如图 6-23 所示。实际上这些可选链接包括了最常用的当前演示文稿内幻灯片之间的链接,还包括链接到其他演示文稿、其他文件乃至因特网上的 URL,如表 6-1 所示。表中前 5 项链接到演示文稿内的单一幻灯片,后 4 项提供了更广泛的选择。如选择"幻灯片…"选项,就进一步列出当前演示文稿内的所有幻灯片供选择,如图 6-23 右上方的对话框所示。

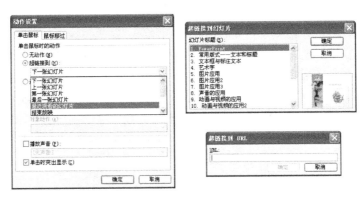

图 6-23　超链接与导航设置

表 6-1　常用超级链接选项

链接选项	使用说明
下一张幻灯片	实际意义不大
上一张幻灯片	可设计好与前面内容比较
第一张幻灯片	如果第一张做总控就很方便
最后一张幻灯片	可跳过可选内容,直接结束
最近观看的幻灯片	很有用,如参考信息,马上返回
结束放映	直接结束
自定义放映	设计好的自动放映等
幻灯片...	演示文稿内所有幻灯片
URL...	直接链接到因特网上资源
其他 PowerPoint 演示文稿	无缝对接其他幻灯片文件
其他文件...	各种文件,连同关联应用打开

当前演示文稿内的所有幻灯片都可以互相链接,这实际上提供了演示文稿内建立非线性导航结构的途径。例如,可以设置一张总控的幻灯片,类似目录页,比如选第 2 张(第 1 张通常是题目或封面)。然后将其他内容幻灯片分成若干分组,让分组的名称出现在总控页上。然后对总控页上各分组的名称插入超链接,分别链接到各个分组的第 1 张幻灯片。而各个分组的最后一张幻灯片上,设法建立一个超链接,让其链接回总控页。为防止不小心误操作导致跳出设计好的导航结构,分组的最后一张幻灯片最好对整张幻灯片设置返回总控页的超链接。这一结构如图 6-24 所示。用于导航控制的链接还经常建在 PowerPoint 内置"自选图形"中的动作按钮上。这样设计比较容易辨识,这些内置的动作按钮如图 6-25 所示。内置

的动作按钮有的已有预置的链接,但可以按需要加以修改。

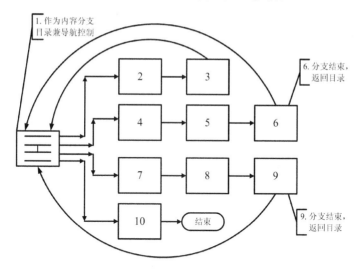

图 6-24　幻灯片导航结构

如要链接到因特网,则应选"URL...",然后在如图 6-25 右下方所示的对话框中填入准确的 URL。这样的设计应对教学场合的联网条件有了解,或有可临时通过移动无线上网的备份。

对于本地机上的文件链接,选"其他文件...",在弹出的文件浏览对话框中选择就是。链接的目标文件应该有事先已有关联的应用。如 HTML 文件,就会自动启动关联的浏览器,(如 IE)打开。事实上,上面提到 Flash 动画插入的第 3 种方法也是一个例子。该例中 SWF 文件由关联的独立 Flash 播放器打开并播放。

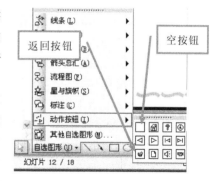

图 6-25　动作按钮

链接到"其他 PowerPoint 演示文稿"之所以单列,是因为这样可以实现无缝对接,还可以在目标演示文稿中选择目标幻灯片。放映时感觉就像在演示文稿内部导航一样。

一个好的演示教学设计应有精心的导航设计,并且提供一定的可选内容,视教学现场反馈情况因材施教。

图 6-24 中示意的结构以第 1 张幻灯片作为内容分支(分组内容)目录及导航总控。分支内部应该无须作专门的导航设计。分支最后一张幻灯片设计返回目录的导航,这一导航应比较明显,上面可加文字提示。为尽可能减少误操作(如随处单击鼠标会跳到数字顺序的下一张)跳出设计导航路线,甚至可考虑分支的最后附

加一张幻灯片,在其上添加一个覆盖整个幻灯片的空白按钮,上面可加一些分支小结或提示类文字,如"单击鼠标返回目录..."(注意,空白按钮上面可以自行插入文本,这些文本成为按钮的一部分)等,并将按钮的填充和边框颜色都设置成透明。该"全屏幕按钮"的导航目标当然也应该是目录幻灯片。这样,用户单击幻灯片上任何位置,都将返回目录幻灯片。不过,如果用户按键盘(如"空白建")切换幻灯片,导航还是会跳到数字顺序的下一张。

5. 幻灯片设计模板和母版编辑

一套专业水平的幻灯片,既需要精心的、切合主题的视觉设计,又需要有协调一致的风格。教师工作还需要高的设计效率,才能促进多媒体演示教学的推广。PowerPoint 提供了多种成套的方案或模板之类的工具、资源,来帮助设计者提高效率和尽可能容易地达到专业的视觉设计水准。理解和掌握这些工具和方法,是迅速提高教学幻灯片设计水平的重要途径。这些工具和方法主要包括幻灯片版式、设计模板、配色方案、母版,以及播放的整体过渡动画效果方案。

幻灯片版式前面已经提到,并默认使用了教学上最常用的"标题和文本"自动版式。

其他可直接应用的自动版式还有很多,如图 6-10 所示。使用时,只要选中幻灯片,然后在相应的任务窗格中单击需要的版式,选择应用,就在选中的幻灯片上自动生成占位符。在普通视图时,选择的版式默认作用到当前在编辑的幻灯片上。如果是幻灯片浏览视图,则可以选中多幅幻灯片,进行批量操作。不过就教学而言,如前所述,除了第 1 幅幻灯片是"标题"版式外,一般还是前面提到的"标题与文本"版式。事实上,后面会提到的"设计模板"与自行设计的"母版",也主要是针对这两个常用版式给出或设计母版。

设计模板是一种可供套用,包括主要母版("标题"母版和"标题与文本"母版)布局、占位符文本字体、尺寸、颜色,图形(填充与线条)图案颜色背景,配色等默认值的成套设计方案。设计模板一般应用于整个演示文稿,但新版本的 PowerPoint 也允许对不同的幻灯片使用不同的设计模板。设计模板除了 PowerPoint 本身提供的以外,也可自行设计、保存(设计模板专门文件的扩展名为 .pot),供以后重复使用。网上微软公司、其他第三方专业机构或专业人员也提供各种风格的模板,可供下载。应用设计模板很简单,只要调出任务窗格,如图 6-26 左边的窗格所示,并从中选择合适的设计模板应用即可。注意,如直接单击,会默认作用到整个演示文稿,即所有的幻灯片。如单击方案缩略图的右侧,则会弹出下拉菜单,可选择"应用于所有幻灯片"还是仅"应用于选定幻灯片",还可选择"用于所有新演示文稿"。

配色方案是一套对于幻灯片上主要视觉元素,包括背景、文本与线条、暗淡、标题文本、填充、强调、超链接、访问过的超链接等进行颜色搭配的整体方案,配色方案奠定幻灯片的色彩基调。教学幻灯片配色方案使用不当,会影响教学效果。

图 6-26 设计模板、配色与动画方案窗格

PowerPoint 给出了 8 套标准配色方案,并允许在这些标准方案的基础上进行修改调整,形成新的配色方案。从教学的角度,对有些颜色文本有时需要做些调整,主要是保证后排学生易于看清。如默认的配色方案对超链接或暗淡色(动画显示后成暗淡状的文本颜色)的配色可能过分暗淡,尤其是应用了某些设计模板后,难于从背景中读出。这时候可以适当修改这些颜色,方法如图 6-27 所示。先单击"幻灯片设计"窗格底部的"编辑配色方案"(图中左下角),在弹出的"编辑配色方案"对话框中选择"自定义"标签,然后可分别选择待修改的配色对象类别,如"暗淡"、"强调文字和超链接"等,单击"更改颜色⋯"按钮后即可在弹出的选色板(图 6-27右上部所示)中重新选择颜色。

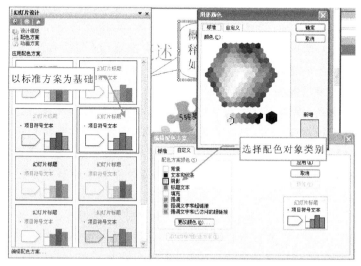

图 6-27 配色方案及其编辑

幻灯片母版是一个有趣的概念。母版设计可以说是教学幻灯片设计中最重要，也是最具挑战性的视觉设计工作。一套切合教学主题，又显示教师个性特色的教学幻灯片母版，经精心设计后，可以反复使用，大大提高备课和教学内容设计的效率。

什么是幻灯片母版的概念，它和前面提及的设计模板、配色方案、自动版式又是什么关系？母版可以看做是演示文稿内的特殊幻灯片。母版幻灯片是抽象的，它并不能放映。顾名思义，母版幻灯片又是"母亲"级的，她有子女，就是那些可播放的普通幻灯片，并且母版的特定性质会自动"遗传"给作为子女的普通幻灯片。这些特定性质包括自动版式占位符的布局，文本的格式，背景颜色、花样或背景图，配色方案、装饰性图案，以及页眉、页脚的内容等。由此母版概念，只要对母版进行基础的视觉风格设计，那么，普通幻灯片就会自动把母版上设计风格和元素在所有普通片上具体体现出来。而普通幻灯片的设计就可以集中注意力到内容的设计，包括教学内容的具体文本，反映教学内容的图片、声音、视频等。这一设计理念的好处是多方面的：

（1）符合现代程序和信息系统的设计理念，即内容和外在表现（如文字的字体、尺寸、颜色、样式等）相分离。

（2）提高设计效率，视觉设计只要集中设计一两张母版幻灯片；所有幻灯片就都有效了，并且还可通过模板保存把这一成果推广到其他演示文稿。

（3）风格协调，如标题、同层次内容文本的格式一致性很容易得到保障。并且视觉风格要修改很方便，只要修改母版就行了。

（4）有利于计算机资源的节约和运行性能的提高。如幻灯片的大背景图可能是位图，尺寸较大。如果每一张幻灯片插入背景位图，文件尺寸就会膨胀，计算机编辑和放映时的流畅性也可能下降。而通过母版，实际上只是插入了一幅位图的数据。运行时，这些一致的信息或格式始终准备就绪（被缓存），编辑和放映对CPU都很轻松。

母版的设计方法及主要步骤包括：

选择菜单命令"视图/母版/幻灯片母版"，这时整个视图如图6-28所示，看似与普通幻灯片编辑视图相像，但当前在编的已经是母版幻灯片，左边的浏览窗格中也显示演示文稿中的所有母版幻灯片。如果是从默认模板（空白背景）开始，这时就只有一张缩略图，提示为"幻灯片母版"。很多时候工作是从某个已有模板开始（即已经应用了某个设计模板），这时典型的就有两张幻灯片母版缩略图，如图6-28左上角所示。上面一张是"幻灯片母版"，下面一张是"标题母版"。默认的当前幻灯片是"幻灯片母版"，它的设计风格几乎作用到除第一张外的所有幻灯片。这时通过浏览窗格中的选择，也可编辑"标题母版"。"标题母版"默认情况下仅作用到演示文稿的第一张幻灯片。按实际需要，也可让"标题母版"应用到其他指定的幻灯片。方法是选定幻灯片,然后将其自动版式修改为"标题幻灯片"就可以了。

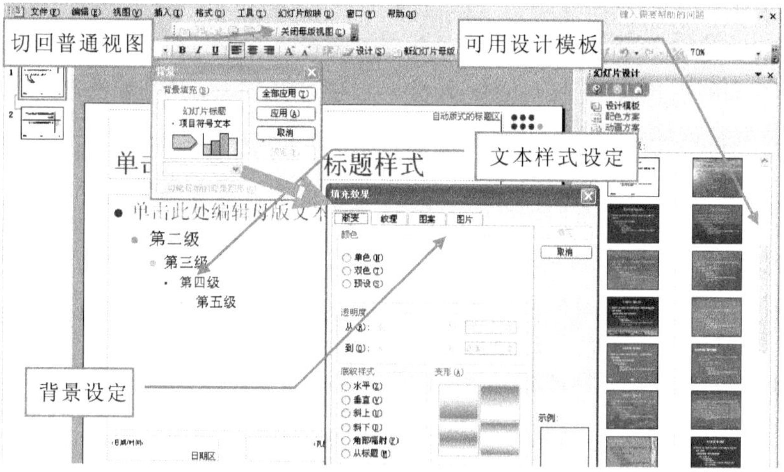

图 6-28　母版编辑及其视图

以"幻灯片母版"为例,最主要的母版设计工作包括占位符文本格式设定、设计或修改配色,定义背景(颜色、纹理、图片等)、添加特色的图案或文本信息等。对于前几项工作,通常都会是基于默认的幻灯片母版开始的,合理的部分不必动。也可以对演示文稿先应用其他的设计模板,在其基础上进行设计。所以前几项主要是适当修改。例如,标题文本,内容文本(包含 5 个层次),按需要可以修改字体、字号、颜色、其他样式(加粗、斜体、底划线)等。这样,这些格式就会遗传给每一张普通幻灯片。对占位符的大小、文本对齐方式、布局等有时也可进行一定的调整。当然,在个别的普通幻灯片中再对某些对象格式加以修改也是可以的,协调性和灵活性能够兼顾。至于特色的背景图、图案(如学校的 logo,反映学科特点的标识图案,个人喜欢的标志等)就主要是个性化设计了。具体步骤包括:

(1)选中文本占位符内的"抽象"文本,对其设定样式,方法与普通文本编辑相同。需要的话,也可调整一下布局。高年段的教学,往往需要给下面的内容区腾出尽可能大的空间。这时,可将标题占位符往左上方向稍挤一下,还可以将其方式设为左对齐(默认为居中);内容占位符的各层都可以单独设定,特别是前面的项目符号可能需要适当调整。

(2)设置背景,可以通过菜单命令"格式/背景"调出对话框,如图 6-28 所示。除了背景颜色,还可以选择"填充效果",其中包括了过渡色、纹理以及图片等选项。作为背景的图片,最好在图形处理软件先行处理。例如中间大面积区域需要留给内容,应比较"空"并且色调较一致,以利于届时上面文本的可读性。又如,一般应进行增加透明度等处理使背景图片"朦胧"一些。

(3)增加一些 logo 之类的标志,以剪贴画(WMF,矢量图)的效果为佳。这些元素应切合主题,又有装饰性。这些装饰性元素除了标题母版,一般也应位于边缘角落,尽量不要干扰教学性内容。标题母版往往背景可以一样,仅需把标志或装饰性图图案放大并相对居中就行。这一点可以参考已有设计模板中的标题母版。

(4)页脚的占位符位于母版底部,可以直接通过拖放调整布局,或单击编辑文本。但有些活动内容,如幻灯片编号,日期时间等,需通过菜单命令"视图/页眉和页脚"调出对话框,进行进一步地设置或选择,如图 6-29 所示。例如日期时间的内容和格式,PowerPoint 就提供了多种可选项,如图 6-29 中箭头所指向的下拉菜单所示。页脚通常可以放一些学校、作者、课程信息之类的文本信息,也可以根据需要调整位置,甚至放到顶部成为页眉。

图 6-29 页眉与页脚的选项

现在可以总结一下母版和设计模板、配色方案、自动版式的关系,包括联系与区别。可以说母版的设计涵盖了配色方案,或者说配色方案主要通过母版的设计加以体现。母版对幻灯片的具体作用与自动版式有关。"标题母版"会作用到选用了"标题"版式的幻灯片,"幻灯片母版"则默认作用到所有套用其他版式的幻灯片。一套母版(典型的包含了"标题母版"和"幻灯片母版")实际上决定了一种"设计模板",或者说一种"设计模板"的风格就是通过其母版设计加以体现的。母版设计实践中可以从"零"(接近空白的默认模板)开始,也可以从已有的其他"设计模板"开始。自行对母版进行了设计,就意味着有了视觉设计的个性或创新。这时,可以不带具体内容(只剩一张空幻灯片),专门将其保存为新的"模板"文件(. pot),以后就成了一种新的可供反复调用的"设计模板"。

6. 幻灯片的保存和播放

由一系列幻灯片构成的演示文稿,作为文件(. ppt),可以与其他文件一样保存,复制、网络传输甚至在网页中发布。在 PowerPoint 环境中,PPT 既可以编辑,也可以播放。但如果要复制或移动到其他的计算机播放,还需要有所注意。如果目标播放计算机没有安装 PowerPoint,就需要在保存时选择菜单命令"文件/打包 CD",然后在弹出对话框中进行一些设置,如图 6-30上面的对话框所示。这时可在对话框中单击"复制到文件夹..."按钮。此时弹出"复制到文件

图 6-30 幻灯片打包

夹"对话框,如图 6-30 下面的对话框所示,可选择文件存放的位置。较好的方法是新建一个专门文件夹。通常,下面按照默认的选择,PowerPoint 会将 PPT 数据连同 "Microsoft Windows 播放器",以及幻灯片链接的外部文件,如音频、视频、动画或 HTML 文件等,一起输出到该文件夹。文件夹中应该包含一个.exe 的播放器文件,这样 PPT 就可在 Windows 操作系统下单独播放,而不再需要依赖 PowerPoint 环境了。播放时,带着这个文件夹就比较可靠。

　　幻灯片在播放时,通常是全屏幕状态,这时也有一些控制技巧,以取得更好的教学效果。全屏幕播放时,除了一般单击鼠标左键往下播放以外,右键单击可以弹出快捷菜单,如图 6-31 左上部所示。快捷菜单中提供了辅助导航和临时标注等功能。此时如鼠标进一步移动至"指针选项"处,就会出现选择标注的笔形、颜色等的选单,如图 6-31 中间所示。此时如选中某个标注笔形,菜单消失,鼠标指针变为笔头,可以在屏幕任意位置绘制线条。又如临时要播放某一张幻灯片,也可以通过右键菜单,选"定位至幻灯片",弹出图 6-31 右边所示的幻灯片选择框实现临时导航。如要继续正常播放,则应选择"箭头"。这里很重要的技巧是注意并记住这里标示的几个快捷键,尤其是"P"(切换到上一幅或上一项)、"Ctrl+P"(标注笔)、"Ctrl+A"(切回正常的鼠标控制)等,这样播放时要调用这些常用功能时就不用弹出右键菜单,减少对学生的干扰。

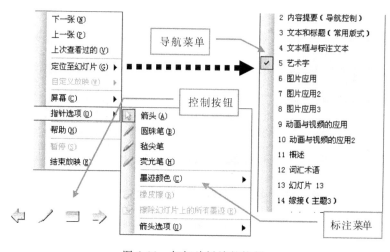

图 6-31　幻灯片播放的控制

　　前面已经提到,演示文稿播放时幻灯片和上面的一些图文对象可以实现切换效果或转换过渡效果,典型的如文本一条一条显示,前面显示的适当变暗淡,以始终引导学生的注意中心。前面介绍过个别设置的方法。在新版本的 PowerPoint 中,也提供了一些预设计的整体"播放方案"。选择合适的方案后,就不用单独设计幻灯片切换和对象过渡效果,其思想类似"设计模板"的思路。具体方法很简单,只要在如图 6-26 右边所示的"动画方案"窗格中加以选择即可,如图中选择的"出现并变暗"可能就比较适合很多逐步讲授型的教学场合。

6.2.3 PPT 的教学设计及其他技巧

配合讲授、演示型教学的电子幻灯片 PPT,其设计与使用总体来说方便高效,所以在我国教学实践中得到了广泛的使用。但作为教师,始终应将学生的感受、教学的实际效果放在心上,需要不断地观察、钻研、改进教学的设计。配合课堂教学的 PPT 设计应该也有一些共同的教学设计原则或其他技巧,下面的建议供初学者参考:

1.一般的教学环节考虑:总的来说应以现代教学设计的原理与方法为指导(参见本书第 8 章)。但作为讲授、演示型教学的课件,其典型的设计与应用是针对一节课或连续的两节课。这种情况下,在教学环节方面与内容框架方面可以借鉴经典的课堂教学设计(教案),形成一定的教学设计环节模式(模板、套路)。教学设计环节模式主要考虑教学幻灯片应包括的基本环节和内容框架,这实际上就如同 PowerPoint 提供的内容设计向导或模板(参考图 6-8)。图 6-32 给出了一个参考模式。图中上面的 7 个框应理解为教学环节,而非具体幻灯片。一个环节可能包括多幅幻灯片。

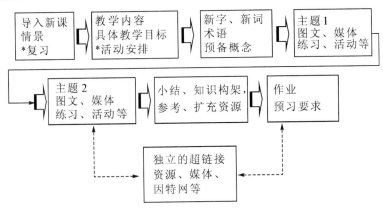

图 6-32　演示课件教学环节设计参考

2.导航结构设计:幻灯片设计的顺序(幻灯片的数字编号所反映)安排可以参照图 6-32 的顺序,但实际放映的次序可以借鉴图 6-24 的导航结构建立起更灵活、更有层次感的结构。如图 6-32 中最下面的框放置独立资源,幻灯片顺序上可能放在最后,但从前面的各个环节,都可通过超链接调用并返回。实际放映中也可根据情况反复调用或完全不用。又如复习的内容也可参照处理。这样设计,整个演示文稿的适用范围和"可重用性"就比较强。通过呈示导航结构,也有利于学生建立知识的结构概念和知识点的内在关联(请参考本书第 8 章的思维导图理念)。

3.超级链接应用:超链接的设计和应用能帮助保持演讲主线,又可实现联想式的查询、提醒、注解等功能。扩展类信息可单独放在某个顺序位置，如最后部分，采用随时（包括多处）调用返回的链接方式。超链接实际放映中不是非要调用，也可多次调用，由此增加了灵活性，如难重点的突出，以及课堂时间的伸缩掌控。

4. 自动播放优势的发挥：电子幻灯片具有信息量大、快速自动播放的优势，应适当利用，突破传统框架。如原本文字和版面量过大的客观题，以前即使借用小黑板也很吃力。电子幻灯片就可以适当发挥优势，并且还可引入有图有声的客观题，如外语教学的听力题。

5. 总信息量控制：电子幻灯片确有信息量大，并且快速展示的能力，但教学自有其原则，学生对信息的吸收、消化自有其相对固有的规律。所以信息量要有控制，无关的信息（包括文字、图形、视频、声音）不能多。幻灯片总量要有控制，如作为一般的新课教学考虑，不应过于频繁快速的切换，可考虑平均 3 分钟切换一幅幻灯片。40 分钟课堂，幻灯片总数应在 12～15 幅左右，至少要控制在 20 幅以内。当然，可灵活调用的资源幻灯片可另外计算。

6. 单幅幻灯片信息量控制：单幅幻灯片信息量也要控制。幻灯片应尽可能保持简洁。文本量尤其不能太大。须知，PowerPoint 的字面意思就是要点，大段的文字应尽可能避免。文字的尺寸必须考虑后排学生能辨识。幻灯片布局上切忌整幅填满，而是要留有空白，视觉设计上常称为留白，无论从信息传递有效性还是审美的角度都如此。必要时，可将单幅幻灯片加以拆分。

7. 留思考空间：电子幻灯片信息量大，并且多媒体化，但形象化的手段应追求提高到抽象的层次或目的，抽象思维是更高的境界。幻灯片的设计和播放都要考虑留给学生思考空间和时间。如播放时有时就应考虑是先展示，还是先设问的策略。当然，也要留下或考虑学生活动，包括笔记、阅读文字教材和其他教学活动的空间和时间。这里空间的意思包括教室的照明环境。如果因为投影仪亮度指标低或老化，不得已将教室控制得很暗，那么依赖幻灯片播放的时间段要有控制。长时间过暗的环境对学生学习效果和身心健康都不会有利。

8. 设计技术技巧的积累：PowerPoint 入门容易。但因为其功能的多样化和不断的扩展，要真正掌握并不简单，经验和技巧需要日积月累，通过实践提高。由于 PowerPoint 界面复杂多变，建议初学者多观察和练习操作"视图"菜单、任务窗格等可视化工具，以及各个工具栏左端的拖放控制柄和右端的"工具栏选项"按钮。否则很多原本熟悉的功能可能也会找不到。

9. 尽可能精心设计母版，或利用效果好的模板，稳定地加以重复使用，平时集中注意力到教学和内容设计。学生也会喜欢或更容易适应稳定的视觉风格，花里胡哨和风格过分的多变都不利于学生注意力的集中或对教学内容的关注。

10. 自己的设计一定要精心、尽心地保存、管理好，通过重复使用提高效率，并不断修改提高。多参与交流，包括网上的商业应用经验也可借鉴。多借鉴先进的教学和视觉设计成果,通过观察、分析,提高 PPT 教学设计和应用的水平。

6.3 计算机辅助教学软件设计基础

上一节介绍的 PPT 电子幻灯片主要适合于课堂的讲授和演示型教学,在大班教学中堪称很实用,但很难适合于自定步调的个别化学习。除了简单的超链接和模拟的导航控制,PPT 的交互性可以说很差,所以严格意义甚至算不上计算机辅助教学软件。有些专家将其称为"堂件",而不是"课件"。具备更强交互性的计算机辅助教学软件通常利用程序设计语言或更加有针对性的开发工具(也常称为编著工具或著作工具)进行设计开发,其成品(产品)的推广价值通常也比较大。

使用多媒体编著工具在多媒体教学应用的发展和推广方面地位突出,也是近年来软件工具发展的热点之一,参见图 6-33。目前国内从国家到省、市、区、校,各个层次都往往定期举办多媒体课件(计算机辅助教学软件)的评比,很多教师都希望能够参加此类竞赛。这类竞赛的参赛作品,尤其是获奖作品,基本上都是使用多媒体编著工具设计制作的。本节介绍多媒体编著工具的概念、设计思想、分类,并分析了对多媒体编著工具性能进行评价的各主要方面。对编著工具功能发展方向,尤其就因特网(Internet)应用和移动应用方面的新要求,也进行了一些分析。

图 6-33 多媒体项目的开发与应用环境

6.3.1 多媒体编著工具的概念及功能

多媒体编著工具,是开发多媒体教育、培训软件和其他多媒体应用的主要软件工具,其相应的英语表达为 Multimedia Authoring Tool。在不同的文献中,Authoring Tool 也被译成写作工具、著作工具等,相近的述语则有编著语言(Autho-ring Language)、编著系统(Authoring System)、多媒体开发平台、多媒体集成工具等。Authoring 作为术语很大程度上是伴随着基于计算机的教学活动 CAI,CBT 等的兴起而引入计算机应用软件开发领域的,因此它一开始就有课件,或类似的信息呈示、阅读或查询类应用软件编写著作的含义。较早期的编著工具(语言或系统)有 PILOT (Programmed Inquiry,Learning or Teaching 程序化咨询,学习或教学)、Coursewriter(课程写作者)、Tutor(辅导教师)、PASS (Professional Autho-ring Software System,专业编著软件系统)等。比起一般程序设计语言(如 Basic、Pascal、C 等),用编著工具编写课件的显著优势是易学易用,产出率高,给教学工作者直接编著课件创造了较好的机会;另一方面,编著工具编写课件时灵活性较差,且所生成程序的系统资源利用率较低(文件尺寸和内存需求较大而运行速度较慢)。从某种意义上说,编著工具是比高级语言更"高级"的计算机语言。随着多媒体计算机技术的成熟,许多程序设计语言与课件著作工具也都相应地发展到支持多媒体应用。如程序设计语言方面有了 Visual Basic、Visual Pascal、Borland C++、Visual C++、Delphi 等,它们显著的特点是都采用了面向对象的编程技术,并且向可视化的编程环境演变。从这方面说,它们本身也在向更"高级"的水平发展,在开发课件方面,更加接近编著工具。例如,有些文献就把 Visual Basic 也视为多媒体编著工具。不过,即使像 Visual Basic 这样的所谓"解决方案"级而非"元件"级的编程工具,因为本身系通用目的的开发工具,并非专门设计用于课件或其他多媒体应用软件开发,并且其学习和掌握通常也不如编著工具容易,所以很难算是专门的编著工具。事实上,现在有一些较简单的编著工具,其本身是在 Visual Basic 上二次开发的。

传统的编著工具由于其特定的应用范围和应用水平(例如,将有限的软硬件系统和资源用于教学),其主要的功能就是设计屏幕文本、图形等显示信息及相应的人机交互。所以,这里就功能上来说,有两个基本要素:一是设计显示信息,就如同教师板书板画;二是设计交互,主要包括提问,让使用者能以适当的方式回答,及计算机系统对学生回答作出响应这三个环节。对多媒体编著工具来说,基本要素应该说还是这两个。但是,随着计算机软硬件技术条件的改进和教学思想(或学习理论)的发展,这两个要素的内涵有了很大发展。信息显示方面,形式大大丰富了,或者说多媒体化了,不再局限于文本和简单的图形,也包括了图像、声音、动画、视频等,数据量上也有了几个数量级的扩展。这使得有些信息(媒体对象)在编著工具内部产生不方便、不经济或不可能,因此大量采取了从外部引入的方法;在交互方面,由于软硬件技术的进步(如鼠标器、触摸屏幕、事件驱动程序方法等的采用),手段也更加自然和灵活多样(如鼠标的单击、双击、拖放等),除了单路径的问答方式外,选择、查询、模拟、探索等有意义的学习方式也更容易实现。因此,多媒体编著工具,可以看做是能够用来编辑、组织、集成多种媒体信息,并设计交互式的信息阅读或再现方式的多媒体应用软件设计工具。多媒体编著工具提供了组织和编辑多媒体应用软件的媒体元素(包括图形、声音、动画以及视频片段等)所需的框架和设计交互(包括用户界面、用户操作方式等)的手段。编著工具通常提供一种可视的集成环境,在其中可以将多媒体应用的展示信息内容(包括用户操作界面)和信息结构控制界面有机地组合在一起,并可随时切换到试运行方式,以模拟最终用户的使用情况。利用多媒体编著工具,可以较方便地设计制作交互式的教育、培训软件(课件等),也适合制作动画、视频产品、导览、导游、导购、广告、模拟、游戏等其他多媒体应用软件。

6.3.2 多媒体编著工具的分类与设计思想

许多计算机软件,其使用方法的设计都借鉴了人们处理类似工作的传统方法或思路,在此基础上,再根据计算机的特点,加以局限或发挥。如计算机文件管理、字处理、桌面(Desktop)、电子邮件(E-mail)等。多媒体编著工具也是如此,根据用于组织和排序多媒体元素和事件的思路,或所借鉴的传统信息设计的思想和操作方法的不同,可将多媒体编著工具大致分成以下三类。

1. 基于卡片或页的编著工具

在这类编著工具中,媒体元素被组织成书籍的页或一堆卡片。在书中或堆中可有许多的页或卡片,如图 6-34 所示。当大部分内容由可以逐个观察的元素(如书中的页或卡片盒中的卡片)构成时,使用这类工具是很易于理解和操作的。在编著工具中,可以将这些页或卡片链接成有机的序列。在结构化的导航模式中,可以根据显式的命令(如屏幕上的按钮),或关键词(内容是屏幕信息内容的一部分,形式上以不同颜色等方法标示)链接或者说跳转至所需的任何一页,实现所谓超文本,这是对传统的页或卡片概念的一个突破。卡片或页上,除了有传统的文字和图形外,还可以有(或称作启动,其实也是一种链接)声音、动画和数字化视频节目,实现所谓超媒体,这是对传统概念的又一突破。较常见的基于页或卡片的编著工具有 HyperCard、SuperCard、Plus、ToolBook、Windowcraft、HongTool(洪图)、方正奥思、登高(DOS 环境),其中前两者工作于 Macintosh 平台。有把 Visual Basic 也归入这一类的,VB 中的 Form 概念与页的概念有类似之处,但毕竟 VB 基本上还应算作通用目的的编程语言,而非专用的编著工具。上一节介绍的 PowerPoint 是基于 Slides(幻灯片)的,它的媒体集成能力不错,使用简单快速,现在在国内课堂教学中用得较多,如果当作编著工具考虑的话,也算接近基于页的这一类。

值得注意的是,随着因特网的发展,尤其是 WWW 这种基于网页的应用方式的迅速流行,这种基于页的编著思想得到了进一步发展,上述的动态链接范围正被迅速扩展到整个因特网。从 HTML、CSS、JavaScript、DOM 等语言、样式、对象规

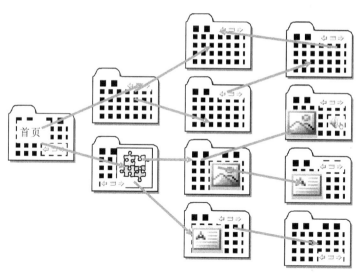

图 6-34　卡片式结构示意图

范,到 Dreamweaver,FrontPage 等设计工具,尤其是专业的网络课程(学习)平台等正在层出不穷。一些其他类型的大编著工具如 Authorware,在其新版本中也逐步引入页的概念,以方便与"超文本"或"因特网"的接轨。

2. 基于图标的编著工具

这类编著工具借鉴了流程图的思想,多媒体元素和交互提示(事件)被组织成一个结构化框架或过程中的对象。设计者通过拖放代表媒体元素或交互控制的图标,直接设计流程,通过打开图标,来"填充"、"选择"或"链接"实际的内容。基于图标的编著工具显示各分支路径,结构直观、清晰,可以实现较为复杂的交互,灵活性较好,如图 6-35 所示。这类编著工具中较典型的有 Authorware、IconAuthor (Aimtech 公司)。基于图标的编著工具,其设计思想较为类似于传统编程中的流程图设计。下一节将主要以 Authorware 为例介绍多媒体课件的设计。有兴趣的读者,或希望参加课件设计竞赛的教师,通过具体学习,将更容易理解其思想方法。

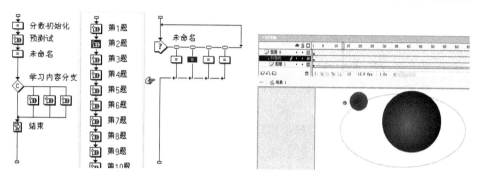

图 6-35　图标(流程)结构示意图　　　　图 6-36　时间轴结构示意图

3. 基于时间轴的编著工具

在这类编著工具中,元素和事件是沿时间轴安排的,通常可以精确到 1/30 秒。时间轴也称时间线,其思想方法类似电影、电视剧本。通常时间轴具体也可以以帧为单位离散量化。当有一条具有开始和结束的信息时,使用基于时间轴的工具是最佳的。顺序安排的图形帧(Frame)以一种可设置的速度播放。所以基于时间轴的工具大多同时也是动画的设计工具。并且时间轴的结构往往也会同时引入层或轨道的概念,以便于各层信息既可以独立地灵活处理,又可以将多层效果容易地加以合成,如图 6-36。其他元素(如音频事件)可在事件序列中的某个给定时间(帧)或位置上触发。基于时间的工具通常可用(脚本语言)编程方法控制转向一个序列中的任何位置的节目,以实现导航和交互控制。基于时间的编著工具时序控制精确,声画同步可靠。基于时间的编著工具传统的有“Director”、“Action!”、“Media-Blitz!”、“Animation Works Interactive”。目前最流行的则首推 Flash。Flash 不仅是二维动画的设计工具,也是一般图文和各种多媒体内容和交互设计的有效工具。Flash 的作品还特别适合于直接在因特网应用,包括嵌入大众已经非常熟悉的浏览器运行。

应注意以上类别的划分并不是绝对的,交融两种类型的做法也能见于一些功能较全面的多媒体编著工具中。

6.3.3 多媒体课件编著工具的性能评价

对于一个多媒体编著工具的性能和适用性,主要可从以下方面进行考察与评价。

1. 运行环境

编著工具与其生成产品的运行在操作系统环境方面的要求传统上一致,毕竟编著工具通常是集成开发环境,目标环境一致调试比较方便,最终结果也更加可靠。常见的操作系统环境包括 Windows、Mac OS(适合 Macintosh 计算机)、Linux 等,在国内,Windows 肯定是主流。但随着移动设备,如平板电脑、手持数字终端(包括智能手机)的快速发展(典型的例子是 iPad、iPod、iPhone 的流行),情况会有所变化。例如,手持设备屏幕较小,平板电脑没有硬键盘。操作系统也不一样,例如现在较为流行的 iOS、Windows CE、Android、Sybian 等。如果开发面向这些设备的应用,需要有目标针对性,但很可能利用 PC 一类功能更强的机器开发,即开发环境在 PC 和 Windows 上,目标环境在其他系统上,通常都通过模拟器(在 PC 机上模拟的运行环境)的方法解决。硬件配置方面,通常编著工具运行的最小要求通常略高于其目标机即可。目前,国内来说,开发环境一般都会考虑 Windows。运行的操作系统环境则以 Windows 为主。但如果要考虑将来容易推广、移植到移动设备,那就对编著工具的产品移植潜力也要有所考虑。现在有很多应用是基于浏览器的,这就相当于又多了一层环境。即需要考虑对各种浏览器的兼容性,比较流行的包括 IE(Internet Explorer)、Firefox、Opera、Chrome 和 Safari 等。编著开发环境与应用环境的关系如图 6-33 所示。

2. 易学易用性

易学易用是所有编著工具努力追求的目标,舍此就几乎没有编著工具存在的必要,完全可以用如前所述的支持多媒体的编程语言取代。但是,在一定的情况下,方便性与灵活性会是一对矛盾。无论如何,至少有下列原则似乎应遵循:一是入门和初级的使用要直观和容易;二是内部导航结构要清晰,就像人们对结构化程序的要求一样,并且各种操作界面的风格尽可能较一致;三是调试(Debug)应方便,这就要求有集成的编辑环境,在此环境中随时能在测试运行状态和编辑状态之间进行快速切换。能单独对某一段落或模块进行运行测试也非常有利于发现问题和提高开发效率。

为了解决方便性与灵活性的矛盾,一些编著工具中附加了编程语言。这时候,语言这些复杂的功能埋藏得深一些是一个办法,平时无须引人注意,不用它也能处理一般任务,需要时则可随时调用出来。这方面基于图标的编著工具总的表现不错。Flash 内嵌了有特色 Action Script,也有很好的灵活性。

3. 媒体素材格式的支持

多媒体编著工具对来自外部的媒体素材——文本、声音、图像、动画、视频等予以集成,这就有一个能支持何种格式的媒体素材(文件类型)的问题。能支持较多的文件类型,尤其是较常见的类型是方便的。另外还有一个以何种方式支持的问题,即是在集成前先完成转换,还是在编著工具内核中予以支持的问题。例如,图形文件的格式很多,存储空间或压缩比例差别很大。如果将存储空间节约的图形(如矢量图 WMF)或高压缩比的图像(如 GIF、JPG 等)集成前先转换成无压缩的位图(如 BMP),就意义不大。相反,如果还以原来的紧凑尺寸存储,显示时才还原,就很有意义,因为大幅度地减小了所开发应用软件的存储空间。尤其在因特网的应用方面,文件(或对象)的尺寸,成正比地影响浏览(或下载)的时间,节约文件尺寸意味着既节约时间,又节约金钱。前一种转换,完全可利用许多外部格式转换工具完成,许多素材编制软件本身也能完成这一任务。所以对编著工具来说,关键是要支持被普遍公认为标准的,或广为流行的素材文件格式,并且最好能真正支持系统资源利用率较高的素材文件格式。一些常用的媒体素材的文件格式如下:

(1)文本:“. txt”、“. rtf”等,“. txt”为纯文本,“. rtf”为 Rich Text File,可以支持字体、字形等排版格式。另外,常用字处理软件编排好的文本,应能通过剪辑板载入。

(2)声音:".wav"、".mp3"、".wma"、".mid"等,其中".wav"最基本,大多数有教学内涵的声音信息,如词语发音、声音化的提示和交互反馈信息,效果声等都可由其提供。".mid"是合成音乐,空间占用较经济,适合做长段的背景音乐。目前流行的 MP3、WMA 等格式,由于约 10 倍的压缩比及相当不错的性能,在大段声音应用方面,已经成为主流。此外,流格式的".au"、".swa"等随因特网的发展,也应有较好前景。

(3)图形:".bmp"、".gif"、".jpg"、".png"、".tif"、".wmf"".pcx"等,其中".bmp"最基本,它的通用性好,显示速度快。但 bmp 因无压缩,空间占用大,所以现在已经较少直接使用。".gif"则网上资源丰富,对无论黑白、彩色的非照片类的图像压缩比都很高,而且是无损压缩。".jpg"由于压缩率高,尤其对照片类的连续色调图片,采用了有损压缩,但肉眼很难看出,所以与".gif"一起成为多媒体编著工具最重要的支持格式。".tif"常来自扫描,支持真彩色。".wmf"是 Windows 的标准图元文件格式,支持矢量图。矢量图的优点是占用空间小,放大缩小不会失真,甚至可以将对象拆分、组合使用,灵活性大,所以也是极有价值。图元文件现在还有了一种加强格式,扩展名为".emf"。".pcx"是 zsoft 的 Paintbrush 格式,对线条图的压缩比很高。

(4)动画:".flc(fli)"、".mmm",其中".flc(fli)"是曾经非常著名的平面动画制作软件 Animator 和三维动画制作软件 3ds Max 的动画文件格式,".mmm"则是由 Macintosh 平台转换过来的动画文件。但现在一般无交互的动画经常直接转化为视频(如".avi")格式,便于调用。真正重要的是 Flash 交互动画的格式".swf",已经成为关键的二维动画格式。其他虚拟现实(Virtual Reality)类的交互动画与Flash 类似,支持的方式一般通过控件实现,可参考上一节 PPT 中".swf"的插入。

(5)视频:".avi"、".mpg"、".wmv"、".mov"等,前者是 Windows 下数字视频文件格式,这些文件可经由视频卡抓取来自录像机等的视频图像片段来获得,3ds 的新版本也支持生成这一格式。".mov"则是 Macintosh 平台上 QuickTime 的转换文件,使用非常广泛。能直接支持高压缩比 MPEG(如".mpg")格式,包括支持交互使用,显然是一个极有价值的方向。由于压缩技术、流媒体技术和移动应用的发展,视频的格式发展很快,如".rm"、".rmvb"、".flv"、".mp4"、".asf"、".3gp"等。".3gp"就常应用于智能手机、手持数字终端等移动设备。视频格式总的来说比较复杂多样,同一种文件扩展名,可能有不同的实际格式结构,如".avi"。

(6)外部的数据库:编著工具如能支持外部的数据库,会是非常有潜力的优势。例如,支持 ODBC(开放数据库控制)及 SQL 是一个有价值的方向。

4. 素材创建与编辑性能

多媒体编著工具除了引入外部的媒体对象外,也需具备在其内部直接创建与编辑一些较简单的媒体对象的能力,同时对外部引入的媒体对象则应具备一定的调整与编辑能力。

文字量不大的文本、较简单的几何图形等媒体对象,通常应能在编著工具内部创建和编辑。文本方面,主要要求是能方便直观地设置字体、尺寸、颜色及版面排布。图形方面则应能方便地创建与编辑直线、矩形、圆与椭圆、多边形等,且能设置线型、颜色、填充模式等,这些图形一般是矢量图,可作为对象灵活修改和排布。有些编著工具其内部创建能力很强,如 Director 在作图和动画创作方面就特别强。事实上 Director 本身也是一个强大的动画工具。大部分的著作工具,对于较复杂的对象,如声音、图像、动画等采用输入外部对象的方法,即鼓励采用专用的、单一用途但功能强大的相应编辑工具。如声音方面的编辑工具有 Wave Studio、Wave-Edit、WinDAT、Cool Edit 等,图像方面有 Paint Brush、Photo Shop、CorelDraw 等,动画方面有 Flash、3ds Max,数字视频方面有 Premier、Edius、Video Edit、会声会影以及 Windows 自带的 Movie Maker 等。

编著工具应对外部输入对象具有一定的编辑调整功能。对图形、图像应能调整位置、大小、显示的(上下)层次、模式(遮盖或透明)、显示与消隐的特技效果(划像、渐变)等。

对声音、动画等时序性的媒体对象,应能调整同步等特性。因为应用软件最后用户的机器离散性(如 CPU 机器字长、主频、内存不同),这点并不容易做到。最好能进行精确的定时控制,这方面基于时间的编著工具显然具有优势。

位移动画也是一个有用的功能,利用它可控制静止对象按照规定的路径、速度平动,配合原地动作的小动画对象(如 FLC、CEL 等),就可构成全屏幕活动的效果。这样做是非常经济而灵活的,相对很小的空间占有就可实现丰富的、交互性好的动作效果,速度上也减少对机器性能的依赖。

5. 交互与导航性能

设计交互与导航是多媒体编著工具最重要的功能。多媒体应用软件的交互方式越丰富,其用户的参与性就强,计算机的优势就易于体现。如果是教育应用,其教育性也容易体现。在多媒体应用的用户界面上,应能方便地设置菜单、按钮、隐形按钮、接受文本输入等;较复杂的交互包括鼠标单击或拖放对象、限时限次等。内部结构上,则应能方便地实现分支、跳转(跳页)、循环等。基于图标的编著工具通常在交互方式设计方面较直观且灵活。基于页的编著工具一般有结构编辑器,导航设计方便。基于时间的编著工具通常由其内嵌的脚本语言实现较复杂的交互与导航。

方便的文本参考和传递功能系统(Document Reference and Delivery)对含有大量文字信息的电子出版物来说,是一个关键。编著工具除引入文本外,最好能设有专门的索引设置、关键词设置、复杂文本查找机制以及超文本链接工具。超文本是非常有计算机特色的信息阅读方式。

6. 编程能力

多媒体编著工具通常以"无须编程就能开发应用"作为其立足点,这对于初学者来说是很方便而有吸引力的,大多数展示型的应用也确实无须编程就能实现,国内目前较为流行的"公开课"模式的教学应用也是如此。但是,较复杂的应用,或者说是较高水平的应用,如生成型的或调用数据库的操练式课件、实验的模拟(这里应区别于演示)等,较复杂的、更智能化的反馈,如没有变量、函数等的支持,实际上是无法实现的。为了解决方便性与灵活性的矛盾,许多编著工具在其基本的设计手法外,实际上也附带了编程语言。许多这样的语言也称脚本语言(Scripting Language),如 HyperCard、SuperCard 的 hyper Talk,Director 的 Lingo,ToolBook 的 Open Script,WindowCraft 的 Clear Talk,HongTool(洪图)的 Visual Script 等。这些脚本语言互相比较相像,与 VB 的编程思路也有相似之处。总的来说,附有编程语言的编著工具功能相对强大,并且语句、系统变量、系统函数的数量越多,功能也越强,如 Authorware 提供了 200 多个系统变量与函数,其中不少能帮助设计出更具智能的多媒体应用。系统变量(函数)和面向多媒体对象方法的结合,使一些生动形象但需要科学性的复杂模拟有可能实现。在 Web 网页设计方面,也从原先静态的 HTML 标记逐步衍生出 JavaScript、ASP、PHP、JSP 等客户端和服务器端的编程语言。

一些编著工具提供了专门的 CMI(计算机管理)变量以记录用户应答情况,这对于开发计算机辅助教学应用无疑也是很有用的功能。特别是 21 世纪发展迅速的网路(课程)学习平台,由于其本身的系统化和后台数据库支持,往往对管理提供更好的支持,如"BlachBoard"、"Moodle"等,读者可参阅下一章有关内容。

编著工具的开放性提供了与其他应用程序之间的共享性。首先应是对 OLE 的支持,各种编著软件的支持程度不一样。其次是能进行定制的功能扩充,即支持动态链接库 DLL 和 MCI 设备驱动程序的调用,以配合 C++等通用的元件级语言来按需扩充编著工具的功能。有些编著工具在其开发的应用软件内部,就能调用外部的系统可执行程序,且能并存或返回,例如 Authorware。在因特网日益普及的情况下,这点尤其可贵,通过 Plugin(补丁)程序下载,可以不断扩充编著工具甚至所开发应用的功能。

7. 网络支持

多媒体编著工具及其产品对网络应用,尤其是因特网应用的支持,已经变得越来越重要。事实上,随着因特网的兴起及应用的增加,编著工具最热门的话题就是网页制作,各种网页的专门编著工具层出不穷,如 Calnet(UK)等。网络的教学应用,包括网络学校、虚拟学校等的发展前景,也被日益重视。传统编著工具设计的大公司,如 Macromedia(现被 Adobe 收购),一方面推出专门的网页的编著工具,如

Dreamweaver(梦想编织者);另一方面,也在其传统的"名牌"编著工具中(如
Authorware)中加入对网络应用的进一步支持。Flash 可以说天生就为网络量身
定做。各种网络教学平台更是如此。

网络应用有一定的特殊性,用户端现在差不多是浏览器一统天下,信息库在服
务器一端,信息(网页)中嵌入了链接信息。整个应用系统可看做由服务器端、用户
端及通讯信道所共同组成。因特网需要远距离的通讯,通讯信道的带宽通常较有
限。为节约传输时间和成本,应尽量减少需传输的数据量。完整的计算机应用可
看做由纯数据(需向用户传递的信息)和代码数据两部分组成,应尽可能把程序放
在两头(用户端的程序其实就是浏览器),通讯信道只走信息数据和必要的链接数
据,并且数据的压缩率要尽可能的高。媒体素材格式显然首先应支持网络的已有
规则,以保证浏览端(用户端)在常用浏览器下能使用。如图形格式 GIF 及 JPEG
就被网络所普遍使用,GIF 图形格式(Graphics Interchange Format,图形交换格
式)本身就产生于网络(Compuserve),网上的 GIF 还支持简单的动画,这两种格式
都比较紧凑。

其次,教学应用的要求比一般的浏览要高:一是要求传输更快,以实现实时化;
二是交互性能要好,这两者事实上也相互联系。类似的表达效果,应尽可能用文字
而不用图形,更不要用图像。文字的数据量比图要小得多。Ajax 技术的应用也正
在大幅度改善网络交互式教学应用的前景。

8. 程序优化性能

这是一种内在的性能,一种很隐蔽的质量因素,最容易被忽视。用同样的素
材,实现同样的外在界面和逻辑,但用不同的编著工具开发的应用,其性能(文件尺
寸、响应速度等)可能很不一样,就像有没有经过优化的程序表现不同一样。差不
多复杂程度的多媒体应用,有的在较低配置的机器上就运行得不错,有的(常见于
一些劣质的 CDROM 上)却在多核高内存的机器还叫人等得不耐烦。除了开发人
员的技巧外,编著工具的选用也是重要原因。一个高水平的编著工具,除了对许多
数据(如图形)进行自动压缩外,还尽可能进行数据共享,减少冗余。在交互的处理
上,有"智能"的编著工具会采用类似 Smartdrive 这样的技术,把可能需对用户作出
的响应事先加载到内存,以有效地加快响应速度。

外部数据的存放问题,是一个需要权衡的问题。把数据都集成到主文件内部,
运行的可靠性好,但数据的维护性差,并且单个的主执行文件看起来过分庞大(如
可达几十 MB),也不便于发布。外部媒体数据都单独存放,则文件个数可能很多,
数据透明度大,运行时容易出错,但维护性好(最终用户也可修改更新某些数据)。
因此,编著工具给一些灵活性是可取的。一些特别大的数据文件,如".avi"文件、
大尺寸的位图文件、大段的波形文件以及最终用户可能需更新的数据文件,应可选
择单独存放。

9. 包装与发布性能

多媒体应用软件开发完成后,需交付最终用户使用。不应要求最终用户的机器上也安装用于开发的编著工具,即要求编著作品能脱离开发环境运行。许多多媒体编著工具附带有一个应用软件(产品)的运行版本(Player 或 Runner 等),允许随产品免费分发给最终用户。编著工具应能提供自动包装的功能,即把运行所需的全部文件(包括外部数据和路径、配置信息等相关文件)加以集成。有些编著工具还提供了自动打包功能,并生成标准安装程序(Install.exe 或 Setup.exe)。有了运行版本后,最终用户就可以使用产品(运行应用软件),但不能访问或修改软件的内容、结构和程序设计。

照上述做法,产品本身还不一定是可独立运行的(依赖于运行环境),即还不是".exe"文件。所以许多开发者和最终用户更喜欢能将产品直接包装(Package)成".exe"的可执行文件。许多编著工具就提供了这样的功能。其做法实际上相当于把产品和运行版本打包在一起合成".exe"的可执行文件,使用上更加简单可靠。但当应用产品单个尺寸很小(如只有几 KB 或几十 KB)而个数较多时,这种打包法空间资源利用率很低。因为运行版本通常是几百 KB 的数量级,打包后每个产品都会膨胀成至少是几百 KB 的数量级。如果是面向浏览器的网络应用,则需要方便可靠的发布与维护机制。

6.3.4 多媒体教学软件(课件)开发的一般过程

多媒体教学软件(课件)的设计过程可以借鉴现代教育技术理论中的教学设计过程的一些思想方法,但又有所不同。设计开发的总过程可用图 6-37 表示,其中有些模块又可进一步划分成子模块。

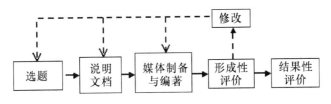

图 6-37 多媒体课件开发流程

1. 选题

选题阶段的主要工作内容如图 6-38 所示。这一阶段工作包括教学设计中的"需求分析(Needs Analysis)"。但一般教学设计无所谓"选题",教学总是必须进行的。但对于课件开发来说,情况就不一样了。并非所有的教学内容或过程都适合应用计算机辅助教学,选题的适当与否,许多情况下是课件及相应的计算机辅助教

学活动有无意义的关键。选题至少要考虑几
个因素:一是需求分析、研究和明确所编课件
用来干什么,给谁用? 要达到什么目标。二是
研究分析编制课件、利用计算机来辅助该内容
的教学,能有什么优越性,要达成这样的优越
性,现有技术有没有实现的可能性,代价如何。
这一过程非常重要,除了应有教学第一线的优

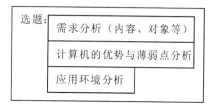

图 6-38　选题阶段的主要工作

秀教师参加外,还需要专家的参与。这个专家既不能仅仅是计算机技术的专家,也
不能仅仅是传统的学科教育专家,而是需要计算机辅助教学的专家,能够迅速地领
会教学的内在需要和计算机提供的可能性和可实现性。专家要能对传统的教学经
验和教学思路根据计算机的特点进行适当的发挥,并与教师进行沟通。要将现有
的文字教材搬上计算机屏幕,甚至外加解说、音乐或花哨的背景、题头是容易的,但
这样的所谓课件,能否经得起教学实践和时间的考验? 如果不是纯商业或宣传的
需要,就应对此类纯陈述性课件的意义进行深思。真正有生命力的,恐怕会是那些
短小精悍、能够切中某知识点教学要害的程序性课件或能提供广泛的知识外延、信
息量庞大并可按需检索的资料性课件。从狭义的观点来理解,这两者简直都称不
上是课件。前者有些学者称之为积件,对设计者的计算机技巧要求较高。后者要
求有丰富的资料、素材,制作成本也是相当高,如一些多媒体的百科全书(包括某一
学科或专题方面的"全书")。对于一般的业余开发,选题和具体实现方面不应要求
过分苛刻,但从选题开始,就认真地分析和寻找闪光点,来体现计算机教学对于传
统教学的优越性,则不会是多余的。选题过程中,根据课件的目标、用户定位等,还
应进行应用环境分析。例如,用于学生机房的个别化操作,就要考虑学生机的硬软
件配置、有无声卡耳机、有无光驱等因素。又如,主要用于多媒体展示(大屏幕投
影)教室,就要考虑字体的尺寸、颜色的对比等特定因素。

　2. 说明文档

　选题一旦确定,一般需要准备一些文档资
料,如图 6-39 所示。这些文档包括选题过程中
形成的共识,也即课题的总体说明。如教学内
容、目标、用户定位、运行的机器环境等。也包
括脚本,用于对教学内容进行分解和细化。脚
本有些类似电影(电视)脚本,描述画面内容及
声音信息等。但计算机课件与电影有重大区

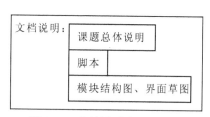

图 6-39　文档说明主要工作

别,制作好的电影是线性的、按时间顺序的;课件则是非线性的、有分支的或者说是
结构化的。电影的信息流向是单向的,课件则是双向的,具备交互与用户控制(界
面)的。所以实际上用脚本来描述课件,是有些力不从心的。为了清楚地表达课件

的结构,有时也可辅以流程图(模块化的方框图)之类的方式来帮助描述,以便于程序员理解。必要时,应将样板性的、关键性的屏幕画面(包括控制界面)也以草图形式画出,供媒体制备人员与程序编制人员参考。这个阶段是一个初步设计阶段,也会对选题阶段的工作产生一些评价、反馈信息,可对选题阶段的一些决策做某些调整,如课题范围、用户对象的界定,等等。

3. 媒体制备与编著

媒体制备与编著是最具体也是最富有专业性的一个步骤,通过这一个步骤,对设计的思想加以实现。这一个步骤量很大,又可分为3个部分(如图6-40所示)介绍如下:

(1)许多媒体素材需要收集、采集(数字化)和预处理好,以便编著工具调用。例如声音、图片、动画、视频等。大段的文字,有时也可用网络下载、OCR扫描识别及专门的文字处理工具输入、排版等方法事先准备好。

(2)媒体集成和程序设计。这一步要使用编程工具或专门的编著工具,本章前三节所介绍的,主要就是编著工具。本书后面几章,也主要是以 Authorware 为例,来介绍课件的具体编著技术。编著的过程,一般就是一边构造结构、交互,一边创建与集成各种媒体信息,来达到脚本、模块图、样板屏幕等表示的设计要求。这中间,结构与交互(Interactivity)设计处在核心位置,什么信息显示、用户如何响应(点击或拖动鼠标、按某个键、输入答案),用户响应匹配后给什么反馈信息或路径转向何处。通常会发现可用许多途径来设计,应寻找最合理的方法,要考虑有些逻辑结构或媒体信息可否复用或共享,如何尽可能地减小数据量,以优化程序的运行。在有些要求强交互性、高智能性的模块,可能实际上需要编程。在功能较强的编著工具中,通常可供通过脚本语言或(自定义的或系统的)变量、函数等来实现编程。

(3)现代的编著工具,基本上都实现了"所见即所得"的可视化编辑以及在编辑状态与试运行状态之间灵活迅速切换的所谓集成编辑环境,所以编著的实际过程,也几乎就是初步调试的过程,即编辑的过程中,随时地试运行以便测试和调整,使之达到设计效果。对较大型的应用,通常由多人分别完成相应模块,这时就还有一个进一步的系统集成与联调的过程。

图 6-40 媒体制备与编著

图 6-41 形成性评价

4. 形成性评价

对基本完成、可以运行的课件进行测试与评价。对于技术方面的问题,应反馈至上一步,进行精细调试(Fine-tuning),调整内容与交互、调整等待时间、优化内容的数据量、程序结构的合理性等。对于教学内容或教学设计方面的问题,则可能需同时反馈至前几个环节,作出适当调整,以取得尽可能好的效果。这个过程需要教师与计算机辅助教学专家的参与,并视情况可能需要反复多次。这个阶段往往要耗费较多的时间,事先应有时间和思想准备,尤其是交互复杂的应用项目。

5. 结果性评价

这个阶段也是发布阶段,要将所开发课件打包成独立的运行程序(可独立执行,不再依赖编著工具的编辑环境)。要根据数据量大小和用户情况确定载体(光盘、网络)等。在发布后用户使用过程中,课件将得到最后的评价,可称为结果性评价。计算机产品是特殊的信息产品,打包后,应尽可能将源程序留底,以便于进一步地修改和更新版本。应清楚,打包后的可执行程序是不能修改的。如没有源程序要修改就差不多是重起炉灶。而如果原程序保留着,局部的修改则通常很快就能完成。

本节介绍的多媒体应用(课件)开发过程只是一般性的过程,实际操作中(例如学校教师的小规模探索、开发),上述的步骤以及有些步骤之间的次序,并不是绝对的,应视情况灵活处理。

多媒体技术及其教学应用是一个范围广阔且发展迅速的领域,多媒体教学应用的选题也会日益多样化。多媒体开发的核心工具——多媒体编著工具也是计算机软件领域发展最快的分支之一。可以预期,随着硬件及系统软件技术的进步,课件设计思想、方法和相应的编著工具的设计思想、功能质量都会快速变化发展。

6.4　Authorware 课件设计基础

Authorware 是著名的多媒体编著工具,用于开发多媒体教育、培训、娱乐、导游、信息查询或其他多媒体应用项目。用编著工具设计开发课件等多媒体应用项目的显著优势是易学易用,产出率高,产品交互性强,给教学工作者直接设计开发教育应用项目(如课件)创造了较好的机会。在我国历届各个层次的教师多媒体课件评比中,用 Authorware 设计开发的占有很大的比例。本节简单介绍 Authorware 课件设计的基础知识和操作。

6.4.1　Authorware 的设计理念、基本功能和主要特点

作为多媒体编著工具,Authorware 从功能上来说,主要有两个基本方面:第一个方面是设计信息,即创建、集成和编辑文字、图形、声音、动画、视频等多媒体信息。Authorware 内部可以创建较简单的文字、图形,构造移动式的动画,同时Authorware能够导入利用其他专门硬软件准备好的长段文本、声音、复杂的图形、

动画和视频等,并进行恰当的组织。第二个方面是设计结构与交互,即将各种媒体信息加以有序组织,使之能按设计时的设定或结合人机交互来呈现这些信息。与大部分先进的多媒体编著工具类似,Authorware 提供可视化的、集成的环境,在其中可以将多媒体应用的展示信息内容(包括用户操作界面)和信息控制结构有机地结合在一起,并可随时切换到试运行方式,以模拟最终用户的使用情况。所谓最终用户,这里指的是用 Authorware 开发的多媒体产品的使用者。就课件来说,可能是开发者自己,也可能是学生或其他教师。换句话说,在 Authorware 内部,可以边设计,边调试,等到满意了,就可以打包生成一个多媒体应用项目,放在磁盘、光盘甚至网络上供多台计算机使用。

如前所述,Authorware 是基于图标的多媒体编著工具。它的设计理念借鉴传统程序设计中流程图的概念。具体地说,在使用 Authorware 进行多媒体设计的过程中,要将图标安排到流程线上,各个图标可以代表不同的作用,如显示图形、播放声音或者让最终用户(如学生或使用课件的教师)选择按钮或回答问题等。Authorware虽然根本上说是基于图标的多媒体编著工具,但在较新的或现在流行的版本中,也引入了页的概念,能够方便地实现典型的页面结构。利用 Author-ware,可以较方便地设计制作交互性较强或逻辑结构较复杂的教育、培训软件(课件等)。此外,Authorware 支持变量与函数的使用。Authorware 内部自带了大量的系统变量与系统函数供设计者直接使用,并且还允许设计者调用一些外部扩充的函数、控件等来进一步扩展其功能。巧妙地利用变量与函数,可以设计出一些智能性较强的教学和游戏软件。总的来说,Authorware 是一个世界公认的,功能堪称强大的多媒体设计开发工具。

6.4.2 Authorware 的工作界面(视图)

Authorware 启动后,其工作界面中,常见的有如下部件:

1. 标题栏,位于窗口最上面,如图 6-42 所示。它是典型的 Windows 窗口的标题栏,通过标题栏左边的控制菜单或右边的控制按钮,配合窗口边框,可以改变主窗口的大小。

2. 标题栏下面是菜单栏,如图 6-42 所示。菜单栏包含了文件(File),编辑(Edit)、View(视图)、Insert(插入)、Modify(修改)、Text(文本)、Control(控制)、Xtras(附加)、Window(窗口)和 Help(帮助)菜单。

3. 菜单栏下面是工具栏,如图 6-42 所示。它实际上提供了常用菜单命令的快捷使用方法。

4. 图标面板,位于主窗口的左边,如图 6-42 所示。图标面板是 Authorware 的特色所在,从上至下依次有显示(Display)、运动(Animation)、擦除(Erase)、等待(Wait)、导航(Navigate)、框架(Frame)、决策(Decision)、交互(Interactive)、计算

(Calculation)、编组(Group)、动画(Movie)、声音(Sound)、视频(Video)、开始
(Start)、停止(Stop)和着色图标。这些图标可称为功能图标(代表某个功能块)或
流程设计图标,Authorware 就用它们来构造用户程序(即课件或其他多媒体应用
软件)的流程结构。

5. 流程设计窗口(或可称为图标窗口),如图 6-42 所示。设计过程中,将在这
里安排设计图标,构造程序流程结构。

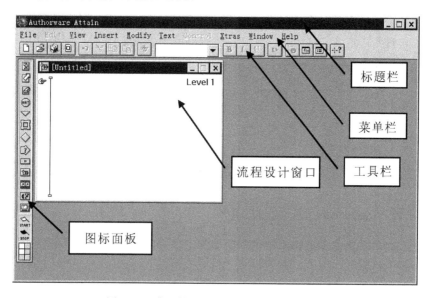

图 6-42 典型的 Authorware 新建文件界面

6. 展示窗口,在图 6-42 中还没有看到,接下去的操作后马上就会看到(参见图
6-43)。在多媒体设计过程中,设计者就在展示窗口中设计可视信息。项目运行
时,最终用户看到的就只是展示窗口和其中设计好的信息。

7. 对话框。类似其他的 Windows 应用程序,Authorware 中也广泛使用对话
框。对话框是一种人机对话的方式。在 Authorware 中,当要求执行的任务比较复
杂时,如改变图标的属性时,就往往弹出对话框,让设计者给出更多的信息,以便让
计算机据此执行。前面启动 Authorware 时,就曾弹出"New File(新文件)"对话
框。Authorware 的实际应用中,经常会碰到各种对话框,如图 6-44、图 6-46 和图
6-47 所示。实际上每一种设计图标都有其特定的属性对话框。

8. 控制面板,用于控制调试(试运行当前设计的项目),如图 6-43 所示。

9. 接下去的应用中,还会碰到图形工具盒(如图 6-43 所示)、属性检查框等部
件,等用到时再予以说明。

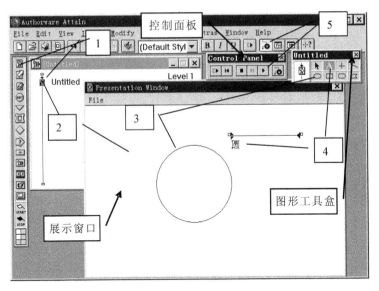

图 6-43　例 6.4.1 的操作步骤和界面环境

6.4.3　Authorware 设计的初步例子

前面提到 Authorware 是基于图标的编著工具,现在通过例子来体会Authorware 的实际使用方法。

例 6.4.1:最简单的例子(只用一个图标,以下的 1—5 步操作示于图 6-43 中, 小方框中的数字代表操作步骤,带箭头的文字框表示界面部件)

(1)在图 6-42 所示情况下,拖动图标面板最上面的图标(显示图标)到流程线 上,这时流程线上出现一个向下的箭头。

(2)用鼠标双击这个图标,这时出现图 6-43 所示的展示(Presentation Window)窗口,并且还附带出现一个工具盒,称图形工具盒(Graph Tool Box)。利 用工具盒中的工具,可以创建和编辑图形、文字等可视信息。

(3)单击图形工具盒上的椭圆工具,然后将鼠标指针定位于展示窗口某处,(斜 向)拖动鼠标,即可画出一个圆或椭圆。

(4)再单击图形工具盒上的文本工具,然后单击展示窗口某处,这时会出现文 本输入光标,利用键盘即可输入中英文字符,例如,这里输入一个“圆”字。

(5)我们可以试着运行它一下:单击工具栏上的“Control Panel(控制面板)”工 具,弹出控制面板,选其中的“Play(运行)”按钮,屏幕上即出现刚才输入的图形圆 和文字“圆”。注意,这时的展示窗口与刚才的很相像,但图形工具盒没有了。事实 上现在就是在试运行状态,在真正“展示”刚才编的内容,而且刚才编的是什么样, 现在得到的也是什么样,可以称作是所谓“所见即所得(WYSIWYG)”。

（6）至此，可以说一个最简单的程序已完成。它只有一个图标，能显示所创建的图形文字信息。如要存盘，单击"File（文件）"菜单，选"Save（保存）"，当然也可以直接单击工具栏上的"Save All（保存一切）"按钮。由于是新建文件，尚未命名，所以会弹出"Save As（另存为）"对话框的。这时，可以选择文件夹，键入文件名，例如"例 6_4_1"，然后单击"确定（OK）"即可。Authorware 7.0 会自动添加缺省扩展名".a7p"。

（7）关闭 Authorware，如同一般的 Windows 应用程序一样，单击窗口右上角的关闭控制按钮，或选择文件菜单中的"Exit（退出）"命令，即可退出 Authorware，回到 Windows 的程序管理器或桌面（注意：如果在退出前，没有对新建立的程序或作了修改的原有程序进行存盘，则 Authorware 在退出时也会弹出对话框，提醒用户保存文件）。

上面例子中，虽只有一个图标，但它已是一个独立完整的应用程序。这个例子中，拖了显示图标到流程线，即构造了流程结构，打开（双击）显示图标，在打开的展示窗口中创建了图形、文字信息。接着马上可以试运行来观察结果（最终用户所看到的情况）。

例 6.4.2：构造顺序式应用

（1）再次启动 Authorware，这一次可试试打开已有文件，在弹出的文件选择框中选择"例 6_4_1.a7p"（即刚在上例中建立的文件），单击"确定"按钮即打开，这次试将图标命名，例如将原有图标命名为"圆"，以便区分。给图标命名的方法是单击图标，按一下键盘上的"Backspace（退格）"键，然后键入中英文名称即可（参见图 6-44）。

（2）为了能保留原来的文件"例 6_4_1"，先选一次"Save As（另存为）"，这一次选文件名为"例 6_4_2"，确定保存。即将当前在编文件在盘上保存为名为"例 6_4_2.a7p"的程序文件。与此同时，"例 6_4_1.a7p"也存在于盘上，并且仍是"例 6_4_1中的内容。现在怎么改也不会影响"例 6_4_1.a7p"的内容了。

（3）拖等待图标（上面标有"Wait"字样）到流程线上第 1 个图标下方。

（4）拖擦除图标（形似橡皮）到流程线上第 2 个图标下方，如图 6-44 所示。

（5）双击擦除图标，弹出"擦除图标属性"对话框如图 6-44 所示，单击展示窗口中看到的图标"圆"的任何一个显示对象（图形或文字上均可），然后单击"确定（OK）"。

（6）可以先试运行一下：这一次直接单击菜单栏上的"Restart（从头运行）"按钮，展示窗口中除出现上例中的图形圆和文字"圆"外，在左上方还出现一个标有"Continue（继续）"字样的按钮。单击此按钮，展示窗口中的内容被清除。单击控制面板（Control Panel）上的"Stop（停止）"按钮，可以关闭展示窗口，回到流程编辑窗口。

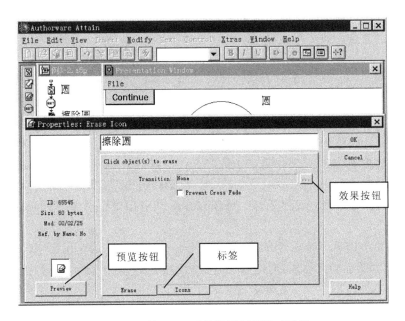

图 6-44　例 6.4.2 及擦除图标属性对话框

（7）再拖一显示图标到流程线上（第 4 个图标），命名为"球"，如图 6-45 所示，并双击打开之。这一次采用输入外部图形的方法。单击工具栏上的"Import（输入）"按钮（也可以选用"File\Import..."菜单命令），弹出"输入文件"对话框。

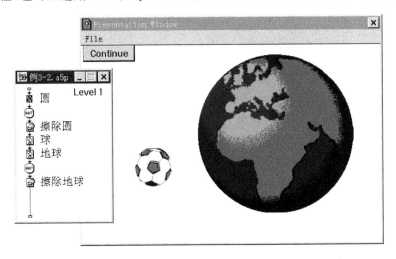

图 6-45　例 6.4.2 流程结构及运行至第 6 个图标后的展示窗口

（8）这时可以在标准的文件选择框中选择路径、图形文件类型及文件名，并可预览图形内容。这里选择"Graphics"文件夹中的"Ball. gif"图形文件。单击

"Import"按钮后,一个足球图形出现在展示窗口中,用鼠标将它拖往左侧。文件和文件夹都是事先准备好的。实际编著过程中,一般也应将所需的媒体、素材文件分类存入安排好的文件夹,既便于输入时迅速查找,也便于项目调试完后打包发布。

（9）仿照上两步。再加一个显示图标到流程线上,命名为"地球",如图 6-45 所示,输入图形文件"Global.bmp",并将地球拖向展示窗口右侧。

（10）拖一个等待图标添加到流程线上（成为第 6 个图标）,如图 6-45 所示。

（11）再拖一个擦除图标添加到流程线上（成为第 7 个图标）,如图 6-45 所示。

（12）双击擦除图标,弹出"擦除图标属性"对话框,单击展示窗口中的"地球"（不要单击足球）。并且这一次试着用一下擦除"效果"。单击图 6-44 中部第三行右边的"效果按钮",此时弹出"擦除效果"对话框,如图 6-46 所示。选（单击）其中的"Mosaic（马赛克）",然后单击"OK"确认。回到图 6-44 的"擦除图标属性"对话框,也单击"OK"予以确认。

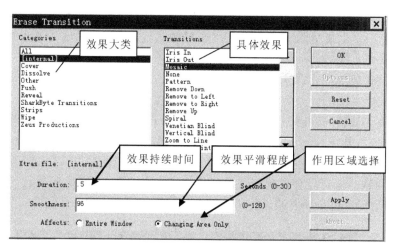

图 6-46　"擦除效果"对话框

（13）再次试运行,屏幕上先出现上述的图形圆和文字"圆",单击"继续"按钮后屏幕清除,出现刚才输入的图形"足球"与"地球"（虽然流程线上有先后,但由于计算机的速度快,看起来像是同时出现的）和"Continue（继续）"按钮。单击这个等待按钮,展示窗口中的地球以所谓"马赛克"方式的过渡效果被清除。足球则仍留在展示窗口中。

本例中,构造了一个由三种（显示、等待、擦除）共 7 个图标组成的 Authorware 应用程序。可以想象,由这三种图标完成幻灯片播放式的应用是很容易的。并且,Authorware 中安排多个对象显示、擦除的次序应该说更具灵活性。

通过上述两个简单例子,读者应该细心体验 Authorware 进行信息构建的思想方法。在这一所谓基于图标的编著工具中,通过把图标安排（拖）到流程线上,来构造应用程序的结构。这一结构反映在流程(图标)设计窗口中。图标代表着各种功能(如显示图形文字、等待用户某个操作、擦除图形文字等)。流程线上的箭头代表着程序运行时的各图标(功能)执行的序列或走向。如果读者学习过传统的"程序设计",里面有"流程图"的概念,那么在流程(图标)设计窗口中的工作就像是在设计流程图,图标就像是流程图中的功能框。

在传统的"程序设计"中,流程图在纸上设计好后,就要为各功能框编写程序代码,一个功能框通常就要用许多行程序代码(语句)才能实现,功能框之间的关系,即流程图的结构,也要通过程序结构语句(诸如判断、分支、循环等),来加以实现。在 Authorware 中,直接在计算机上的流程设计窗口中通过拖放图标来设计程序结构,至于各个图标(功能框)的具体内容或功能,则不再通过编写代码的方法,而是通过"填充"或"选单"的方法来加以实现。具体的操作是双击图标,Authorware 会根据图标的具体功能,打开相应的展示窗口或"图标属性"对话框(或两者),让设计者"填充"或"选单"。如显示图标是用于显示可视内容的,所以双击它就自动打开展示窗口(实际上显示图标也有其"属性"对话框),设计者利用工具盒设计编辑图文内容,或调入外部(Authorware 以外)设计好的文件或剪辑板中的图文内容。又如等待图标的作用是让程序暂停,等待用户的一个操作或仅仅等待一个时间间隔后,再让程序继续执行。至于究竟要等待什么,也是通过"等待图标属性"对话框来加以选择。如试着双击流程线上的第 2 个等待图标,此时打开的是"等待图标属性"对话框,如图 6-47 所示。对话框中列出了必要的选项或参数让设计者选择或填入。如单击"显示等待按钮"核对框使成为非选状态,并在"等待时间"域中填入数字 3。再次试运行就会发现第 2 个等待按钮不会出现,并且虽不作任何操作,等了 3 秒钟后程序也自动继续运行下去了。

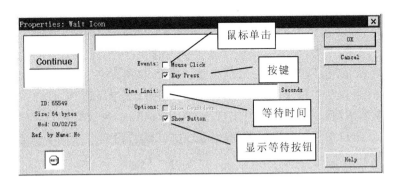

图 6-47　"等待图标属性"对话框

在应用 Authorware 编著项目的过程中,可随时方便地进行试运行,这样可以及时地发现和解决问题。同时这也是一种有效的学习方法。同时,在真正编著大型的或复杂的项目时,应注意多存盘,并多存备份(用"另存为"来实现)。

　　Authorware 用图标编辑来代替命令语句编辑的程序设计思想方法,实际上引用了现代"面向对象"的思想,不同的图标代表了各种功能对象。打开图标"填充"或"选择",类似于设定对象的属性。对于可视对象,Authorware 在编辑的时候,提供了很好的"所见即所得"的可视环境。Authorware 这样的程序设计思想方法,大大方便了初学者的入门,对于专业多媒体设计人员,则大幅度提高了工作效率,对提高程序的可读性和可维护性也颇为有利。

　　上面两个简单例子中,流程方向都是自上向下的,或者可以说是线性的。下面介绍交互、决策等图标时,读者会看到,有时流程方向没有这么简单,而是可能出现分支或循环。另外,也不能把流程线上箭头所对应的次序绝对化。例如,动画和声音有时就要同步(同时)进行,而不是先后进行,当然实际上是一个进行了,但不等其完成,下一个也马上进行。又如,有些菜单往往需要能在整个程序运行过程中使用(永久有效),而不仅仅是在运行到某一步时能使用。对这些常见的需要,Authorware 也通过一定的选项作出处理(不一定能全部简单地反映在箭头顺序上)。

6.4.4　Authorware 的图文编辑

　1. 图文编辑状态的进入

　　Authorware 中处理图文等可视内容,通常是在展示窗口中进行的,以便取得"所见即所得"的效果。Authorware 中,展示窗口只有一个,可以理解为属于整个 Authorware 应用程序,不属于某个具体图标,而图文内容则属于各个图标。设计者创建、集成与编辑各个显示(或交互)图标的图文内容,Authorware 运行应用程序时就依据流程结构将各个图标的图文内容在展示窗口中加以显示(或运动)。要创建或编辑显示图标的内容,就要打开展示窗口,并进入相应于该图标的编辑状态。进入此编辑状态可以有几种方法,这些方法在不同情况下各有所长:

　　(1)进入显示图标图文内容编辑状态最常用的方法就是前面例子中所述的方法,即直接双击流程线上的显示图标(或后面将要介绍的交互图标)。这时打开的是一般是空展示窗口,没有前面内容的位置参照。

　　(2)有时需要有前面某些图标的显示内容作为创建或编辑当前图标图文内容的位置参考。这时可先双击打开参考图标,然后在按住"Shift"键的同时双击打开要编辑的显示图标。这时参考图标的显示内容也显示在展示窗口中,而当前图标的内容则既显示又可编辑。

　　(3)第三种方法是在流程线放上空显示图标,然后试运行。运行到该空图标时,Authorware 会自动进入编辑状态,并且这个图标以前显示的内容还留在展示窗口(不可编辑,除非双击其中图文对象),可作为创建新内容时的位置参考。

　　(4)其他在试运行的过程中随时双击展示窗口中的任意图文对象,包含该图文对象的显示图标也可打开供编辑,其他图标的显示内容也留着可供参考。

　　进入图文编辑状态的明显特征是在展示窗口出现的同时,出现工具盒。若要退出编辑状态,单击工具盒左上角的退出按钮即可。

　　2. 工具盒及图文对象编辑

　　Authorware 内部创建图文内容的工具主要就是工具盒(Tool Box)。同时,对包括外部输入图形在内的可视内容进行移动布局、改变尺寸等编辑处理也离不开工具盒。工具盒如图 6-48 所示。这里对其作进一步介绍:

图 6-48　工具盒

　　(1)工具盒顶部的标题条显示了被编辑图标的名称。与一般窗口一样,可用鼠标左键拖动标题条,以拖动和安排工具盒的位置。

　　(2)工具盒右上角的小方块为关闭按钮,单击之就关闭整个展示窗口,结束编辑状态。如果原来是从试运行进入的编辑,这时也会继续试运行下去。

　　(3)工具盒左边大方框中显示的图标即被编辑的图标,有时也可对其执行与该图标有关的操作,就像在流程线上编辑该图标一样,如用鼠标双击该图标即可快速选中其所有的显示内容。

　　(4)工具盒中的其他 8 个方框即代表了 8 个工具,要使用它们,只要单击相应方框,使之成为反显示状态(表示选中)即可。如单击箭头工具,即反显示为,此时,鼠标在展示窗口中的操作即体现这一工具的功能、特点。

　　刚才提到工具盒中的 8 个工具,在 Authorware 中创建文字图形及移动排布对象等操作主要就靠这 8 个工具。现将它们的主要功能、用法结合图文对象创建简述如下:

　　选择工具(Pointer):也可称为箭头工具。选择是计算机编辑中最基本的操作。要对任何对象(文本或图形)进行操作,如移动位置、改变尺寸或颜色等,首先应选中这些对象。对象选中的状态下,其周边应出现 8 个小方块,如图 6-49 所示。在编辑图文时,要选择展示窗口中某一对象时,只要以选择工具去单击该对象即可。要注意的

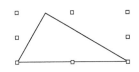

图 6-49　选择工具

是对于某些空心的对象,需要在对象的周边上单击。如果要同时选中多个对象,可在按住"Shift"键的同时去单击各个对象。另外一个方法是在选中"选择工具"的情况下,在欲选对象外拖一个矩形框,此时被包围住的对象都被同时选中。要去除选中状态,只要在展示窗口的空白处单击即可。

　　文本工具(Text Tool):文本工具用于建立和编辑文本。选中文本工具,在展示窗口任何位置单击,即出现文本插入光标,即可输入和编辑中英文文字,如图 6-50 所示。

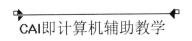

CAI即计算机辅助教学

图 6-50　创建文本

$\boxed{+}$直线工具(Straight Line Tool)：用鼠标拖放的方式，可以画规范的垂直、水平和 45 度的线段。用这个工具画的线在移动和编辑时均能保持垂直、水平或45 度。

$\boxed{\diagdown}$斜线工具(Diagonal Line Tool)：用鼠标拖放的方式，可以画任意角度的线段。按住 Shift 键情况下，使用此工具画出的也是垂直、水平或 45 度的线段。但在移动和编辑时则不保证垂直、水平或 45 度。

$\boxed{\bigcirc}$椭圆工具(Oval Tool)：用鼠标拖放的方式，可画椭圆，拖放的起终点分别对应于椭圆外切矩形的两个对角顶点。按住 shift 键情况下，使用此工具画出的是正圆。

$\boxed{\square}$矩形工具(Rectangle Tool)：用鼠标拖放的方式，可画矩形，拖放的起终点分别对应于所画矩形的两个对角顶点。按住 shift 键情况下，使用此工具画出的是正方形。

$\boxed{\square}$圆角矩形工具(Rounded Rectangle Tool)：类似矩形工具，不过所画矩形顶角为圆角。圆角的弯度可以调整。在圆角矩形对象和圆角矩形工具都被选中的情况下，在圆角矩形内部出现如图 6-51 所示的控制块(小矩形)，向不同方向拖动此控制块，圆角将出现多种变化。

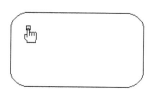

图 6-51　圆角矩形调整

$\boxed{\square}$多边形工具(Polygon Tool)，用于画多边形，所画多边形可以是闭合的或不封闭的。注意用此工具的画法与上述工具有所不同，它是通过鼠标单击不同位置添加顶点的方式建立多边形的。首次单击的点为多边形的起点，接着可顺次单击多边形的各个顶点，当再次单击起点处时，单击加点状态自动结束，构成一个封闭的多边形。如不想构成封闭多边形，则可在打算当作终点的任意位置处双击鼠标，单击加点状态也结束，构成开放多边形，或者说是一条折线。在 Authorware 中，可以对折线的顶点进行节点编辑，即通过拖动各节点来改变多边形的形状。方法是在多边形对象和多边形工具都被选中的情况下，直接拖动多边形的各个顶点，如图 6-52 所示。

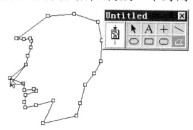

图 6-52　多边形节点调整

作为面向对象的图文处理工具，Authorware 能够对自己创建的图形对象在后期进行方便的编辑修改。对象是独立的、可由属性描述。Authorware 的编辑，大多只要选中对象修改属性。例如，一个圆，它就可能有位置、大小、边的宽度和颜色、中间的填充花样和颜色等诸多属性，无论是创建之前还是之后，都可方便地进行设定或修改。整个文档，包括展示窗口也是对象，其尺寸、背景等也可以设定，以适合目标设备的情况。限于篇幅这里不再详述。

　　Authorware 也能够方便地集成或调用外部图形图像。例如通过扫描仪采集、数字相机拍摄或其他图形应用程序（如 Photoshop、PowerPoint）创建或处理过的图形对象都可供 Authorware 使用。

　　以文件方式输入图形是最常用的方法。常用的方法是在展示窗口处在编辑状态的情况下，选菜单命令"File（文件）\Import（输入）"，或单击工具栏上的"Import（输入）"工具（左起第 4 个工具按钮）。此时弹出标准的 Windows"输入文件"对话框，选择所需文件确认即可。Authorware 可直接输入的图形文件类型很多，如 BMP、GIF、JPG、PNG、WMF、PICT（Quicktime 格式），甚至 PSD（Photoshop 格式）等。至于外部图形信息的存储方式，也是可以选择的。如图 6-53 所示，可选择是否"Link to File（链接到文件）"。核对框未被选中，则图形一旦"输入"，其信息就直接存入 Authorware 程序文件内部，不再依赖于原图形文件。否则就仅保存一个链接。外部链接的好处是可以减小程序文件的尺寸，同时易于在程序以外维护图形信息；风险是一旦图形文件移动或丢失，程序就会出错，尤其在打包发布时，需要特别关注这些外部文件的携带和与程序文件的路径关系。

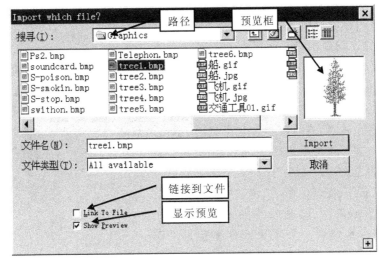

图 6-53　输入文件对话框

　　Authorware 的文本录入和编辑主要通过图形工具盒中的文本工具，可利用键盘键入或 Windows 剪贴板粘贴。另一种输入文本的方法是像输入图形那样以文件方式输入，用的命令与方法也与图形几乎一样。文本文件也可以选择"链接到文件"，让信息做外部存储，方便文字、数据的更新，甚至让最终用户也能在程序外面维护数据。文本文件输入后与内部创建的文本一样可以做种种有关文本的属性、格式等的设置。除了常见的各种文本格式（样式），包括制表符格式（如图 6-54 左上部所示)都可以设定外,Authorware 可以方便地设置滚动文本,当文本较多,考虑到展示窗口的容量,可以设置滚动文本,如图 6-54 所示。文本的超链接也可方便地实现。

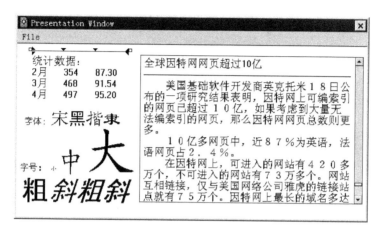

图 6-54 制表符与滚动文本

6.4.5 Authorware 中声音和视频的应用

作为多媒体集成与编著工具,Authorware 能方便地调用声音和视频,并与其他媒体或用户的操作互相配合或呼应。Authorware 中主要通过声音图标来调用声音,通过数字影片(Digital Movie)图标来调用视频,方法相似。这里以声音为例作简单介绍。

例 6.4.3:声音图标的应用

(1) 建立一新文件。

(2) 拖一声音图标到流程线上。

(3) 双击该声音图标,弹出"Properties: Sound Icon(声音图标属性)"对话框,如图 6-55 所示。

(4) 单击对话框左下角的"Import...(输入)"按钮,打开声音"文件输入"对话框,选择所需声音文件确认即可。

(5) 这时"声音图标属性"对话框的文件显示域中已有了包括路径在内的声音文件名,如图 6-55 所示。

(6) 这时可单击对话框左上部的"预听"按钮,试听所选声音是否合用。

(7) 单击"OK"按钮确认。

(8) 试运行,在扬声器或耳机已与声卡接好时,即可看到空白展示窗口,并听到音乐播放。单击展示窗口右上角的关闭按钮可结束文件运行。

需要的话,可以再次双击打开声音图标,修改属性。可以实现与其他内容的各

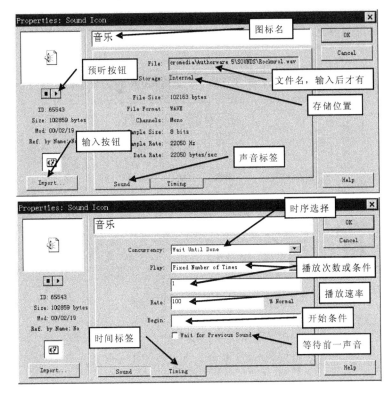

图 6-55　声音图标属性对话框

种同步关联,实现声画同步。

视频调用的方法与声音类似,此处不再详述。

6.4.6　Authorware 的内部动画与动画合成

Authorware 除了调用外部的动画(数字影片、视频)以外,其内部也有颇为实用的动画构造能力,可以实现不少教学应用。图标 称作运动(Motion)图标,早期版本则称作动画(Animation)图标。运动图标本身没有显示内容,它的实际作用是"移动"屏幕上已有的可显示对象(可以是显示图标、影片图标或交互图标的内容),使之产生动画效果。因此也可将它理解为"移动"图标,相应的动画方式则可称为"位移动画"。运动图标可以说是 Authorware 中相当实用也十分有趣的一个图标。下面简单介绍该图标的应用。

1. 运动图标的应用

Authorware 运动图标的实际功能是"移动"屏幕上已有的显示对象(显示图标、影片图标或交互图标的内容),使之产生动画效果,它能够实现的"移动"方式可分成 5 种：

(1)Direct to Point：沿直线移动对象从当前位置到目标(点)位置。这种类型最简单。设定时只要确定一个目标点位置就可以进行。

(2)Direct to Line：沿直线移动对象从当前位置到一条直线段上的某一坐标位置。坐标是沿着该直线段设定的。给出不同的坐标，对象也移动到不同的位置。这种方式在数学、物理一类的模拟中非常有用，但要用到变量、函数、表达式等来给出坐标。

(3)Direct to Grid：沿直线移动对象从当前位置到一个平面区域内的某一坐标位置。这种方式与第 2 种(Direct to Line)相当类似，但坐标是二维的。

(4)Path to End：沿路径移动对象从当前位置到路径终点。路径可以看做是事先设定好的一条折线或曲线的轨道。

(5)Path to Point：沿路径移动对象从当前位置到路径上的某一坐标位置。这种方式与第 2 种(Direct to Line)也类似，坐标仍是一维的，但是沿着曲线的路径(按长度)分隔的。

用运动图标建立运动动画的一般方法是先在流程线上放上显示图标(或交互图标和影片图标)，创建或输入可视对象。然后在其后的流程线上适当位置放运动图标，通过运动图标的属性对话框设定对象具体的运动，包括运动类型和其他相关的属性。其中(2)、(3)、(5)3 种方式往往通过变量与函数具体实现，可以实现科学模拟等高级应用。

双击运动图标可以打开运动图标的属性对话框，可以指定运动对象，设定类型、时间及其他有关选项。不同的运动类型，可设置的选项也不尽相同。需注意的是，在一个显示图标内的所有对象(可视内容)只能是一起运动的。另外，这种运动是物理学上的所谓"平动"，运动对象不可能旋转或变形。复杂的运动通常通过将影片图标和运动图标的结合加以实现。也即调用的外部动画作为运动对象，这时会将外部动画本身的运动(当然可以旋转或变形)和运动图标所产生的平动结合起来，形成合成的运动，如同下面的例 6.4.4 所简单介绍。

例 6.4.4　简单的合成动画

(1) 建立如图 6-56 左上部所示的流程。

(2) 在显示图标中输入图片"蓝天"作为背景。

(3) 在影片图标中输入动画文件"Phly.gif"，这是一个小鸟拍翅膀的动画。该动画因为仅仅是原地动作(小鸟不前进)，所以文件尺寸小巧，仅 10KB 多一点。

(4) 为与背景配合，将影片图标的模式属性设定为透明。此时原动画的黑背景被去除，与蓝天背景配合良好。

(5) 将影片图标的"Play(播放)"属性改为"Repeatedly(重复)"。这样小鸟在前进过程中可以不断地拍翅膀。将"Timing(运动时间)"改为 3 秒，让它飞得慢一点。

（6）双击运动图标，选"Path to End"运动类型，设定路径（即用线条工具绘制再加以调整），设计、属性对话框和展示窗口的情况如图 6-56 所示。

（7）试运行，可以看到小鸟展翅飞过蓝天。

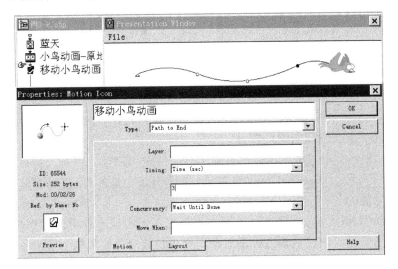

图 6-56 合成动画示例

复合而成的动画，即使运动范围很大，总的尺寸也会非常小。如本例中影片图标的尺寸为 4619 字节，运动图标的尺寸仅为 252 个字节。两者合起来还不到 5KB。

总的来说，Authorware 利用运动图标、影片图标，尤其是配合变量与函数，可以实现相当复杂、精确的动画。如果交互配合，还可以实现更高级的模拟，如自然现象、实验等，学生可以身历其境进行操作并看到变化，如本章第 1 节图 6-3 所示。

6.4.7 交互概述

Authorware 在教学应用方面最突出的优势应该是其丰富的交互功能（Interactive）。交互，意即相互作用，这里就是人机交互。交互性是计算机作为教学媒体最重要的特点。Authorware 专门提供了一个"交互"图标来帮助课件设计者构筑"交互"。但就交互的广泛意义而言，Authorware 中除了交互图标以外，其他许多方面也与交互性有关。如等待图标可设定成等待用户单击鼠标或按键盘，这实际上也是一种简单的交互，它让用户可以"自定步调"。巧妙地利用变量与函数，往往能构造出更灵活的交互样式。但 Authorware 中，最直接的、也是最典型的交互通常都由交互图标来构造实现。

1.Authorware 交互的原理与结构

Authorware 中交互图标可以实现的人机交互是多种多样的,从提供菜单、按钮让用户选择教学分支,让用户单击单词就听到相应发音,单击汽车就让它运动,让用户拖动"操纵杆"改变某些进程的控制参数,导出测验题让学生回答或选择并给以适当反馈、提供实验部件让学生用鼠标拖动的方法加以组装及模拟实验。凡允许或需要用户直接参与的地方,就多半要依赖交互图标。比起前面介绍的线性的、一目了然的结构,Authorware 中交互图标的引入,带来流程的分支,造成非线性的结构。这种结构掌握的难度比前述的线性结构显然要难一些。在交互图标构成的非线性结构中,交互图标将与其他一些连带的图标构成相互依存或相互影响的"系统"。设计时,对这些相关的图标,就有必要作整体的考虑。

为容易理解和掌握交互构造,先来举一个教学过程中最简单的交互例子。一般教学过程中,教师经过讲解和演示,通常要进行提问或让学生课堂练习,这时就是一种典型的交互。这种交互就设计来说,可看做由三部分构成。首先是设问,可以是口头的或书面的呈现问题;其次是设定学生回答的操作方式,如集体回答、个别回答、口头回答、书面练习、上讲台操作,等等;最后,对学生可能的回答作出反馈,这种反馈可能是对正确答案予以肯定或鼓励,对错误答案指出错误或让其再想想试试,也可能是作为进一步讲解或演示(复习或深入)的依据。Authorware 中用交互图标设计交互,可

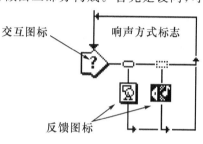

图 6-57 交互基本结构

以看做也要考虑到这三步。交互的基本结构如图 6-57 所示,这里参照上述传统交互的设计思路来帮助理解和学习构造这一结构。

第一步是设问,即考虑好问题,注意,这里的问题是广义的:既可以是显性的提问,也可以是隐性的环境,目的也是促使学生(用户)作出操作响应。这一步的操作就是在主流程线上加入交互图标。交互图标中可以直接设问。因为交互图标有其展示窗口(这一点与显示图标相似),所以可直接在其展示窗口中输入文本、图形等问题内容。有时也可由交互图标前面的其他图标来配合提供问题,如"口头"问题可由声音图标配合。

接下去考虑第二步和第三步。第二步想好怎么让学生回答(学生如何操作或对问题、环境如何响应),比如说对于是非题,可以设置"是"与"非"两个按钮,让学生用鼠标单击进行选择,对于计算题则可让学生从键盘输入答案等,这一步可理解为对用户响应方式的设计。第三步想好学生的操作,如果匹配了事先的设定,例如学生单击了某个按钮或某一敏感区,或输入了要求的文本时,该给哪些反馈信息,是用文字、声音、动画还是转入相应的内容分支。注意,上面第二、第三步只是考

虑,并未操作。实际操作时,是"第三步"在前。具体做法是根据反馈信息的形式,拖相应的显示、声音、动画图标或组图标到交互图标的右侧,这些图标称为该交互图标的连接图标(Attached Icon),从它们在交互结构中的逻辑功能而言,也称为反馈图标(Feedback Icon)或结果图标。给交互图标加了连接图标后流程线会自动发生变化(不再简单地自上而下)。并且,反馈图标与交互图标的交点上还有一个小小的图形标记,如图6-57中的"响应方式标志"所示。这个标志类似图标,但不是图标盘上的那种功能设计图标,它不能独立存在和拖动调用,而是依附于交互图标与反馈图标。它一旦生成,可以对它进行双击操作。它的形状标示着用户可以响应的方式,所以可以称为响应方式标志(Response Type Icon),而对于设问的响应方式正是前面第二步所要考虑的。图6-57左边的响应方式标志(交互图标与显示图标交点处的实心矩形)即表示是按钮式的响应方式。对响应方式标志操作即可实现第二步的考虑。具体做法是双击它,在打开的"Properties/Response(响应属性)"对话框中的"方式(Type)"下拉菜单中进行选择。要注意的是,上面讲步骤只能一步一步讲,但实际上不能将这些图标完全割裂。如对响应方式图标选择了按钮方式,实际上也意味着在交互图标的展示窗口会出现有形的按钮。在交互图标的展示窗口中调整了这些按钮的位置或形状,有关的响应方式标志中按钮的位置和尺寸参数也会跟着变化。

2. Authorware 交互的响应方式

Authorware 的交互图标只有一种,但它支持11种响应方式,如图6-58中的标注所示。

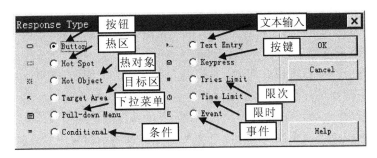

图6-58　交互的响应方式

在连(拖)第一个反馈图标到交互图标时,会立即弹出图6-58所示的响应方式选择框,从中选择响应方式。程序运行时,用户作出此响应,便进入相应分支,执行连接的反馈图标。比如反馈图标是显示图标,就显示其内容。一旦为某个连接图标选定了响应方式及其他选项,接下去拖到它右边的连接图标被自动默认为相同的响应方式及其他选项。再要改变则双击响应方式标志,打开选项对话框重新设定即可。在同一个交互图标下,可以连接不同响应方式的多个反馈图标,如图6-57

所示。

这里对 Authorware 交互图标所支持的 11 种响应方式简单综述如下：

(1)按钮(Button)响应：在屏幕上显示一个按钮，供用户单击。设计时可以对按钮命名，也可以调整按钮的位置及尺寸。用户单击了按钮，就匹配了响应的要求，进入相应分支。

(2)热区响应(Hot Spot)：用来在屏幕上创建一个敏感区，供用户单击(依据设计时的设定也可以是双击或仅仅是鼠标指针进入该区域)。与按钮类似，敏感区的位置和尺寸可以调整。与按钮不同的是用户直接看不到这个敏感区，设计者须在上面放一些与敏感区位置和尺寸相适应的可视内容来提示或吸引用户响应。

(3)热对象(Hot Object)响应：设定一个可单击对象。可理解为将存在于显示图标或影片图标中的对象(显示内容)转化为敏感区，以供用户单击。与热区的主要区别有两点：一是对象可以移动，而热区位置是固定的；二是对象的形状可以不规则，而热区形状只能是矩形的。

(4)目标区(Target Area)响应：为可拖动对象建立一个目标区，要求用户用鼠标的拖动操作将对象(某个图标的显示内容)拖到此目标区。当对象被拖放到设定的目标区域内时，响应得到匹配。

(5)下拉菜单(Pull-down Menu)响应：在屏幕顶部的菜单条上显示下拉菜单，其中含有设计好的命令。用户的响应方式就像使用最常用的下拉菜单一样，单击菜单条上的菜单，然后在下拉出的菜单中单击选择菜单命令。这与标准的 Windows 应用程序的菜单条界面及操作类似。

(6)条件(Conditional)响应：这一方式当某一条件(通常用逻辑表达式表示)为真时，响应便得到匹配，对操作的依赖性相对不太直接。

(7)文本输入(Text Entry)响应：在展示窗口中显示一个文本输入区，用户输入的文本符合设计时的设定时，响应得到匹配。

(8)按键(Keypress)响应：此方式当用户按键盘上事先设定的键后响应得到匹配。这是一种比较传统的响应方式，很像许多 DOS 应用。

(9)限次(Tries Limit)响应：此方式一般配合其他方式一起使用。当同一交互图标中用户匹配(其他)响应的总次数达到这种响应方式中的设定次数时，这一响应自动匹配。

(10)限时(Time Limit)响应：此方式当进入交互图标后的时间一达到事先设定的值即自动匹配，无论用户进行了操作与否。

(11)事件(Events)响应：此方式为 Authorware 4.0 以后版本中新增加的一种响应方式，主要用于程序对 Xtras(如 Active 控件一类)产生的事件进行交互。

3. Authorware 交互的对话框

Authorware 中，交互的内容丰富，结构上难度较大，涉及的对话框和可选项较

多,操作的步骤也较多。如:

(1)交互图标本身有展示窗口,打开的方法与显示图标一样,双击即可。

(2)交互图标本身有其"交互图标属性"对话框,打开方法也与打开显示图标的属性对话框一样,即在选中交互图标的情况下,选"Modify\ Icon\Properties…(修改\图标\属性)"菜单命令或按"Ctrl＋I"快捷键。打开的交互图标属性对话

图 6-59　用于构成分支选择的按钮界面示例

框,有多个标签,除"Interaction(交互)"标签外,还有"Display(显示)"标签、"Layout(布局)"标签,以及"CMI(计算机管理教学)"标签等。

(3)交互图标连接的各个分支,都有其各自的"Properties/Response(响应属性)"对话框。此对话框中,可以改变响应方式,而不同的响应方式,该对话框的其他选项又有所不同,需具体加以适当设定。

4. Authorware 交互与响应设计样例

实际设计中,按需要完全可以将不同方式的响应用于同一交互图标下。篇幅所限,下面仅简单介绍几种最基本也是最常用的交互响应方式的应用场合。具体操作步骤可参考联机的帮助(F1 键可调出)或专门书籍。

(1)按钮响应。人们在日常生活与工作中就经常接触到按钮,如收音机上的波段开关、电风扇上的风速开关,以至键盘乐器上的琴键,等等。机器设备提供按钮,让人选按,以便根据人的需要提供服务。这是按钮的作用,这里按钮实际上提供了简单的人机交互。计算机,尤其是图形界面的计算机系统或应用(如 Windows 及 Windows 版的应用程序),则更广泛地使用按钮,供用户用鼠标单击选择,作为人机交互的一种重要手段。Authorware 提供了设计和使用方便的按钮响应方式来进行人机交互。由于清晰显眼的界面及用户已有的广泛经验,按钮方式对用户来说相当直观和容易操作。所以按钮交互特别适合于教学分支的主菜单式控制,选择题式的测验等。按钮除了其本身表面的文字名称外,几乎无需附加的提示。图 6-59 所示的是按钮用于分支选择的界面示例。图 6-60 则是用于构造选择题的情况。

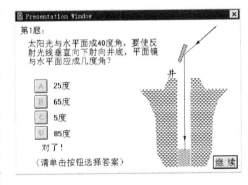

图 6-60　按钮用于选择题

可以看出,按钮方式非常直观,按钮出现在界面上,本身就在诱发用户进行单击操作。一旦用户响应匹配(单击了按钮),Authorware 就转入相应的反馈分支。

所以按钮方式构筑教学内容选择、选择题、是非题型的练习及添加"帮助"、"提示"、"退出"命令等方面直观简便。按钮可与其他的响应方式配合使用。在以其他分支为主的情况下,加一个"退出"按钮响应来实现交互或整个程序的退出就很实用。

(2)热区响应。按钮响应方式的交互简洁明确,用户不太容易搞错意思。但它的另一面则比较"呆板"。有些场合,教学,尤其是寓教于乐的游戏中,希望交互界面更自然一些。如鼠标单击拼音字母或英语单词,就让它发音,单击苹果,就出现中英文拼写,单击汽车就让它开。如果是控制教学内容分支的菜单,可以用图标或具有内容代表性的图形来取代按钮,这样对孩子更有吸引力一些。如果是选择题,可选答案可以直接是文本、图形等供鼠标单击选择,比如选择城市地名,可以让学生直接单击地图上的位置或标记等。在这样一种不明显、不直接的界面中,更容易创造一种探索式学习的氛围,学生的主动参与性也容易强一些。在多媒体技术发展历史上经典的光盘产品(CD Title),如"Living Books(活动小书)"、"The Farm(农场)"、"Musical Instrument(乐器)",都大量使用这种形式的交互,带来前所未有的交互体验。这一类交互响应方式,在 Authorware 中可通过所谓"热区"响应方式来实现。可以想象,就像设置按钮那样,在展示窗口中设置一些敏感区域(Hot Area,即热区),但这些区域上没有按钮(就像按钮隐藏起来了那样),而是覆盖着看起来更自然的文本、图形等。用鼠标单击(甚至经过)这些文本、图形,实际上触发的是下面的敏感区域,就像单击了看不见的按钮那样,计算机也进入相应分支。所以,这种响应方式也常被称为"不可见按钮"、"触摸区"响应等。图 6-61 所示的是热区响应应用的示例。图中虚线框是真正的热区,需要将它们调试到与实际的目标物位置吻合。

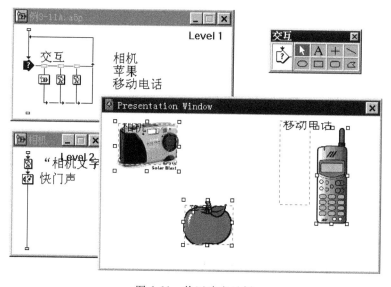

图 6-61　热区响应示例

（3）热对象响应。热对象响应与热区响应初看相似。但从图6-61可以看出，热区响应形状是矩形的，位置是固定的，而热对象则更加灵活。热对象以对象实际占位代替矩形的热区域，透明的背景区域不起作用，并且热对象是可以活动的，如果对象被运动图标或用户的拖动操作等移动了位置，对象在新位置上继续是敏感的。

图6-62中的第3个分支流程被设定为热对象，对象是流程最上面的飞机图标。具体匹配的动作为鼠标移动到对象（飞机）上方或单击之，即进入图中所示"飞机运动"分支。该分支流程具体的响应是显示"飞机"（文字）提示，并通过运动图标移动飞机。试运行，可以发现，单击飞机所在矩形框内的空白处，飞机不做运动（不匹配），只有单击到飞机"实"处，飞机才飞走。并且飞机到目的地后，单击新位置上的飞机，仍得以匹配，即显示文字提示"飞机"。可以看出，热对象可以实现更灵活的响应方式。但应注意，作为热对象，它对应的也是整个图标。不能把图标内的某一个图文对象作为热对象。如果希望某一图形能作为热对象，就将其置于单独图标。如果某个多媒体场景中，有多个对象可以操作，或会移动，就将它们各自放入专门的图标，设定不同的热对象分支。利用好热对象，加以精心的教学目标（或寓教于乐）和情景、情节设计，往往可以构成整个多媒体教育应用项目的亮点。

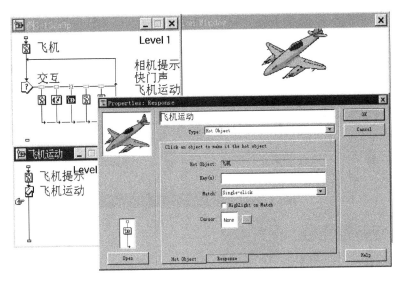

图 6-62　热对象响应示例

（4）目标区响应。目标区（Target Area）响应中允许为可拖动对象建立一个目标区，要求用户用鼠标的拖动操作将对象拖到此目标区。当对象被拖放到设定的目标区域内时，响应便得到匹配。在窗口环境中，鼠标的移动（指向）、单击、双击、拖动是几个最常用的操作,这些操作比之仅依靠键盘,提供了更加灵活自然的输入手段。目标区响应,可实现对鼠标拖动操作的匹配。可以从 Windows 附带的"扑克牌"游戏中,体会和理解这一响应方式。该游戏主要依靠拖动操作来进行人机交互,模仿"接龙",并且这时候计算机的(反馈)响应是智能性的。如果拖放的目的地(目标)符合游戏规则,牌就留驻在目的地,否则,牌自动返回原处(操作无效)。Authorware 中的目标区响应方式,即可实现这类"智能性"的拖动交互。由于目标区响应要配合可移动的对象来进行,所以也常称为可移动对象(Movable Object)响应方式。这里的可移动对象也与热对象相似,要对应到整个图标,可以是显示图标、影片图标等可视性图标。

在教学应用中,这种交互方式通常能鼓励学生的主动性与更强的参与性。这种交互方式往往能模拟一些"动手"的操作,如拼拼板、搭积木、组装实验装置等,配合着变量与函数的应用,也能实现一些参数的"连续"调整等,例如可以像收音机上拖动直线式的音量电位器改变音量一样。图 6-63 的示例中,学生可拖动展示窗口左边的拼音字母,将它们拖到具有相应发音的汉字上去。拖放的目标位置正确,拼音对象就对号入座,不再可移动,否则返回原始位置。

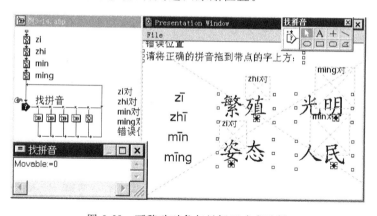

图 6-63 可移动对象与目标区响应示例

注意,图中用了计算图标,它被包含在各个分支的组图标内。所谓组图标,其内部事实上也是一个流程结构,可以包括多个图标。计算图标内放了程序代码。本例中是最简单的代码,只有一句程序语句"Movable＝0"。其意思通过属性赋值,使对象不再可移动。图中主流程上面的 4 个图标内放的即是 4 个拼音,其外观内容如图中展示窗口左边所示。这 4 个图标在配置属性时,其可移动性都被配置(预置)成可移动。所以一进入主流程,它们均可被鼠标拖动。但一旦被拖放到正确位置(目标区),与相应分支匹配,进入分支流程。分支流程就可以给出鼓励性的反馈,并且通过分支中计算图标中的语句,使得对象的可移动性都改为不可移动。

"目标区"响应方式的设计难度和复杂性稍高。在设定时,至少要确定两件事:

一是待匹配的可移动对象;二是待匹配的目标区域。也可以想象,将上例中的拼音对象换成一幅图形的若干部分,或一个实验装置的一些部件,就有可能让学生用鼠标拖动操作来模拟拼图或搭实验装置等更具"动手"性的教学活动。

(5)文本输入响应。文本输入响应是比较传统的交互方式,典型的可以用于非选择题型的测试,用户名和密码的登录等。这种交互中,用户(学生)要将正确的答案或其他文本信息利用键盘输入计算机,学生的主动性与参与性显然较高。这种方式直接应用的局限性是它允许的模糊程度较有限,输入响应稍有出入就不能匹配,尤其是对中文,能够允许的模糊程度有限。可变通的正确输入可通过多设置一些匹配分支来实现,显得麻烦一些。另外,通过一些变量的使用,也是能够改善这一点的。图 6-64 所示是一个文本输入响应的应用示例,类似填空题。展示窗口提供了两个按钮(总能匹配),来防止仅有文本输入响应,用户实在无法匹配(无法填完全正确文本)时程序陷入僵局,永远无法跳出或返回。

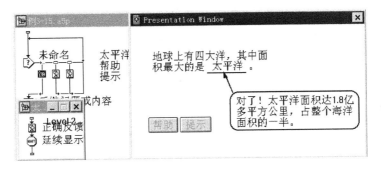

图 6-64　文本输入响应示例

6.4.8　决策分支

与交互图标类似的是,决策图标也可构成流程线的分支。与交互图标不同的是,决策图标的分支是自动的,不像交互图标的分支要直接依赖于用户的响应。决策图标进行分支决策的依据是应用程序开发过程中对决策图标的设定,包括这些设定中所牵涉的变量、函数、表达式的取值。Authorware 应用程序每次运行的环境(如系统的日期)不一或运行过程中用户的操作(如用户回答问题的正确率)不一,都可能影响执行到这些决策图标时相关变量与函数的具体取值,从而(间接)影响决策图标的具体决策。而这正是计算机作为教学媒体能实现某些智能的关键所在。举例来说,某一课件有多个不同难度的分支内容。我们可以设计交互让学生自主选择具体分支。但我们也可不让学生自主选择,而是先出几个问题让学生回答(这时一般要用到前述的交互图标),而让学习内容的分支由接下去的决策图标来决定。例如,可引入分数变量 S,记载或反映学生的回答情况,答对一个问题就使 S 的值加上 1。然后,用 S 的最终值(即总分)来确定接下去的分支图标的分支取向。决策图标与交互图标另一个明显的区别是,既然决策图标的分支不直接依赖于用户的操作响应,它就不需要有显示内容,而交互图标则往往需要有可视界面供用户操作响应,所以交互图标与显示图标一样允许打开展示窗口编辑可视对象,而决策图标则不能。

　　熟悉传统编程语言的读者,也可从基本程序结构中分支结构与循环结构的实现来认识决策图标的功能。传统程序语言中,往往用"if...then...else"、"do case...endcase"、"for...next"、"do while...enddo"之类的语句结构体来实现分支或循环。在 Authorware 的系统函数中,也有"If-Then"、"Repeat While"之类的语言(Language)类函数可用于实现简单的分支或循环。但作为基于图标的多媒体应用开发工具,利用决策图标实现分支与循环更具有 Authorware 特色,也更易于与其他的图标对象相配合。下面通过一个例子简单介绍决策分支的具体应用。

　　例 6.4.5:上面介绍的交互图标可用来构造练习题或测验题。基本的情况以一个交互图标为核心,连同辅助的显示图标等,尤其是交互图标所挂的各个分支内的图标(可能是组图标),组成一个结构。实际上可将这个结构转换为一个组图标。这样一个组图标可对应一道题。如果将 5 个对应不同题的组图标顺次插入主流程线,就可实现传统的顺序测试(如印刷的纸上测验)。但这样设计的灵活性会比较差,例如每次运行时题目出现的次序就都是一样的。在场的每个学生面对的题目次序也完全一样。并且所有的题目都要过一遍,不能像题库那样随机抽出一部分进行测验。通过决策图标来出题组卷为突破一些传统纸面测验的局限提供了可能性。流程结构上可将 5 个题目组都连接到一个决策图标,如图 6-65 所示。具体操作如下:

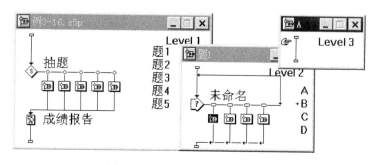

图 6-65　例 6.4.5 的流程结构 1

　　1. 拖一决策图标到流程线最上面,命名为"抽题"。将组图标"第 1 题"至"第 5 题"依次拖至决策图标右面,并分别改名为"题 1"至"题 5",这时流程结构如图 6-65 左边的主流程所示。

　　2. 考虑到是测试,而非练习,可以将对学生响应的反馈简化。例如将每一题的四个分支都改成空的组图标,如图 6-65 右边的 2、3 层流程所示。这样,在学生测验的过程,无论对错都没有提示。

3. 先试运行一下。可以看出,程序出示了"题 1"。在作出选择后,程序直接显示了测验结果,表明实际流程只经历了决策图标右面的第一条分支。这种默认的设置显然不适合这里想实现的多题测验的要求。现在来逐步改变决策图标的设置,体会相应的流程走向。

4. 双击决策图标,"决策图标属性对话框"打开,将其中的"重复"选项从"Don't Repeat(不重复)"改为"Fixed Number of Times(固定次数)",并在下面的"重复次数"域中填入数字 5,如图 6-66 所示。此时,主流程结构也有改变,变成如图 6-67 所示。

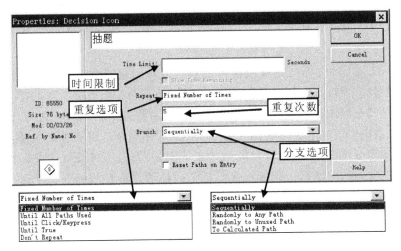

图 6-66　决策图标属性对话框及"重复"和"分支"选项

5. 确认后试运行,可以看到,这一次,顺次从"题 1"到"题 5"全部过了一遍,就像这些组图标从上到下顺次排列在流程线上一样。测验结果则随所选按钮不同而可从 0 分到 100 分不等。

6. 再次打开"决策图标属性"对话框,这一次将"分支"选项从"Sequentially(顺序)"改为"Randomly to Unused Path(随机进入尚未进入过的路径)"。

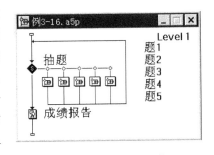

图 6-67　例 6.4.5 流程结构 2

7. 反复多次试运行,可以看出,每次运行,都经历这 5 道题,但出题的次序则不一样(随机化的)。可能的次序可用阶乘算出,应为 $5 \times 4 \times 3 \times 2 \times 1 = 120$,即同样 5 道题可能按 120 种不同的次序出现。这是一个重要的进步,同一程序的复用性提高了。

8. 再次打开"决策图标属性"对话框,这一次将"重复次数"从 5 改为 3。反复试运行,可以看出,每次运行,只经历 3 道题,出题的题号和次序均是随机化的。可能的情况(次序不一样也算一种情况)可用排列算出,应为 $5×4×3＝60$,不考虑次序的情况(相当于包含的题目不完全一样的试卷数)数可用组合算出,应为 $(5×4×3)/(3×2×1)＝10$。

9. 本例后面的做法反映了计算机用于测验或考试的非常重要而有用的思想。这里的 5 道题相当于一个题库,选择 3 道题相当于组了 1 份卷,当题库的题目数很大,并且单份卷的抽题数相对较小时,可以想象,可能的组卷数是非常大的,也即每次抽卷的题目重复性实际上相当小。当然,大型的题库用专门的数据库来构造更加合理,对不同类别、难度题的权重也更易于控制。题库制作开发工作量相当大,但做成后,横向与纵向的复用性及评价的客观性均较好。

本例中,将决策图标用于出题测验,读者可以看到它在结构控制上的灵活性。作为计算机/多媒体辅助教学的应用,在设计上还可尽量利用联机的多媒体相对于纸张印刷品(只适合于展示文本及简单图形)的优势。例如,配合多媒体的声音,可设计出听力测试。又如,作为可视的题目内容,可以是真实的图像(如显微镜下的细胞组织照片)甚至视频(如实验的过程)等。这样设计的评估手段,对传统的应试教育能构成更实质性的冲击。计算机辅助的教学或测试不可能完全解决问题,但有可能作出一些贡献。

决策图标的分支功能也可用于反馈。通常当学生对交互作出正确或错误的响应时,计算机及时作出某种“确定”的反馈,告诉学生对或错。每次匹配同一响应时,给出的反馈(比如说对了时的鼓励信息)无论多么丰富,却是“千篇一律”的。可以用决策结构来组织多分支的反馈。每个分支都是鼓励性的,但具体的内容则不一样,如可以分别是“对了”、“完全正确”、“真厉害”,等等,当然也可以伴以声音、动画等的“奖励”。具体设置时决策图标的“分支”选项选“Randomly to Any Path(可随机进入任何分支)”,“重复”选项选“Don't Repeat(不重复)”。这样,运行中用户每次正确响应时得到的鼓励是不一样的。对于需要反复进行的练习,这种方式对学生有更大的吸引力,不容易造成“厌倦”感。

本节简单介绍了 Authorware 的应用基础。Authorware 功能丰富,复杂的应用难免操作复杂,可选项很多。真正要设计开发有价值的应用,既需要更多的技术实践,也需要对现代教育教学理念的理解。利用计算机/多媒体的优势,突破传统教育的思维和技术局限,会使得辛苦设计开发的课件更有价值。

6.5 多媒体教学系统

计算机/多媒体辅助教学的实施,需要一定硬件教学环境的支持。除了个别计算机和数据投影仪(见第 3 章)的搭配(如图 6-4 所示),为了课堂教育技术使用的方便高效,学校往往将经常使用的教学设备加以组装或系统化,组成所谓多媒体教学系统。多媒体教学系统可分为两类:一类以配合演示教学为主,也常常称为多媒体讲台或多媒体教室;另一类需要学生参与交互操作,往往组成类似多媒体计算机房或电子阅览室的结构。

6.5.1 多媒体教室

多媒体教室,也常称多媒体讲台。它的功能和结构可以看做是以计算机和数据投影仪为基础(参见图 6-4),集成了音响系统和 CD、VCD、DVD 播放机及视频展示台等常用教学媒体设备,并加以集中控制。其讲台上安装了系统控制面板,如图 6-68所示。多媒体教室系统的功能和特点简单说明如下:

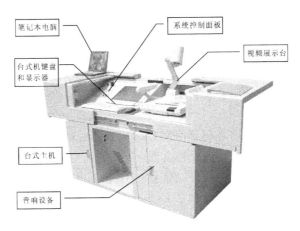

图 6-68　多媒体讲台

1.使用方便,投影仪、音响、银幕都已经安装调试到位,基本不必连线和调试。教师通常只要将课件和相关数字化资料存入 U 盘带到教室,即可插入控制面板上的 USB 接口使用。这类教室配合投影的应用,窗帘和灯光控制方面通常较完善。

2.功能全面,多种媒体材料可使用,书面的材料,可以随时通过讲台上的视频展示台使用。校园网和因特网一般已接入就绪。

3.备有外接 VGA(计算机显示)接口,教室携带的笔记本电脑也可方便地接入使用。

4.包括话筒、喇叭箱在内的音响系统都已连接配置就绪。教师的语音、来自媒体播放机或多媒体计算机的声音都可以高质量的播放。

5.多路的显示与音响信号可以在控制台随时切换。

6.有些设计功能更复杂或完善的,可能还包括电动银幕,甚至电动窗帘的集成控制。

7. 在类似教室系统配置越来越多的情况下,有些学校考虑到集中管理的方便,还将各个教室的控制系统联网,组成所谓集控系统。教师通过预约或凭借教师卡开启设备,并可随时通过控制面板上的呼叫按钮请求服务。如凭卡使用,刷卡设备也会置于控制面板或其周边。

8. 由于功能多样化和结构的复杂性,会导致控制和操作按钮较多,且有时功能设计或意义标注不明确,造成使用时的困惑。

9. 标准化较差,这类系统通常由国内各个中小厂家设计开发,缺乏标准,即使约定俗成也不够到位,教师面对陌生系统更容易困惑。

10. 系统复杂,故障率较高,灵活性也稍差,管理、维护不容易到位。

11. 讲台尺寸较大,会影响课堂上师生的自然互动。

综上所述,多媒体教室系统的配置,为多媒体辅助教学活动的开展带来了方便。但新教师,或教育技术应用的入门教师应花时间熟悉自己学校的这类设备,必要时多请教技术人员与厂家服务人员,尽可能搞清楚其功能与操作。

6.5.2 多媒体教学计算机房

上述多媒体教室比较适合讲授、演示型的教学。如果要学生直接参与人机交互,就需要配置一人一台或一个小组一台计算机的配置。学校中最常见的配置是多媒体教学计算机房。但用于多媒体辅助教学使用的机房与纯粹的计算机实验室有时稍有不同。通常要求:

1. 兼有集中演示教学的配置。常见的是固定配置教室专用计算机加数据投影仪,如图 6-69 所示。

2. 另一种配合集中讲授或演示教学的机制是通过配置的屏幕广播软件,使得教师可以强制控制学生计算机接受教师的屏幕广播。屏幕广播时学生端失去本机的操作控制,以利于将注意力集中到听讲或通过本机显示器观看教师演示(如 PPT 电子幻灯片)。这一机制的好处不依赖额外的数据投

图 6-69 多媒体教学计算机房

影仪,并且本机屏幕的显示质量远优于反射式的大银幕。缺点是联网情况必须良好,并且教师机与每一台学生机都要装上相应的控制软件。控制软件通常还具备定点(仅选择指定的部分学生机)控制,转播某学生机屏幕至全班等扩展的教学控制功能,但增加了复杂性。

6.5.3　电子白板系统

电子白板也称为智能白板,是一种目前正迅速兴起的新型数字式教学投影媒体设备(系统),目前在发达国家显示出较强的流行趋势。电子白板由于其突出的特点是可以在白板上的投影映像上,通过直接用手或笔触摸的方法进行交互,所以也称为交互式电子白板。也正是由于其直观的屏幕交互特点,给其教学应用带来很大的潜能或前景。

电子白板实际上配合投影仪使用,如图 6-70 右边所示。目前电子白板大多采用短焦距的数据投影仪,就近安装在白板的前侧上方。这样可以减少师生白板屏幕操作时对映像的遮挡。电子白板实际上集投影展示、屏幕标注、白板书写、操作电脑于一体,并且书写的内容可直接保存到电脑内。电子白板实际是一个系统,计算机上通常也需要适当的软件支持。

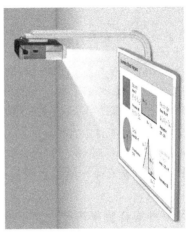

图 6-70　电子白板及其教学应用

电子白板屏幕交互功能的工作原理目前可分为压感原理和激光跟踪原理两种。使用压感原理的触摸式白板相当于计算机的一个触摸屏,是一种用手指或笔触及屏幕上所显示的选项来完成指定的人机互动。这种电子白板内部有两层压感膜,当白板表面某一点受到压力时,两层膜在这点上造成短路,电子白板的控制器检测出受压点的坐标值(手指或笔触及的位置),经 RS232 接口送入计算机。使用激光跟踪原理的白板上端两侧各安装一激光发射器。白板启动后,激光发射器发出激光扫射白板表面,特制笔具有感应激光功能,从而反馈笔的位置。

交互式电子白板的交互功能直接依靠手或笔的触摸操作实现,如图 6-70 左边所示。好处是非常自然和直观,局限性则是其屏幕尺寸不能太大,否则就超出师生的手指可及范围。在我国,由于班级学生人数较多的国情,电子白板的普及仍受到限制。但随着小班化的发展趋势,其实际教学应用价值也会逐步体现。

思考与练习

1.比较传统教学和计算机辅助教学的典型过程,分析计算机辅助教学的意义、潜能和局限性。

2.计算机的多媒体技术包括哪些要素? 其媒体如何分类?

3.结合所教(或所学)学科,设计制作一个 PPT 教学课件,要求包括基本的教学环节和导航结构,并且设计使用自己的母版。

4.多媒体教学软件编著工具应具备哪些最基本的功能? 常用的多媒体教学软件编著工具有哪些? 特点如何?

5.学校常用的多媒体教学系统有哪些? 观察、记录并描述你经常见到的这类集成系统(可以是你经常听课的多媒体教室系统)所包括的设备、接口以及控制面板上按钮的名称与作用。

第7章 基于计算机网络的教学

内容提要与学习目标

本章主要介绍现代计算机网络对教育教学的深刻影响,网络的教学特点、网络资源搜索与设计,以及基于网络的教学活动。本章的主要学习目标为:

1.理解计算机网络对教育的影响,认识其在教育教学中的重要意义。

2.了解因特网的应用及发展、教育城域网的概念和作用。

3.提高网络教学资源搜索的技术。

4.了解基本网页设计原则与技术,掌握专题学习(WebQuest 等方式)网站的结构、特点和制作。

5.了解和体验网络教学平台(虚拟学习环境)和网络课程,理解现代网络课程的概念,了解其中学生和教师的角色、任务和权限,参与网络课程或教学单元的设计实践。

7.1 网络和网络教学概述

如果说计算机的多媒体化、智能化在计算机信息处理和展示能力方面拓展了其应用效果和前景的话,计算机的网络化则在信息资源的高度共享,从而带来信息极大的丰富性和无处不在性(Ubiquitous)等方面推动社会真正进入信息时代。以往的媒体,包括教育媒体,其信息传递方向主要是单向的。多媒体计算机开创了交互媒体,但其信息的双向性表现主要在于人机之间。网络带来了新的变化,作为学校和社会的网络化也在技术和文化两方面影响着教育教学。

7.1.1 通信、网络与因特网

1. 通信与网络

网络是从通信发展而来的。本书第 2 章介绍过信息与通信领域著名科学家香农提出的基本通信模型,如图 2-5(香农—韦弗模式)所示。该模型仅能表示两点之间的单向通信,但经逐渐地演变、进化,形成了现代的各种通信与网络模型。如两点之间的双向通信可如图 7-1 所示。图中对信道、编解码等要素作了合并,引入的通信协议,包含了信道编码。

图 7-1　双向通信模型

如果将两点的双向通信进一步扩展到多点之间的互相通信,就成为简单的网络通信模型了,如图 7-2 所示。在计算机作为通信主体的情况下,网络的功用也不再局限于通信。信息与各种资源的共享往往成为更突出的特点。所以,计算机网络的定义也往往表述为:"多个独立计算机(主机)之间通过通信设备、链路和网络协议连接起来,以实现信息与资源共享的系统。"图 7-2 所示的网络也可称为局域网,通常在有限的空间内组成。典型的如办公室、小型公司企业、学校机房、网吧、甚至家庭(不止一台计算机时,共享因特网接入)。

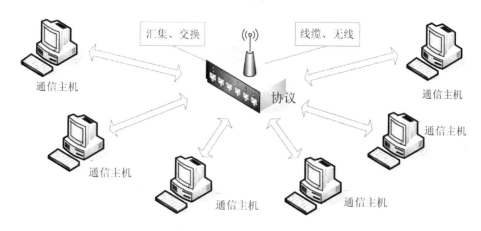

图 7-2　网络通信模型

2. 因特网的应用与发展

网络之间再进行连接,就构成网络之间的网络,加上采用通用的 TCP/IP 协议,就构成了所谓因特网(Internet,网际网之意,也称互联网)。随着因特网的迅速发展,各种创新的服务模式层出不穷,如图 7-3 所示。

因特网的经典应用包括 E-mail(电子邮件)、BBS(论坛)、FTP(文件传输)、Telnet(远程登录)、聊天室(Chatroom)、即时通信(如 MSN、Gtalk、QQ)等,当然,最典型的当数 WWW(Web 网站)。

进入新世纪以来,所谓的 Web 2.0 正带来新的因特网时代。Web 2.0 伴随技

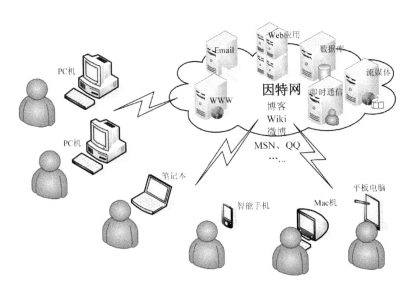

图 7-3　因特网及其应用

术的进步,包括 Web 数据库、CSS 样式表、JavaScript、XML(扩展标记语言)、DOM
(文档对象模型)以及 Ajax 等技术被大量采用。但 Web 2.0 更是理念的革命。基
于 Web 2.0 的理念,信息共享对用户而言,已经不是单纯信息的搜索、浏览和下
载,而是大众化的参与公共交流、参与公共信息内容的共建。Web 2.0 典型的应用
包括博客(Blog)、Wiki(大众网络百科全书)、公众化的图片、视频分享网站(如
Flickr、Youtube、国内的优酷、土豆、猫扑等)、社会网络(如 Facebook、人人网),包
括最近快速发展的微博(如 Twitter)。Web 2.0 也带来新媒体革命,如微博对许多
重要事件的报道很可能比记者更现场、更及时。新电子商务的成功也要很大程度
上归功于 Web 2.0。类似用户的评价、评级、交流、口碑,给了客户甚至比实体商场
更多的商品信息和信赖感,大幅度提高了交易的成功率。

　　因特网也吸引越来越多的单位和个人的参与,按照 CNNIC(中国互联网络信
息中心)发布《第 27 次中国互联网络发展状况统计报告》,截至 2010 年 12 月底,我
国网民规模达 4.57 亿人,互联网普及率上升增至 34.3%,已达总人口 1/3,并且呈
持续上升态势,如图 7-4 所示。其中手机上网发展尤其迅速,比例上升至 66.2%。
信息查询、新闻、商务、文化、娱乐等应用发展迅猛。网络早已突破了纯技术的概
念,而是深刻影响了社会经济、文化等各个方面,向着虚拟社会的方向发展。

7.1.2　网络与教学

1. 学校信息化和网络化

因特网的诞生和早期发展,就与教育有缘。无论国际国内,最早规模化的因特

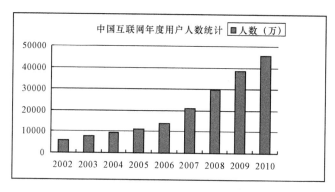

图 7-4　CNNIC 中国因特网用户人数统计

网应用几乎都始于教育科研领域。各国都重视网络教学潜在价值的开发,并制定政策、投入巨资发展学校的信息网络基础设施建设。如本书第 1 章所述,美国将"教室将互相连接并连到外面的世界"作为所谓教育技术四大支柱之一。英国将学校的因特网接入作为学校信息化水平评估的主要考查指标之一。我国则于 2000 年的"全国信息技术教育工作会议"上提出并随后启动了著名的校校通工程。"校园网"成了网络术语中,除了局域网、广域网之外的一个专有类别。我国很多城市还在中小学校之间租用通信系统光纤组成所谓"教育城域网",实现专门的教育资源共享。

学校也纷纷将传统的计算机实验机房联网,组成多媒体教学计算机房(参见本书第 6 章 6.5.2)。学校图书馆则大量建设了接入因特网的电子阅览室。有些学校还尝试在教室和校园覆盖无线网络,以便于在普通教室开展网络教学。

2. 网络的教育教学特点

网络在信息通信、交流、共享方面的特性与教育的需求可以说不谋而合。现代的学习理论和相应的教育理念,如建构主义,特别是近些年备受关注的社会建构主义,都强调高质量学习对于交流、尤其社会性交流的依赖。与传统媒体和单机的计算机媒体相比,网络在交互性方面确有独到的优势,如图 7-5 所示。

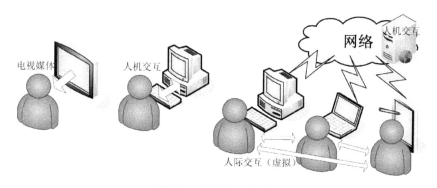

图 7-5　网络交互的特点

　　传统媒体,包括电视等,内容、画面虽丰富,但基本是单向的媒体。多媒体计算机能够带来良好的交互体验,但其交互性局限于人机交互。而因特网,除了提供图文并茂的网页信息外,通过流媒体技术,也提供了类似电视、广播的视听觉媒体体验,并且用户还可点播。同时,因特网通过集合遍布世界的信息资源,强大的后台数据库,集群的计算和服务,以及 Ajax 等新技术路线,也正在提供类似桌面(本地PC 机)般流畅的人机交互体验,而后台的庞大支撑数据和更新服务更是本地 PC机所不可企及的。搜索引擎、Google 地图以及日新月异的 Web 服务(如本书第 3章提到的在线图像编辑)等都是例子。而最突出的,则是网络构成的所谓虚拟社会,在这里,人际(人与人之间)交流(交互)又重新体现,并得以延伸,无论是在时间还是空间上。网络的这一特性给现代教育理念的体现,诸多新教学模式的实现,带来了机遇和可操作的环境。

　　网络与教育教学有关的特点主要体现在下列方面:

　　(1)资源性:因特网信息与资源丰富,又有分布、开放、随机等特点。非常适合于"建构主义"学习观所推崇的学生自主、基于资源的学习。

　　(2)开放性:与传统的教材与课堂大不相同,因特网上信息(包括虚假或不良信息)、观点的多样性,引导得当,有利于学生自我保护意识、"批判性思维"等的培养。

　　(3)虚拟性:因特网的人际交流与面对面交流有很大区别,甚至可以隐藏身份。实践表明,对于平时不善言辞的学生,因特网上发言要容易一些,能鼓励他/她们勇于表达,参与交流。

　　(4)共享共建:Web 2.0 将因特网从单纯的索取式共享推进到共享共建,按照社会建构主义的理论,学生参与内容、知识的共建特别有利于高质量的学习。学生通过表达和展示,经历从分析到综合、从零散到系统,从具体到抽象的过程,提升了思维水平。

　　(5)异步性和即时性:因特网突破地理空间限制的同时,也突破学习的时间限制。但通过登录、网络广播、BBS、即时通信等手段,也能实现即时的、同步的教学。

　　(6)通信即时性和多样性:网络通信手段十分丰富,从 E-mail、BBS、Chatroom、Web 应用(如 Google Docs)到可包含视音频的即时通信,在语音、数据、图像交流甚至协同操作方面各有所长。事实上,移动通信(手机)也在快速与因特网融合;这些都有可能为多样化的教学创新提供支撑。如手机和微博的结合,很可能带来"微型学习"的模式创新机会。

　　(7)系统性和可管理性:因特网应用通过用户注册、登录和后台数据库技术,可以收集和跟踪用户的参与和活动。用于教学,就有更好的可管理性,对学校、教师也更容易实现过程性评价(参见本章第 4 节 7.4.3、7.4.9、7.4.10 等)。

7.1.3　网络教学应用、发展与教师责任

网络教学一般泛指所有基于网络的教学活动,概念广泛、形式多样。图 7-6 表示从教师角度看,与网络有关的各种教育教学活动,包括自身职业进修、同行交流、专业知识提升和备课。

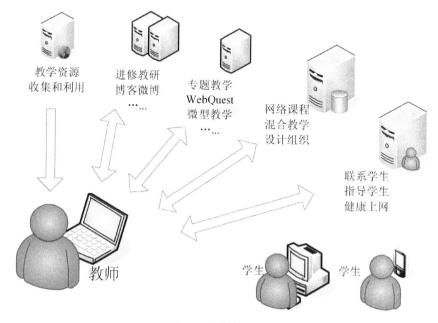

教学资源
收集和利用

进修教研
博客微博
……

专题教学
WebQuest
微型教学
……

网络课程
混合教学
设计组织

联系学生
指导学生
健康上网

教师

学生　学生

图 7-6　教师与因特网

1. 首先,应该充分利用现有网络资源,提高检索、下载的技能水平,为教学设计和课件制作提供更丰富的素材,也不断丰富自身知识范围、提高专业水平。

2. 基于网络教研和进修日益受到重视,尤其在比较发达的城市。但其实边远地区教师更需要寻求网络进修机会,参与网上教研和同行交流。对于有心得、有进取心的教师,开设博客,记录自己的教育教学心得,供自己反思,同时供同行借鉴,也是不错的做法,并在有些地区(如上海、苏南、浙北)取得相当成功。

3. 基于网络的一些专门教学模式,如 WebQuest,已在全世界得到实践和推广。本章第 3 节将进一步介绍。

4. 结合网络课程的混合教学(Blend Learning 或 Hybrid Learning),在虚拟学习平台进行,有较大的开发潜力,有助于系统化的推进信息技术与课程整合,也受到各国教育界的重视。本章第 4 节将专题介绍。

5. 前面提到网络普及化(见图 7-4),事实上据同一个报告,上网总人数中学生又占 1/3,即达到了 1.5 亿。网络的普及化和覆盖率显然为网络教学的实施提供了

日益坚实的基础。但同时,正由于网络已深入社会各个角落,包括家庭和网吧,也存在学生沉迷网络,并将其纯粹视作娱乐、家长无力监管和引导的现实风险。因此,教师有责任通过网络交流和教学,引导学生健康、正面地应用网络。

网络时代来临,有校园、有教室的传统学校不可能消亡,但是传统的教学方式肯定会有革新。新的、基于网络的教学会逐步渗透到传统学校的教育教学,与之共存并互相补充、互相促进。这其实就是混合教学的概念。如何恰当结合两者,是传统学校中教师需要关注和努力实践的。

网络的概念已不局限于计算机,尤其是移动通信技术,伴随着智能手机,对社会带来的影响不可低估。从话音通话发展的短信、彩信、WAP 到微博,移动通信网和计算机网的界线早已模糊。计算的环境成为无处不在,就像人类沉浸到整个计算和网络的大环境中,由此计算机界提出了 Ubiquitous Computing(移动计算,或无处不在的计算)的概念,教育技术界则提出了相应的 U-Learning 和 M-Learning(移动学习)的概念。学习确实在变得无处不在,社会也会加速走向学习型社会,如同国内一个有学生参与的 Web2.0 网站所言:"微课堂,人生如课堂,我们有时候是学生,在课堂上学习知识;有时候是老师,与他人分享经验。在学习和分享中,我们不断成长。"

7.2 网络教学资源及其利用

7.2.1 网络教学资源类型及搜索引擎

1. 教学资源类型

网络教学资源类型可从多个角度对其进行分类。如根据网络结构的特征可将其分为存贮于校园网内的学校内部资源和存贮于互联网的远程教学资源;根据教学资源的媒体属性可分为文本、图形图像、动画、声音、视频等类型。我国曾经颁布过教育资源建设规范,将教学资源分为媒体素材、试题库、课件与网络课件、案例、文献资料、常见问题解答、资源目录索引、网络课程等(见图 7-7)。这种分类法有一定的区域重叠,例如案例有可能是一段视频资料,而视频资料又属于媒体素材,只有明确了资源的具体属性才能正确分类。因此这种分类比较适合用在校内网教学资源库或专业建设的教学资源网等具有详细和明确属性标注的信息资源中。

受各种因素影响,国内公共教学资源库的建设并不成功,在大多数情况下,学科教师还是从因特网上获得需要的资源。而在因特网上,资源浩如烟海,教学资源的分类既要考虑到资源的技术表现特征,同时也要考虑到搜索引擎的支持。

大体上,根据教学资源在网络上的媒体属性不同,可分为文本、图形图像、声

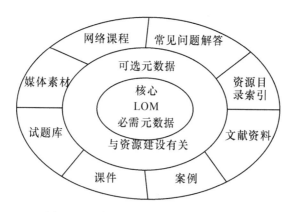

图 7-7　教育资源建设技术规范基本结构

音、视频、动画、课件/程序和资源文件这几类。

文本除了指网页上的文字内容外,还包括网页上的超文本,即带有超链接属性的文字和一些网页上的控制代码,其赋予了文本信息指向的特殊属性,为教学信息的组织、教学过程的安排控制提供了有力的支持。

图形图像主要指各类嵌在网页中的图片,互联网上能直接在网页中显示的标准图片格式有三种:GIF、JPG 和 PNG。有些图片,如矢量图片 WMF,只能被部分浏览器正确显示。GIF 采用的是无损压缩,因此图片中的文字边缘可以比较细致,并对颜色数量较少的图片压缩率较高,但对照片类颜色丰富的图像,则图片尺寸急剧增加,此时用 JPG 格式图片压缩率较好。GIF 和 PNG 图片都支持透明图层,但GIF 只包含完全透明或不透明两种状态,而 PNG 含有一个 8 位的 Alpha 通道,因此支持 256 等级的透明。

视频和音频格式是目前种类较多的文件格式。到目前为止还没有统一的编码标准。按 HTML 4.0 版本建立的网页,视音频都是通过浏览器的插件来播放的,使得网页的设计和优化变得复杂。国际互联网组织(W3C)力图改进这一问题,在新 的 HTML 5.0 标准中加入了 Video 和 Audio 元素(http://dev. w3. org/html5specOverview. html♯the-video-element),只要浏览器支持相应的视频和音频解码,HTML 5.0 的浏览器就可以直接播放,免除了安装插件引起的种种麻烦。例如,IE9.0 支持 H264 文件,只要在 HTML 5.0 网页中加入＜video src＝"movie. mp4" poster ＝"movie. jpg" controls＞,在 IE9 中,就能直接控制播放视频文件movie. mp4。

表 7-1 列举的是常用浏览器对视频编码格式的支持情况。

表 7-1　显示浏览器对几种常用视频格式的支持

浏览器	最后发布版本日期	不同版本浏览器支持的视频格式		
		Ogg Theora	H.264	VP8(WebM)
IE	9.0(2011-4-14)	手动安装插件	9.0	手动安装插件
Mozilla Firefox	5.0.1(2011-7-11)	3.5	不支持	4.0
Google Chrome	12.0(2011-7-12)	3.0	被移除	6.0
Safari	5.05(2011-4-14)	手动安装插件	3.1	手动安装插件
Opera	11.50(2011-6-28)	10.5	不支持	10.6

　　目前以上 3 种视频格式都未被确定为 HTML 5.0 的视频编码标准。其中 H264 是较为广泛使用的视频格式,包括高清蓝光碟以及索尼、松下的民用摄像机都使用这种视频编码格式记录视频,但是它要收取专利费从而影响其推广。而 Ogg 虽是开源产品,但使用者还不多。VP8 则尚未明确专利收费问题。如果能对 HTML5.0 下视频统一编码标准,将极大地方便网页多媒体的设计与制作。

　　动画是用连续的图片构成的运动图形图像,网页中的动画目前主要有两种存在形式。一种是 GIF 格式动画,另一种是 Flash 文件,后缀名是 SWF,也是目前用得最多的动画文件。GIF 动画文件是由多张图片连接而成,优点是不需要插件支持,对计算机性能要求比较低,缺点是文件压缩率较低,因此文件尺寸相对大些。而 SWF 文件正好相反,文件压缩率较高,因此尺寸较小,但播放时需要占用较多的计算机 CPU 资源。另外,SWF 很多文件同时还应用于网站的交互控制。目前各种搜索引擎都尚未支持动画文件的搜索。

　　课件/程序包括下载执行的文件和可在网页中运行的代码。有一些课件需安装插件后才能直接在网页上运行。如 Flash 课件需安装 Adobe Flash Player。而 Java 编制的课件需安装 JRE(Java Runtime Environment)。

　　资源文件是指直接以文件形式存在的供浏览者下载的各种网上信息。常用的如".pdf"、".doc"和.ppt 等文件。在安装了相应显示插件的浏览器上可以直接打开浏览或播放。

　　2. 搜索引擎

　　(1)搜索引擎分类

　　互联网上信息如浩瀚海洋,为了能快速地从中找到所需资源,可以借助特定的搜索工具——搜索引擎。搜索引擎基本工作包括两部分:一是将互联网上的资源预先"抓取"存在自己的数据库中;二是将这些资源进行组织处理,建立目录和索引。这样用户可以在其中快速地寻找到所需的内容。

　　搜索引擎根据不同的搜索原理可分为全文索引、图片搜索、目录索引以及元搜索引擎等。

　　全文索引是搜索引擎从互联网提取各个网站的全文信息(以网页文字为主)后,建立起来的存有网页内容的数据库。用户输入查询关键字后,能检索与用户查询条件相匹配的记录,并按一定的排列顺序返回结果。全文索引也是现今互联网上最主要的搜索引擎。

　　图片搜索是通过图片所在网页的相关信息或图片的文件名,将相关的图片作为搜索结果直接显示给用户,特点是直观、快速。利用图片搜索技术能方便地获取所需的图片资源。由于基于图片内容的识别技术还不是很成熟,因此现有的图片搜索还需要通过网页的相关文字来帮助确定图片内容。图片搜索的精确性也反映了搜索引擎的技术水平。

　　目录索引实际上并不是一种搜索引擎,而是主要依赖于人工操作。通常是网站建设者向门户网站提交自己的网站,门户网站的目录编辑人员会亲自浏览网站,然后根据一套自定的评判标准甚至编辑人员的主观印象,决定是否接纳你的网站。由于互联网规模的扩大,这种人工方法效率较低,因此逐渐被弃用。

　　元搜索引擎(meta search engines)本身并没有搜索网页的能力,它在接受任务后,同时在多个搜索引擎上搜索,并将结果按一定顺序排序后返回给用户。

　　现有国内主要搜索引擎有 Google(谷歌)、百度、必应和搜狗等。这些搜索引擎都是全文索引,同时都实现了图片、视频和音乐搜索功能。Google 作为全球最大的搜索引擎,在搜索技术上更强一些。而必应借助微软的技术背景,其技术在近年来也突飞猛进。实际教学中,曾让美术师范专业学生用相同的关键字用三种引擎分别搜索国画专业图片,大多数同学认为 Google 更加精确一些。例如,某国画方向同学以"披麻皴图片"作关键字比较 Google 与另一种国内搜索进行对比图片搜索后,评论到:

　　我觉得 Google 更精确,它前十张作品都是披麻皴的国画书画作品。某国内搜索引擎第二张图片就不是作品,而是实物。Google 前十张都是满足搜索需求的,而另一种引擎前十张中只有六张满足需求,并且其中有重复的图片,实际上是五张有用。

　　此外,这些搜索引擎还提供了一些常用的资讯搜索业务,如地图地名搜索、新闻搜索,等等。

　　(2)搜索引擎的搜索排名策略

　　由于因特网资源不计其数,在某个检索中,排在后面的网站很难被用户所点击。因此,了解搜索引擎的排名规则有助于提高网站搜索返回排名的设计。

　　各搜索引擎的排名机制不尽相同,以 Google 为例,2011 年的排名公式为 Google 分数＝(相关关键词分数×0.3)＋(域名权重×0.25)＋(外链分数×0.25)＋(用户数据×0.1)＋(人工加分)－(自动或人工降分)(http://secretmlmskills.

com/？p＝1520)。由此可见,网页的关键字匹配与排名的影响因素最大。其他因素包括域名注册时间的长短、外链的相关度、连接的速度等。这些因素普通的网站制作者可能无法控制,我们主要从优化网页内部结构来提高优化关键字。

关键字匹配是指考虑网页中的关键字与用户搜索时输入的关键字的重合度,主要指标是文本中关键字的密度、网页标题、网页 H 标签与关键字的重合度等。一些网站由此采用一些技巧,如多次在子目录中重复出现关键字,来提高关键字的出现率。例如,某中学课件网站,在网页的每个子目录中,用"中学语文课件"、"中学英语课件"、"中学数学课件"等标题来提高"中学课件"这一关键字的出现频率。其他优化策略还包括将网页的标题设置的详细具体以提高关键字的匹配度等。

7.2.2　提高网络教学资源搜索的技术

搜索引擎搜索相关资源是通过匹配关键字来找到目标资源的,因此合理使用关键字就成了提高搜索成功率的关键。

1. 关键字策略

关键字越少,符合条件的网页就越多,查全率越高,但结果就不够精确;反之则缩小了搜索范围,提高了查准率,但会把可能的网站排除在搜索结果外。关键字使用的总体策略包括:

(1)使用尽量少的细化关键字。所谓细化的关键字就是使用与主题尽量贴近的字词或术语。使用少的关键字目的是为了提高查全率,而细化的关键字可以提高查准率。

(2)使用空格合理切词。中英文在词语排列上的差异(英文词与词之间有空格隔开,而中文则没有),使得搜索引擎必须要进行切词工作。虽然目前支持中文搜索的引擎在切词方面已做得相当出色,但也不可能求其完美无缺。因此在搜索关键词较多的情况下,建议手动将中文字词之间用空格隔开,以避免长词造成的切词困难。

避免使用一些功能词汇和太常用的名词,如英文中的"and"、"how"、"what"、"web"、"homepage"和中文中的"的"、"地"、"和"等词,搜索引擎是不支持的。这些词被称为停用词(Stop Words)或过滤词(Filter Words),在搜索时这些词都将被搜索引擎忽略。

2. 关键字语法

不同的搜索引擎对关键字的语法有所区别,但以下基本语法是以上几种搜索引擎所公用的:

(1)必须包含的多关键字之间直接用空格隔开。例如,如果要搜索中学语文教案可以使用"中学 语文教案"这样的关键字,表示网页中必须同时包含"中学"和"语文教案"关键字。

(2)指定搜索网站。利用 site 关键字可以把搜索限制在特定的网站地址中。由于商业搜索引擎具有更强的关键字组合检索能力,可利用该方法实现对某些大型网站的特定资源的检索。其中,网站地址一般要去除 WWW,因为网站一些资源的 URL 并不是以 WWW 作为域名。例如,新浪网的博客资源地址为 blog. sina. com. cn。如果我们搜索某条评论,关键字就应为"某评论 site:sina. com. cn"。这就包含了 www. sina. com. cn 和 blog. sina. com. cn。

(3)精确匹配——双引号与书名号。关键字(特别是中文关键字)加上双引号之后,表示搜索结果必须完全精确匹配关键字。

(4)指定文件类型。通过使用 filetype 关键字,指定资源文件类型. 例如我们希望搜索完整的教案文档,由于国内中小学的教案大多为 Word 文件,用"教案 filetype:doc"关键字可以排除许多无关信息。另外,Word、PDF 文档往往质量比较高,垃圾信息较少,对提高搜索的精确度很有帮助。

以上关键字语法是通用的,还有一些搜索语法在各个搜索引擎间有所区别,常用的是表示几个关键字之间"或"关系的语法。"或"关系是指在几个关键字之中,只要有一个符合,就被检索返回。搜索引擎用两种方法来表示关键字之间"或"的关系。例如,我们要搜寻有关中学英语的课件或教案,那么不同搜索引擎间关键字的写法见表 7-2。

表 7-2 不同搜索引擎中关键字"或"关系的表示方法

要搜索的内容	Google 和必应的关键字	百度和搜狗的关键字
关于中学英语的课件或教案	中学英语 课件 OR 教案	中学英语 课件|教案

在 Google 和必应中用大写英语字母 OR 连接前后关键字,OR 前后有一空格。而百度和搜狗用"|"隔开("|"符号输入方法为 Shift+\),并且"|"与前后关键字之间没有空格。

7.2.3 元搜索引擎(meta search engine)与集成搜索

任何搜索引擎的设计,均有其特定的数据库索引范围、独特的功能以及预期的用户群指向。一种搜索引擎不可能满足所有人或一个人所有的检索需求。在需要使用多种搜索引擎,对搜索结果进行比较、筛选和相互印证时,为解决逐一在各搜索引擎中分别多次输入同一检索请求的烦琐操作,集成搜索引擎和元搜索引擎应运而生。

1. 集成搜索

集成搜索(All-in-One Search Page)也称为"多引擎同步检索系统",是在一个页面中链接若干种独立的搜索引擎,检索时需点选或指定搜索引擎。一次检索输入,多引擎可以同时搜索也可以选择特定引擎搜索,搜索结果由各搜索引擎分别以不同页面提交。集成搜索的实质是利用网站链接技术形成的搜索引擎集合,而并非真正意义上的搜索引擎。常用的集成搜索有觅搜(http://www.metasoo.com),如图 7-8 所示。觅搜虽然自称为元搜索引擎,但觅搜的结果和 Google 没有区别,而输入关键字后,点击可到各主要搜索引擎,因此实际上是集成搜索。集成搜索引擎可以看做是元搜索引擎的初级形态。集成搜索引擎以其方便、实用在网络搜索工具家族中占据一席之地。

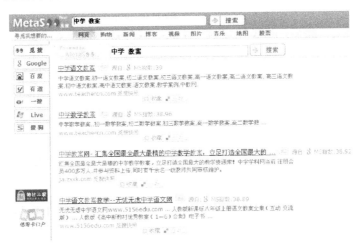

图 7-8　觅搜集成搜索引擎

2. 元搜索

元搜索引擎与集成搜索引擎一样,本身没有"蜘蛛人"等搜索机器,也没有独立的索引数据库,而是利用其他搜索引擎进行工作。在接受用户查询的关键字时,同时在其他多个引擎上进行搜索,但与集成搜索引擎不同的是元搜索引擎先将各搜索引擎返回结果优化后再提供给用户。

元搜索引擎的特点在于检索请求提交、检索接口代理和检索结果显示等方面,均有自己研发的特色元搜索技术支持。如提交检索请求时,根据源搜索引擎的特点和技术参数,指定优先顺序,并对检索时间、检索结果数量进行控制;而对检索结果的显示,不同的元搜索引擎有不同的处理技术,由于元搜索引擎设定的检索结果排序依据、最大返回结果数量、相关度参数及优化机制等不同,同样的关键字在不同元搜索引擎里显示检索结果的数量多少、排序先后、结果信息描述选择亦有较大差异。

3. 元搜索引擎基本功能和特点

理想的元搜索引擎应该具备以下特点和功能:第一,涵盖较多的搜索资源,可

随意选择和调用源搜索引擎。第二,具备尽可能多的可选择功能,如资源类型(网站、网页、新闻、软件、FTP、MP3、图像等)选择、返回结果数量控制、结果时段选择、过滤功能选择等。第三,支持不同搜索引擎间检索语法规则、字符的转换功能(如将 OR 运算符转换成"|"运算符)。第四,详尽全面的检索结果信息描述(如网页名称、URL、文摘、源搜索引擎、结果与用户检索需求的相关度等)。

不同的元搜索引擎的优化方式也不太一样。比如,有的元搜索引擎会根据被多个搜索引擎同时搜索到的数量来排序搜索结果。相对来说,国外的元搜索较多,且比较稳定,主要的有 InfoSpace、Dogpile、Vivisimo 等。而国内的元搜索引擎起步晚,数量少,且不太稳定。许多元搜索引擎生存一年就消失了,这也影响了元搜索引擎的推广。现有的中文元搜索引擎有:

搜乐网(http://www.soouIe.com)

Ixquick(http://www.ixquick.com)

万维网站(http://www.widewaysearch.com:8000)

以上元搜索引擎中,相对而言,搜乐对从 Google、百度和必应的搜索结果做了一些优化选择。而 Ixquick 主要来自于百度的结果,而万维网站的搜索结果往往不知所云。因此在中文元搜索引擎中,目前具有较好实用价值的是搜乐网,如图 7-9 所示。

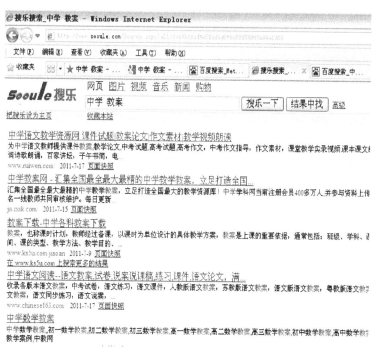

图 7-9　搜乐元搜索引擎

7.3 网络教学资源设计

7.3.1 基本的网页设计

教学资源发布到网上后,是通过各种网页展现出来。虽然一些复杂的教学网站制作会需要动态链接数据库功能,但对于大多数教师来说,制作简单的网页也可完成一般的教学网页课件设计和制作。完成教学网页的设计包括两部分内容:网页设计的原则和制作技术。

1. 网页的设计原则

网页设计的许多原则和其他课件设计如 PPT 的设计在原则上是相通的,例如要求主题鲜明突出、色彩协调等。但是初学者具体制作时往往手足无措,不知如何去安排和设计一个网页。下面我们结合具体的网页来给出一些网页设计的原则。

(1)使用块结构来调理和简化画面

一个网页能包含的内容远远多于一张 PowerPoint 幻灯片,但是人们在浏览时,总是习惯于先快速扫描大致内容。使用分散的块状结构有利于使网站保持统一协调的格式,使网页显得井井有条,并使浏览者很容易地快速浏览分块的主要内容。

如图 7-10 所示,是美国今日(www.usatoday.com)新闻网站的首页,采用了块装结构,将新闻按不同方向分为多个块,每个块大小和结构相同,只是标题淡淡的颜色有所区别。每块中有一条主要新闻配图片和简要的文字说明,点击可进入新闻的详细说明,其他新闻列出 5 条标题。

采用块状结构将内容编排后,浏览者很容易快速抓住当日的主要新闻,虽然是新闻网站内容众多,但整个页面显得结构简明。类似的处理在其他项目众多的网站,如购物网站,也经常被使用。

(2)使用中心位置的大图片和 logo 来突出主题

几乎所有的设计都要求主题鲜明。与幻灯片不同,一张网页中可以放置较多内容的文字和图片,因此有多种方案来实现这个目的,而最容易掌握的方法就是在中心位置放置图片,图片四周留出空间。另外,在网站的每个网页的左上角或顶部位置通常放置网站的 logo,也有利于表现网站的特征。

(3)设置分栏便于网页内容的浏览

随着大显示屏幕或宽屏幕的普及,显示内容宽度往往超过人的视角范围。人眼的视角宽度约为 34 度,距离屏幕 40cm 时观看的范围约为 24cm,而实际最佳视角范围还要小于此。而 14″(35.6cm)16∶9 的宽屏笔记本电脑的屏幕宽度为 31cm

图 7-10　美国今日网站首页的块状版式

已经超过此范围。研究表明文字宽度超过理想视角范围时会降低阅读速度,因为读者需要运动眼球和脖子来从一行的末尾跟踪到下一行的开始。在此情况下,分栏是个比较好的方法,通常将网页分为 2～4 栏,以便于浏览。如图 7-11 所示是国内最大的门户网站新浪和搜狐网的首页。网站每条新闻用一句话显示,页面密集布满各种一句话标题。网页的内容宽度新浪为 950 像素,分为三栏,但排列不够整齐。相对而言,搜狐的首页宽度为 960 像素,分为四栏,排列较为整齐。

图 7-11　搜狐和新浪网站首页的分栏设计

(4)将网页各元素对齐避免给人以杂乱的印象

　　杂乱的网站会使浏览者耗费时间在搜寻信息上,并不利于突出主体。前面提到利用分散的块来便于浏览,这些分散的块应该按一定的方式对齐排列。如图7-12所示,是杂乱排列和良好结构排列的网页对比。

图 7-12　左边为较杂乱的排列,右边为结构整齐的排列

　　为了保持整洁美观,可以采用栅格系统来设计。栅格系统是将网页分成固定尺寸的格子,然后网页中的每个单元由一定的格子构成。

　　如图 7-13 所显示的网页设计中,采用了栅格系统,画面的分栏为基本栅格系统的倍数,文字画面保持整齐。

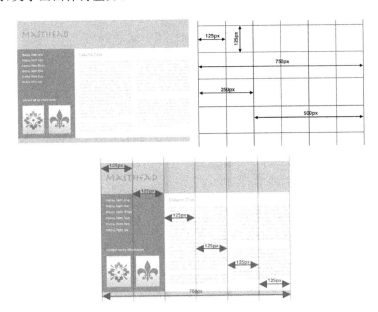

图 7-13　栅格系统示例

(5)利用版式和色彩保持网站内网页的协调性

网站内的多个网页设计风格应保持一定的相关性,以保证整体的统一。例如,IBM(国际商用机器公司)的网页的色调都是蓝色的,符合"蓝色巨人"的传统特征。而相同的版式设计可以使浏览者能较迅速地在网站的不同页面间找到相应的内容。有的公司网站也用不同的颜色条来区分多个产品。在这种情况下,一般网页的版式都会保持一致以避免给人混乱的感觉。如图 7-14 所示,惠普公司下面 HP 系列和 Compaq 系列产品用绿色条和红色条区别,但版式保持不变。

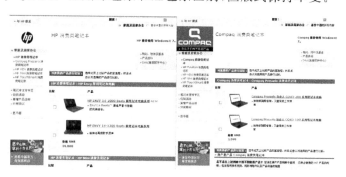

图 7-14 网站内版式相同保持协调性

以上介绍了常用的一些设计原则,下面我们分析一个实例,美国麻省理工学院开放课程的首页(http://ocw.mit.edu/index.htm),如图 7-15 所示。

图 7-15 美国麻省理工学院开放课程首页

网页的中心是主题突出的图片,在网页的上部是"MITOPEN-COURSEWARE"文字标记的 logo 和图片,网站内部的所有网页的最顶部都是相同的样式。所有网页都是左置的导航栏,颜色为淡色底加红色标签,整个网站版式到颜色都具有统一性。

网站分为三栏,除了左边的导航栏外,内容部分为两栏,各栏由块状单元组成。块状单元的设计安排是典型的图片加简要的介绍。网站的色彩是白色的背景加上红色的标题、小标签组成的白底红字。进入各课程后,所有的页面都保持同样的风格和颜色搭配。

2. 网页的基本制作技术

普通的网页是由 HTML 语言编写而成,对于普通教师和学生而言可以使用可视化编著软件来制作网页,从而尽量绕过编写代码的工作。在很多数情况下,我们可以先使用模板来规划网页,然后通过往模板里面填充或修改内容来完成网页制作。常用的网页编著软件有 Adobe 公司的 Dreamweaver、Microsoft 的 Expression Web(Frontpage 的升级)以及开源软件 WordPress,等等,其中以 Dreamweaver 最为常用。下面我们以建设类似麻省理工学院首页布局的网页(见图 7-15)为例,使用 Dreamweaver 提供的模板来快速完成。

打开 Dreamweaver8,如图 7-16 所示,在初始页面中选择入门页面后,可以选择各种模板来创建网站。我们可以选择其中版式与我们要求接近的模板来打开。

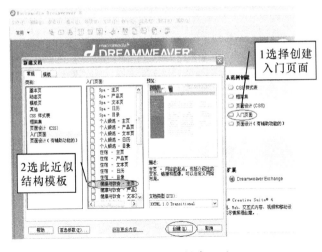

图 7-16　用模板创建网页

首次创建网页时,Dreamweaver 会要求用户管理站点,如图 7-17 所示。

管理站点的内容包括站点位置、上传方式等。由于网页文件中所有的图片、视频以及声音都是独立存在于网页外部,因此建立网页时,需要把资源文件都存放在一个文件夹中,这个文件夹也是网站中所有网页存放的位置。

指定完文件夹的存放位置后,就可以对网页模板进行编辑,Dreamweaver 的编辑窗口如图 7-18 所示。

这个模板的页面宽度为 760 像素,是按照 800 像素宽度的屏幕设计的。随着

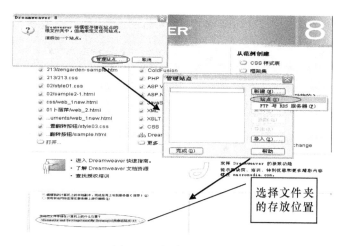

图 7-17　创建网站流程

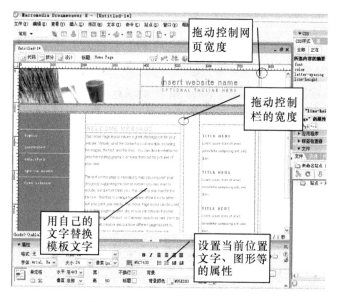

图 7-18　Dreamweaver 编辑窗口

计算机屏幕尺寸的不断扩大,大多数屏幕宽度超过 1024 像素,除去屏幕四周的安全区域和空白,可以按 960 像素的宽度设计网页。如果显示器的分辨率超过 1024 像素时,则将网页设为自动居中。在这个模板页中,可以通过拉动网页中的表格的边框来设定网页的宽度和表格中每栏的宽度。

网页的基本布局完成后,就可以对模板中的文字进行填充,并修改属性添加需要的链接,在此不再赘述。

7.3.2 专题学习(WebQuest 等方式)网站的设计、制作与发布

专题学习网站的核心是提供网络学习资源、方法和指导,让学生通过完成项目达到对某一主题知识的深入理解,提高类似问题的解决能力。其特点在于学习主要利用网络资源进行。在此过程中,学生要对所需的信息进行搜寻、获取、分析、组织直到完成整个项目。根据项目过程中的能力培养侧重点不同,可分为拾荒者、WebQuest 等不同的网络学习模式。

1. 拾荒式搜索(Scavenger Hunts)

"拾荒式"搜索就是提出问题或任务,让学生通过网络查找、收集解决问题所需的各种信息来完成任务的一种学习模式。其目的是培养学生通过网络信息获取来解决问题的能力。具体体现在改善学生的阅读和理解技能、通过网络搜索所需信息的能力。

拾荒式网络学习模式过程包括确定研究的主题、围绕主题设计问题或任务、提供搜索引擎、确立进行网络搜索的关键词以及学生上网搜索信息并完成任务/问题。

在使用拾荒式学习模式中,要注意考虑以下几点:

(1)问题的难度要考虑学生年龄特点,不易过高。由于拾荒式学习学生既要自己设立学习任务还要确立搜索方案,因此题目比较抽象。如果难度太大,不利于提高学生的专项能力。

(2)活动组织形式可采用合作小组形式,通过互助来降低学习难度。

(3)查看学生所访问的网站,检查学生对所搜集的材料的理解程度,避免学生堆砌材料。

2. 基于网络的探究性学习(WebQuest)

WebQuest 是一个以探究为取向的合作性学习活动。最早的学习模式是在 1995 年由美国圣地亚哥大学的 Bernie Dodge 教授建立的。模式推出后,迅速在全球传播开来,特别是在巴西、西班牙、中国、澳大利亚和荷兰。在这个活动中,因特网是学生主要的信息来源。在学习过程中,学生利用网络资源,培养分析、组织信息的能力。

WebQuest 模式由教师设计网页,学生完成网页中指定的内容。WebQuest 模式中的主题网页包括了引言、任务、过程(资源)、评价和总结五个模块的学习任务和过程:

(1)引言部分的目的是引起学习者的兴趣,告知学习者的学习主题。通常会通过介绍任务相关的背景资料、任务的意义以及利用启发式问题来达到目的。

(2)在任务模块中,布置具体要解决的问题。在此阶段,通常将学生分成多个

小组,每个小组有自己的具体任务。任务要是可操作的具有吸引力的,并且不只是简单地让学生收集信息,而是要促进思考。

(3)在过程(资源)模块中,给予每个小组明确的学习过程指导,并列出可用资源。早期的 WebQuest 模板中,网络资源为单独一个模块,现在把网络资源和过程模块结合在一起,有利于更好地表述网络资源在学习过程中的作用。网络资源是教师预先提供一定范围的可靠的网络地址,能够为完成任务提供丰富的信息资源。

(4)评价模块中,给出具体评价的标准。评价要求要详细,一般对每项要求都有分级的具体指标。例如,在官方网站上给出的例子 Saving the Gorillas(拯救大猩猩)中,陈述报告评分如下(http://questgarden.com/00051117133742/)。

表 7-3　WebQuest 评分标准示例一

评分标准	1	2	3	4
对创建班级陈述报告所起的作用	学生没有清楚的信息组织计划,所在组的学生不能解释他们的组织计划	学生制定了清楚的信息组织计划,所有学生可以独立解释计划的大部分内容	学生为最后的研究报告制定了清晰的信息组织计划,所有学生可以独立解释该计划	学生为最后的研究报告制定了清晰的根据所获信息而组织的计划,所有学习可以独立组织和解释最后的发现

另一个例子是 Foreign Country Presentation 中,对小组成员表述也作出了详细的评分标准(http://questgarden.com/71081020120004/)。

表 7-4　WebQuest 评分标准示例二

	低于标准 15~0 分	标准 15~25 分	高于标准 25~35
陈述	陈述事实困难,陈述者声音太轻柔,使得理解困难。没有或几乎没有与观众的眼神交流	陈述者声音清楚,参加者能听见并理解信息,有时有与观众的目光交流	陈述者清楚的声音音量大小合适,所有的听众能听见并理解信息。与听众有较多的眼神交流

我们可以看到,这些评分标准表述清晰,特别有关陈述的评分标准,细致到位,对学生的陈述可以起到很好的指导作用。

(5)总结部分是用来提醒学生已经学习的内容,并鼓励学生将他们的探究内容扩展到其他领域。

3. WebQuest 的设计步骤

WebQuest 主题网站的设计步骤,一般要先确定任务/主题,好的任务能使学生快速地投入到情境中去。例如,有位老师设计的 WebQuest 任务是"四大发明哪个最有用"这个问题初看起来比较奇怪,但在实际课堂中很容易操作。将学生分成多个大组后,每个组选择四大发明中的一个作为最有用的发明,然后搜集证据,最后用陈述来证明自己的观点。通过任务和陈述,学生深入了解了每个发明的重要意义。这个主题令人感兴趣,可操作性又强,给出这样的题目,这个主题学习网站已经成功了一半。

WebQuest 的制作流程如图 7-19(http://WebQuest. sdsu. edu/designsteps/index. html)所示:

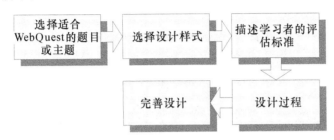

图 7-19   WebQuest 的制作流程

(1)在选择适合 WebQuest 题目时要考虑这个主题是不是适合使用网络资源或需要深入理解。然后从网上下载各种 WebQuest 网页设计模板来选择设计样式,在官方网站给出的链接中(http://webquest. org/index-create. php),提供了模板和设计实例。下载后进行修改,便可用于自己的网站设计。

(2)在设计过程中,要把握的一个重点是 WebQuest 与拾荒式学习的区别。WebQuest 是教师预先向学生提供了可用的网络学习资源。这些资源需要教师预先浏览和搜索相关网站,并将相关资源网站的具体链接放在过程模块中。这样做的目的是减轻学生搜索网络信息的工作量,让学生把学习的重点放在对资源的分析、组织上,探索如何利用现有的信息资源来解决问题。

(3)教师要对整个过程进行完善,对 5 个模块的内容进行调整磨合。

WebQuest 对网页制作技术要求低,每个设计模块都可用静态网页制作,在官网上还有设计模板下载(http://webquest. sdsu. edu/LessonTemplate. html),使普通教师也能够无技术障碍地制作 WebQuest 网站。

7.4   网络教学平台与网络课程

7.4.1   网络教学平台与网络课程概述

网络教学平台是 21 世纪初,随着网络通信、数据库应用与 Web 技术的成熟与普及,以及现代教育教学理念的发展,而快速发展起来的。网络教学平台是一种新的、更加综合、更加系统化的现代教育技术应用系统。网络教学平台也称为网络课程系统（CMS, Course Management System）、学习管理系统（LMS, Learning Management System）或虚拟学习环境（VLE, Virtual Learning Environment）。网络教学平台承载的不仅是纯粹的课件或学习材料，而是也同时综合联系着相关的学生、教师。网络教学平台针对的通常也不仅是一门课程或学科，而往往是一个教学单位（如学校）的所有课程。网络教学平台实际上不仅仅涉及直接的教学，也涉及评估和管理。

利用网络教学平台，可以在其中快速、高效地创建网络课程。按照教育部现代远程教育资源建设委员会《现代远程教育资源建设技术规范》的定义："网络课程就是通过网络表现的某门学科的教学内容及实施的教学活动的总和"。利用网络教学平台提供的综合功能和各种支持，网络课程体现了内容和活动的总和，即实际上不仅整合了数字化的教学资源，也集成了作业、在线练习、讨论、评价（考试和平时作业、活动）与管理等一系列的教学环节与功能，使得教师能够集中注意力到教学的设计，从单一课堂，到教学单元，一直到整个课程教学的设计。

网络教学平台与网络课程一方面成为现代远程教育的主要依托；另一方面在传统学校中，与面对面的课堂教学相结合，产生了所谓"混合"教学（Blend Learning 或 Hybrid Learning）的新思路、新模式，并成为近几年国际教育技术界关注、研究和实践的热点。

成熟的网络学习平台，使课程的设计、备课的效率、整体性和计划性得以大幅度提高，并且这些资源与设计工作的共享性和可重用性也大大提高。基于成熟平台的课程设计与应用，正成为系统化的实现信息技术与各课程整合的很实际的支撑手段。

目前技术上可用的网络教学平台有多种，有国际影响的如 Blackboard、WebCT、Moodle 等。国内也有一些产品，用于高校精品课程较多。从技术成熟性、经济性、版权和与现代教育观念的结合考虑，Moodle（国内有专家译为"魔灯"，开源，可免费使用）日益成为中小学网络学习平台的一个可靠选择。Moodle 在全世界教育界的使用面和影响持续扩大，受到几乎一致的好评。目前中国港台等地区应用较为领先，上海、广东、江苏、浙江等地也有很快的发展。

网络教学平台是一种较为大型的综合系统（参见图 7-20）。这类系统一般安装在 Web 服务器上，协同后台的数据库一起提供服务。由于通常安装在因特网上，所以即使学生不在学校也可以参与学习。但为了管理的有序，网络教学平台一般通过用户注册和登录的方法访问、使用。用户通常分为学生、教师、管理员，也可以是外来的访客，但各类用户权限不同。

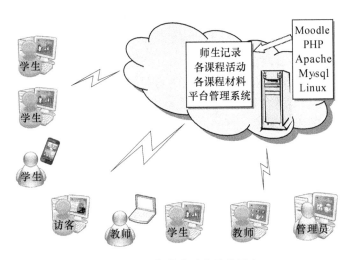

图 7-20　网络教学平台及其用户

7.4.2　Moodle 网络教学平台的功能、特点和基本用户界面

Moodle 是由澳大利亚 Martin Dougiamas 博士主持开发的课程管理系统（CMS）。Moodle 英文全称为"Modular Object Oriented Dynamic Learning Environment"，意即"面向对象的模块化动态学习环境"。国内上海师范大学黎加厚教授将其译为象声词"魔灯"，同时寓意"教师是课堂上的真正魔法师，而 Moodle 则是他手中的那盏阿拉丁神灯"（阿拉丁神灯取自《一千零一夜》传说故事）。

Moodle 是一套基于"社会建构主义理论"理念设计开发的开源代码的软件，能够帮助教师高质量创建、实施和管理在线课程。作为网络教学平台，Moodle 的特点主要包括：

1. 技术与教育结合紧密，体现出设计者对于教育教学的理解和内行，为教育教学的实际考虑较多。

2. 设计理念先进，尤其努力体现现代教育理念，Martin Dougiamas 博士将其称为"社会建构主义"的理念。

3. 作为功能全面的网络教学平台，Moodle 技术运用合理，设计调试成熟、简单轻便而运行可靠流畅。

4. 技术门槛低，提供嵌入式的所见即所得的网页编辑器，教师能够很方便地编辑课程内容，教师搭建在线课程、单元结构类似搭积木，简单有趣。

5. 支持多种新颖的教学模式，可以帮助教师学生在一个积极协作的在线环境中进行交流。

6. 在线活动记录能够详细记录和查看，有点类似一个自动记录的学生活动档案袋，对于教学、评估和管理很有实际意义。

7.能方便地设计各种选择、是非、填空等客观题,有题库管理和试卷生成功能,即便应试性的教育,也能帮助提高效率。

8.开源代码,基于"Linux(或 Windows)＋MySQL＋Apache＋PHP"的开源技术路线,作为学校,实际上可以合法、长期的免费使用。服务器配置、维护在一般学校、地方教育技术部门都可行,并且版本更新和技术支持都比较好。

9.方便的多语言支持,对于双语教学有帮助。

10.课程的备份,包括课程内容和学生活动记录的备份很方便可靠。可以基于原有课程的内容和活动设计,快速生成新课程,再加以编辑修改。

11.兼容性好,课程可以被压缩成 SCORM 包作为备份或者供其他学习内容管理平台安装使用。

12.由于学校课程、班级的组织机制与我国国情有差距,会带来一些课程组织的不适应或不方便。此外,大型的系统在适应课程、教师的个性要求方面也会有缺陷,例如视觉风格会比较单一。

Moodle 系统是基于因特网和 Web 的应用。安装了 Moodle 的计算机(服务器)具有域名或 IP 地址,这样因特网上的计算机或其他的支持设备(如智能手机)才可以通过浏览器访问。访问的进入与一般 Web 网站完全相同,即在浏览器地址栏输入具体的 Moodle 平台的 URL。进入首页,典型的页面结构如图 7-21 所示,是一个 3 栏的结构。中间栏是主要内容部分。这里是平台首页,所以列出了平台现有课程的名称及其简介,课程名称下面标出了课程教师名字。右边栏是动态模块,可以由平台管理者自行配置。这里可以看到两个模块:下面的模块是简单的日历。上面的"每天学一条术语"比较特别,Moodle 内部有一种学科教学活动叫做建立"术语集"。"术语集"的框架由教师建立,但具体术语由学生自行收集和编辑。

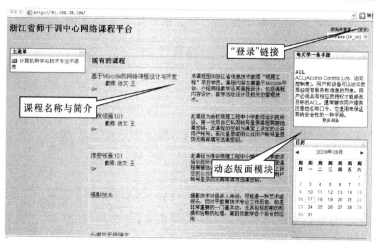

图 7-21　Moodle 访问界面(首页)

这里的模块则会每天随机从术语集中抽出一条加以展示。Moodle 是动态模块化的,究竟放哪些模块,放在哪里,网站管理者可以按需配置。页面左边栏通常放置用户可用的其他信息、工具等,用户不同会不一样。这里是未登录页面,所以特别简单。首页最重要的是页面右上角的"登录"链接。链接下面有一个(网站界面)语言选择的下拉菜单。具体语种由网站管理员配置。英语一般默认就有,国内 Moodle 平台都会加配简体中文,这样用户就有中英文可选。

从中小学校、高等教育、成人培训(如教师培训)到各种远程教育,Moodle 在全世界都得到了越来越广泛的应用。表 7-5 是 Moodle 官方网站(http://moodle.org)2011 年 7 月份的部分统计数据。Moodle 官方网站上除多种语言的帮助文档外,还提供用户与课程数较大的网站的网址。官方网站同时还提供一个实验演示网站,供用户实验,可以体验从学生、教师到管理员的角色。但世界上大部分的 Moodle 网站,除了首页,一般都会需要适当的权限才可访问。

表 7-5　全世界 Moodle 应用统计

已注册的网站	53769
国家	212
课程	4620411
用户	44599373
教师	1094036
论坛发帖	77525514
资源	41020196
测验题目	76562848

7.4.3　Moodle 网络教学平台的用户权限分配和系统注册

Moodle 是一个包括管理功能的网络教学平台,是一个包含众多元素,并通过一定关系组织起来的系统。可以将 Moodle 想象为一个网络上的虚拟学校。既然是学校,就有学生、教师、教务管理人员。学校需要开设很多课程,并备有一些其他教学资源。这些都是系统中的元素。经过管理人员安排或师生自由选择(选修课),具体的教师、课程和学生之间就有了特定的关系。要利用 Moodle 开展教学,需要理解这些关系,并且把握好 Moodle 内部各层次用户的权限结构。Moodle 的用户可按照权限大

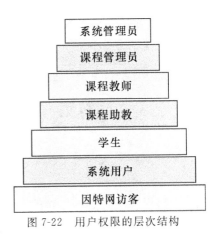

图 7-22　用户权限的层次结构

致分成若干层次,如图 7-22 的塔式结构所示。各层次的权限简单说明如下:

1.塔的底层是因特网的任何用户,这里简称为访客。访客无需注册登录,通过 URL,能够访问首页,了解一些基本情况。除此以外,就只有网站管理员或课程教师专门指定“对访客(Visitor)开放”的资源才能访问。

2.所谓系统用户,就是由系统管理员人为添加,或自行注册成功,拥有账号和密码的用户,有时也称为注册用户。系统用户类似在虚拟学校取得了基本的校籍,但未被分配课程或班级,也未被分配开设具体课程。

3.学生,选(或被指定)了课程,就成为该课程的学生。与我国国情不一致的是,Moodle 中几乎没有班级的概念,这给有些管理工作带来一定的麻烦。默认情况下,Moodle 类似一个自由选课的系统。学生可以选任何课程,但需要课程教师给的一个课程“密钥”,类似一个密码。选课(通常就是首次单击网页上的某课程名称链接)并输入正确密钥,就成为该课程的学生。以后再访问该课程,就不再需要密钥,相当于系统自动通过账号验证了课程学生资格。教师也可将课程开放,不设密钥或甚至允许访客进入。这时任何系统用户(即注册用户)都可以选该课程,并且出现在课程的学生名单上,甚至访客也可访问。对于安排了很多作业、组织了小组讨论等活动,并需要评分的课程,教师的管理会比较麻烦。

4.教师实际上是管理员先在系统中添加了课程,然后指定某系统用户成为该课程教师。管理员添加课程,只是有了课程的名称、代码等最基本的课程“户籍”。其他的有关设置、内容和活动等都是由课程教师决定或添加的,包括课程密钥的设置、课程助教的指定。课程助教是一个特殊角色,其具体权限可由课程教师在自身权限范围内设定,通常可以批改作业、评分,但不编辑课程内容和活动(相当于布置作业)。

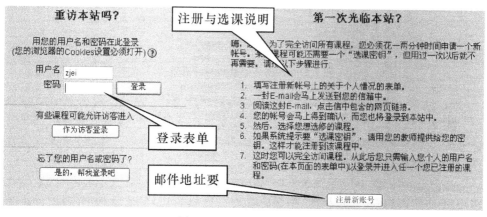

图 7-23　登录或注册页面

5.系统管理员拥有系统的最高权限,包括整个系统的构架、维护、更新,网站的总体风格(可选择或设计样式模板)、模块增减与版面结构,系统用户的审核及批量添加等。在一般较小规模的学校级应用情况下,新课程(空课程)的建立与教师的指定,也可以由系统管理员直接完成。但系统管理员也可授权某些系统用户为"课程管理员"。课程管理员可以担当课程建立、归类与教师指定等工作,类似教务处的职能。

由上面介绍可以看出,要使用 Moodle 网络教学平台,首先应该成为系统用户。在学校规模化使用的情况下,系统用户可以由系统管理员统一添加或指定。但 Moodle 默认情况下,可以自行注册。国内外很多 Moodle 网站也沿用或允许这一自行注册的方法。自行注册的方法是单击图 7-21 右上角的"登录"链接,转入"登录或注册"页面如图 7-23 所示。在该页面中单击"注册新账号"后,就弹出如图 7-24所示的注册表单,主要填写项目包括用户账号、密码、电子邮件账号(两遍)、名、姓、城市、国别。该表单需要认真填写,教师要在 Moodle 上对学生进行网络教学或混合教学,也必须要求学生按要求填写,以便于教学的管理。主要要求具体说明如下:

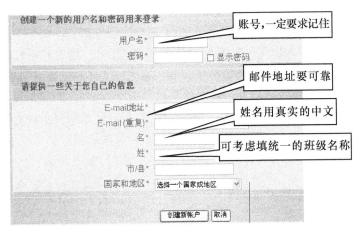

图 7-24　注册表单及填写注意事项

1.用户账号可以由用户自定,但必须是系统中唯一,否则会要求重新选择填写。账号一定要记住,新用户往往因为忘记账号而给自己和教师带来麻烦。在校学生建议要求使用学号,既保证了唯一性,又便于教师和管理人员识别,因为学号通常包含年级、班级等信息。

2.密码有长度、字符种类等要求,如至少 8 位,且要求包含大小写字母、数字及特殊字符等。密码也要求记住,但密码是可以修改的;如集体注册,可考虑也用学号。如忘掉后请管理员恢复,通常会设定临时密码,这两种情况用户都应立即登录,并修改成只有自己知道的密码。

3."E-mail 地址"在自行注册时特别重要,必须正确有效。因为账号的激活依靠它,所以系统也要求输入两遍来保障输入的可靠性。

4."名"和"姓"是分开的,这是西方的习俗。在学校中使用,建议"名"这一项填中文的"姓名"。而"姓"这一项考虑填写由教师(或管理员)指定的、统一的班级名称。同样因国情或文化差异,Moodle 中没有班级概念,"姓"这一项正好用来替代"班级"信息。这样可以迅速列出同属于某个班的学生,非常有利于教师和系统管理员的管理。

5."市/县"与"国家和地区"这两项也必须填写。"国家和地区"是从下拉菜单中选择的。"市/县"信息没有特定要求,所以除了可以据实填写外,在社会性培训(如教师培训)中,也可以利用此项目嵌入特定的"班级"信息,以便教师和管理员迅速定位同班级学员。应注意 Moodle 表单中凡是标有星号的项目都不能为空。

填写完信息,单击"创建新账户"按钮后,一般可通过立即接受 Moodle 系统发出的邮件激活账户,在邮件中直接单击链接或用其告知的 URL 即可。部分邮箱服务器可能无法收到,或被垃圾邮件过滤器屏蔽,这时须请求 Moodle 系统管理员人工激活。用这样的注册方法,可以在全世界很多 Moodle 服务器注册,以便参加学习或借鉴经验。

当然,学校规模化的推广 Moodle,为提高效率,也可以由管理员负责批量创建用户,通常通过文本或电子表格(如 Excel)名单文件导入。

7.4.4 基于 Moodle 的网络学习

账号激活后即可登录,进入登录后页面,即课程选择页面,如图 7-25 所示。登录后页面会随着用户的操作历史而有所变化,例如将已选的课程(或最近所教的课程)优先列出。页面右上角,原来的"登录"链接被提示自己已经登录的用户姓名所取代。注意"用户姓名"也是链接,可以单击后访问和编辑自己的用户信息,如修改密码、添加头像等。真正投入学习后,自己参与网上学习活动的情况也可以列出。

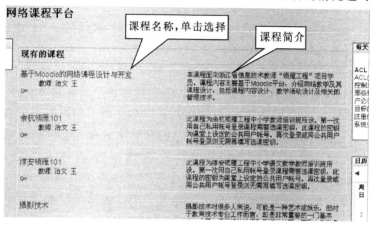

图 7-25 登录后的课程选择页面

　　登录后,一般就会选择要访问的课程,只要在页面中间栏的列表中单击课程名称即可。当系统上课程较多时,通常会组织成不同的类别。可以单击类别名进一步打开包含的课程列表。

　　第一次选某门课时,通常会被要求输入"选课密钥",密钥类似密码,由课程教师设定并提供。用户能获得此密钥,相当于教师允许该用户选此课程,见图 7-23 右半部分的选课说明。选课后,即转入 Moodle 上某门具体课程的课程页面,如图 7-26 所示。

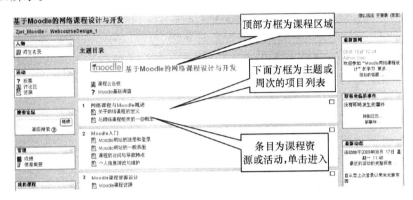

图 7-26　课程页面

　　课程页面中间栏的各个方框(矩形框)组成了课程的主要构架。除顶部方框的项目(包括内容和活动)对应于整门课程,可称为课程区域外,下面的各个方框对应于课程内各个单元。这里的所谓单元,可以对应课程的各个主题(知识点等),也可以对应于课程所在学期的各个星期,还可以是各个小组。教师可以根据课程、班级和教学特点自行设定采取何种单元格式。如在传统学校中配合有严格时间表的教学,构成混合式教学(Blend Learning),则选星期格式很有效。学生容易跟踪每一周的学习内容和活动(作业等)要求。如果是集中的短期专题培训或时间表松散的教学活动,则以主题格式组织课程更为合理。无论哪种格式,方框作为课程的下一层单元,教师都应予以命名。如虽是星期格式,仍可通过命名突出该周的学习主题或重点。

　　各单元方框内的项目(条目)就是该单元的学习资源和学习活动,不同类型的项目,前面的图标大多也不同(少数相同)。学生单击各个项目即可打开,参与学习和活动。Moodle 是一个涵盖管理,能够自动跟踪学生参与情况的系统。作为学习者,也需要努力适应这一突显网络学习特色的新学习方法。学生必须参与网络课程上的学习活动,如阅读文章资源、完成作业、提交作品、参与讨论,尝试自测等。即使教师不给予评分,参与的情况,包括各个资源项目的打开、论坛的发言,包括登录系统、尝试每一项目的具体时间也会被记录下来。教师可以看到每个学生的参与情况,包括参与或提交作业的时间(无法更改的档案),据此给予平时成绩。教师还可以适时地"公示"有关记录,以督促学生积极参与。

注意,除顶部的课程区域方框外,各单元方框的右上角都有一个矩形按钮。单击此按钮会仅显示相应的单元,以便于集中关注当前单元的学习。再次单击该位置按钮(形状有所不同),则返回正常视图,即显示全部单元。

所谓学习资源,实际主要就是网页形式的学习信息,里面可能包含各种多媒体。也有些资源类似 FTP,需要下载才能使用。学习活动则相对复杂,但多数在一般社会性网站都能见到。大部分的活动参与类似于填写和提交表单,如聊天室、即时短信、论坛发言、在线作业(纯文本形式)。参与投票,做客观题中的选择题(单选或多选)、是非题实际是选择和单击 Radio(单选)按钮或 Check(复选)框。有些作业需要附带提交文件,也同电子邮件的附件上载类似。也有一些活动要更复杂一些,如参与 Wiki,需要改写文章,还可能需要特定的标注或语法。

课程的导航机制,除了从课程页面单击项目名称进入项目页面。各个项目页面底部则会包括一个返回课程页面的按钮,单击即可返回课程页面。课程页面底部则也有一个返回 Moodle 系统页面(登录后页面)的按钮。此外,在各个页面左上角(网站名称下面),会有一个反映页面层次,形如"zjttc ▶ Mdl_Lab ▶ 资源 ▶ 资源设计"的导航路径,其中的超级链接也可以用来导航到上层的适当位置。如"zjt-tc"是网站简称,"Mdl_Lab"是课程简称,分别可单击导航到网站首页和课程页。当发现有些常用的工具找不到时,很可能是页面位置、层次不对,应予关注。

课程页面的左右两栏通常是一些学生可用的工具或相关信息。如图 7-26 中左边栏有"师生名录"(可查看本课程教师和同学,并由列表点击名字给他们发 Moodle 内部的即时信息),"活动"(活动由于常包括必须及时完成的任务、作业,所以在此单独列出)以及自己的成绩信息和基本信息管理。右边栏有最新的课程通知、课程论坛上新的发言、最近登录的师生名单等。

在网络已经高度普及的今天,学生具体的参与 Moodle 课程的学习应该没有太大的技术障碍。但教师在首次开展基于 Moodle 的网络教学时,还是应予以一定的说明和引导。尤其是对来自贫困或边缘地区的孩子,应多多予以关注,及时帮助他们解除困惑。

7.4.5　Moodle 的课程设计基础与课程属性设置

作为教师,要在网上对学生开展网络教学,必须掌握基本的课程设置、资源和活动设计的技术。这是一个技术设计和教学设计互相交融的设计工作,有挑战性,也可以很有趣,尝试对传统教学的创新,尤其是其中的活动设计。

课程具体的设计和开发前,应先在 Moodle 平台创建(即添加)课程。如前所述,需要系统管理员或课程管理员的权限才能添加课程。这一操作实际很简单。如图 7-27 所示,首先在管理员的管理菜单中选择"课程/添加修改课程"命令,接着在网页中间的课程类别中选一合适类别,然后单击"添加新课程"按钮,即弹出课程设置表单,与下一步教师可以操作的课程设置表单基本一致,如图 7-28 所示。管理员此时主要就是给课程随便命个名(可以改的),实际是取得一个户籍(Moodle 自动生成的唯一课程 ID,不可修改)。不过管理员还有一件事很重要,就是指定课程教师,然后一切就交给教师了。

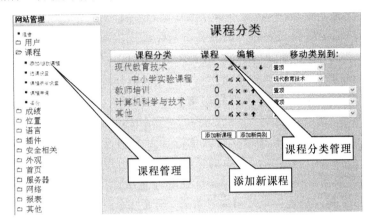

图 7-27　课程管理与添加

具体的 Moodle 课程设计可看做 3 个层次的工作。位于顶层的是课程的总体的设置,包括课程正式名称、课程简介(显示在 Moodle 首页的)、单元显示格式、课程开放和结束日期、评价机制等。中间层次可以看做一个课程大纲或详细的学期教学计划设计,或者说就是直接对应于学生进入课程看到的那个课程首页(中间栏,如图 7-26 所示)。其中包括各个单元主题、具体内容与活动的总体分配,以及各个单元内具体的项目(条目)名称与类型。最下面一层是单元内各个项目,包括资源与活动项目的具体设计。下面两个层次的设计工作次序上互相交错,但各个层次的设计方法有所不同。

图 7-28　教师的
课程管理菜单

在获授权成为课程教师后,登录 Moodle 一般会优先列出自己担任教师的那些课程。单击即可进入课程网页,初看与学生看到的课程网页都相似。但页面左边栏的管理工具既不同于学生,也不同于管理员,称为"课程管理",如图 7-28 所示。可管理的项目也不一样,反映了权限的不同。课程页面右上角有一个"打开编辑功能"按钮,和一个"角色"切换下拉框。"角色"可随时切换到学生,以便随时检查学生看到的页面效果。

作为新课程,应首先对课程进行基本设置,当然后期也可进行一些修改。单击左边栏"课程管理"工具中的"设置",即进入课程设置页面。该页面较长,需设置的项目也较多。图 7-29 所示是其部分项目。其中凡是项目名带星号的不能为空。主要需要考虑的项目说明如下:

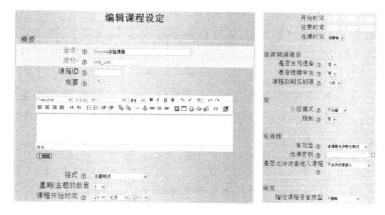

图 7-29　课程设置表单(部分项目)

1.全名,Moodle 课程全名的确定并不简单。因为 Moodle 课程远远不止于教学内容,更重要的是其学生活动的组织(有时间表)和管理。一门课程如有不同班级学生甚至不同年级的学生参与,活动的组织和管理都会相当麻烦。考虑到国情,比较合理的做法是一门课程仅针对一个班级(后面会提到,课程内容和活动复制成多门很容易)。这样,课程全名就要充分考虑到整个 Moodle 平台上的所有课程和所有师生,让大家不至于搞错或混淆。以适当的形式在课程全名上标注出明确的班级识别信息是必要的。

2.简称,一般用英文或拼音首字母加数字等组成,因为会出现在页首的导航路径上,所以希望既简短,又能有所提示作用。

3.课程 ID,无需填写。

4.概要,即简介,也会出现在 Moodle 首页上,需认真设计。可以看出,该项目可以用 html 网页形式设计,即可嵌入 logo(图形)、表格(帮助排版)等,所以也是美化课程视觉形象的重要手段。

5.格式,即前面提及的单元(方框)格式,有星期、主题、社区等可供选择,往往根据教学对象和课程时段等情况确定。

6.单元(星期/主题的)数目,如传统学校教育,并且采用星期格式,一般会取18～20,以保证能覆盖整个学期。

7.隐藏内容的方式,可在彻底隐藏和折叠方式之间选择。Moodle 对所有模块,包括单元或项目,无论有没有设计完,都可以加以隐藏。这是很有实际教学价值的功能,教师可以逐步将内容和活动向学生推出,掌握教学和学生关注的节奏。

8.小组模式,通常不会所有教学活动都分组,所以可选择不分组。在具体的教学活动设计时,还可以进行分组的,如讨论、项目性学习、Wiki 等。

9.有效性,实际是设定当前要不要开放。如果还在设计阶段,或开课时间未到,就可暂时设定为"该课程不允许学生选择"。这时,学生是看不到的。到开课前将其再设定为"该课程允许学生选择"即可。

10.选课密钥,作用如前所述,通常应予设定,并通知欲接受的学生。

11.是否允许访客进入,通常不允许,但有时为了同行交流,可以考虑"允许有密钥的访客进入",并将密钥告知。

12.指定课程语言类型,通常选"不强制"。对于英语课程或双语课程,可考虑选"English(en)",此时所有的系统界面语言都以原版英语显示。当然,教师自行设计编辑的内容不会有变化。

最后,单击页面底部的"保存更改"按钮,设定生效。

7.4.6 Moodle 的课程编辑视图与结构编辑

课程基本属性和信息设置后,即可从课程网页开始进行课程的具体设计。此时首先应通过单击左边栏"课程管理"菜单的"打开编辑功能"(或页面右上角的同名按钮)进入课程网页的编辑模式(编辑视图),如图 7-30 所示。为典型和简明起见,图中所示不是新建立的全空课程,仅取了页面中的第 2 单元(主题格式),其中已经包含若干项目。编辑视图中的有关编辑工具说明如下:

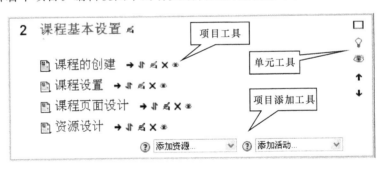

图 7-30 课程页面编辑模式及其工具

1.项目工具,位于每一项目名称右边,横排的 5 个工具。左起第 1 个为右向箭头工具,用于调整项目的缩进层次,默认在顶层,所以未出现左向箭头,此工具主要帮助建立项目的层次结构。左起第 2 个为上下箭头工具,用于调整该项目的上下位置,范围可跨越单元,如单击第 4 个项目"资源设计",就会在所有单元的项目之间出现插入方框,单击就插入到新的位置。中间的为手笔工具,即编辑工具,单击打开项目页面进行编辑,Moodle 中多处使用了此工具。左起第 4 个为项目删除工具。第 5 个为隐藏工具,隐藏的意义如前所述。

2.单元工具,位于单元右边,竖排的 5 个工具。上起第 1 个框状工具前面课程网页的非编辑视图中就有,作用如前所述。上起第 2 个灯泡状工具用于"标注该主题为当前主题"。中间也是隐藏工具,用于设定整个单元的隐藏与否。第 4、5 个箭头工具用于整个单元的上下移动,由于单元总数有限,所以单击一次向相邻方向调整一个单元的位置。

3."添加资源"下拉选框,用于添加资源类项目,可选项目如图 7-31 左边所示。单击选择某一资源选项,即进入相应资源项目的编辑页面,参见下文(7.4.7 Moodle 的课程资源设计)。下拉选框旁边的圆形问号图标,用于提供相关的帮助。

4."添加活动"下拉选框,用于添加活动类项目,可选项目如图 7-31 右边所示。单击选择某一活动选项,即进入相应活动项目的编辑页面,参见下文(7.4.8 Moodle 的课程活动设计)。

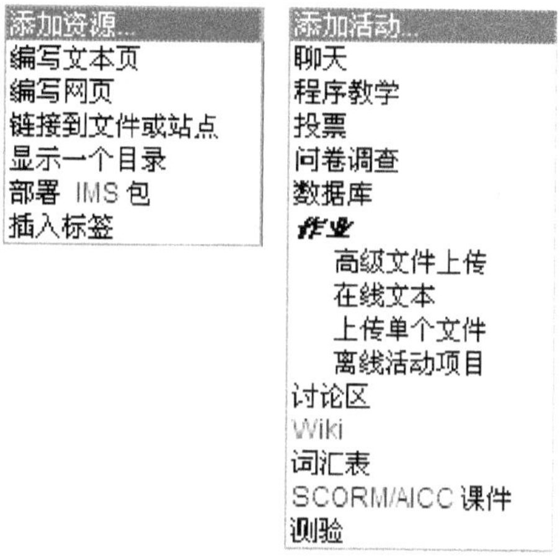

页面编辑视图中能够进行项目位置、层次调整,单元次序的调整,控制项目、单

图 7-31 资源与活动添加选项

元的隐藏与显示,以及启动项目的添加等。这些编辑工作相当于前面提到的中间层次的编辑工作,控制了课程页面(目录页面)的结构。具体的项目创建与编辑则是最底层、最具体的内容(内容页面)编辑工作。Moodle 将内容分为资源与活动两类。资源可看做是相对静止的、提供信息的内容。活动则是动态的、学生高度参与的、强交互的"内容",其内含的许多信息主要由学生共同参与创建。

7.4.7 Moodle 的课程资源设计

资源的可选项目如图 7-31 左边所示。其中"编写文本页"比较简单,最后的内容面向纯文本。最重要,并且也比较复杂的是"编写网页"。网页可以图文并茂,在具备较好网页(HTML)设计技术的基础上,也可以插入声音、视频以及交互动画(如 Flash)等。"链接到文件或站点"也非常实用,并且操作简单。"显示一个目录"类似开放一个供下载的 FTP 文件夹,可用于给学生提供资源、独立课件、程序工具等。"插入标签"简单的在课程页面中插入一行纯说明,其作用类似图 7-30 顶部的单元主题名称,也是用于帮助组织课程页面结构的。"部署 IMS 包"则用于插入外来的、标准化的学习内容包,提供了学习平台之间的兼容性。下面以"编写网页"和"链接到文件或站点"两种资源为例,简单介绍资源设计的操作。

1. 编写网页

网页是 Moodle 中最常用的资源。网页的编写大部分项目也是填写表单式的,如填写网页名称,选择是否在新窗口打开等。但其核心部分,则采取了 HTML 编辑窗口,如图 7-32 所示,有较大的灵活设计余地。编辑窗口标准工作模式是"所见即所得"的,有很多工具。大部分工具用于文本样式、颜色、对齐等属性的设定,其作用与用法与 Word 文字处理类似。超链接在网页设计中很重要,用法与 PPT 演示文稿中也类似。单击"标记语言"工具可在标准模式和纯 HTML 标记模式之间切换。HTML 标记模式对于熟练的用户很有帮助,可以帮助解决很多标准("所见即所得")模式下无法完成的工作或某些精细调整。对于熟悉 Dreamweaver 等专业网页设计工具的用户,还可以在 Dreamweaver 中进行编辑,然后通过对其 body 部分 HTML 标记复制的方法进行工作。全屏模式使工作空间更大,更接近最终学生看到的网页效果。要注意的是图片等外部媒体文件的插入,一定要将原始图片文件上传到网站。具体单击图片插入工具时,会弹出插入图片对话框,如图 7-33 所示。此时可以从课程文件夹中已有的图片中选择,但很多情况需要先在本地计算机浏览选择文件后,上传到课程文件夹,再加以选择。注意,Moodle 中图片的提示文本不能空缺。窗口最上面的图片地址是选择图片文件后自动生成的,但高级的用户可关注其课程文件夹路径(系统自动生成)。当需要在网页中插入 Flash 等 Moodle 没有提供专门工具的媒体,可以人工引用此路径。图 7-34 所示为 Flash 交互动画(SWF 文件)插入网页后的效果,大大加强了 Moodle 的教学资源设计的灵活性。网页设计完成,最后应单击页面底部的"保存并返回课程"或"保存并预览"按钮。注意,作为教师用户,在浏览资源页面时,通常右上部都会有一个"更改这个资源"按钮,单击可随时进入编辑模式,进行修改编辑。

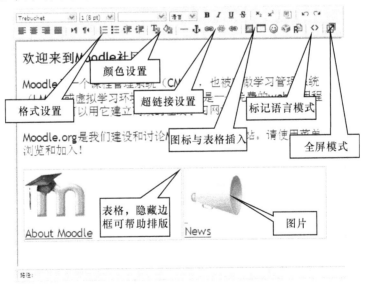

图 7-32　网页编写的主体部分编辑窗口

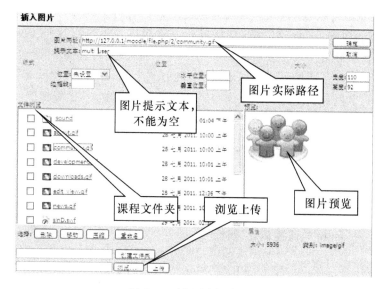

图 7-33　插入图片对话框

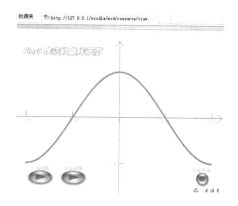

图 7-34　Moodle 网页中的 Flash 应用

2. 链接到文件或站点

"链接到文件或站点"是很有因特网特色、并且实用而方便的资源,其操作界面类似图 7-35 所示,图中做了简化,如"概要"（简介）并不需要填写,被省略了。文件是指存在服务器上（课程文件夹）的文件,必要时就从本地计算机选择上传,与上述图片文件的操作完全类似。站点则指的是因特网上的资源,只要用 URL 填入就可以,所以某种程度上是虚拟的资源。类似

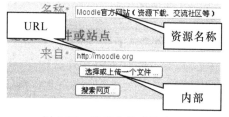

图 7-35　链接文件或站点

Word（如实验报告模板）、PPT（如课堂用的幻灯片课件）、PDF（如参考文献）文件或者可运行的课件、工具等资源，都可以此方式提供。不过以这种方式上传文件时，通常服务器对文件尺寸会有限制。超出尺寸的文件，可能要跟管理员商量，临时放宽尺寸限制，或通过服务器本地或 ftp 的方式上载。下载通常没有限制。

"显示一个目录"在概念和操作与"链接到文件或站点"有些相似。所不同的是目录是文件夹，而不是单个文件。而且文件夹是在 Moodle 上创建和管理的，并不是直接上载的。Moodle 的文件和文件夹管理也可以通过课程管理菜单中的"文件"工具（参见图 7-28）进行。通常比较零星的素材文件之类，可以用这种方式提供。有时也可考虑将整个课程要用到的所有文件，集中在课程区域通过"显示一个目录"提供。

7.4.8　Moodle 的课程活动设计

无论是相较于静态的资源内容，还是相较于其他的网络教学平台，包括昂贵的商业平台如 BlackBoard，紧密嵌入课程的、学生高度参与的、丰富多样的活动，才是 Moodle 最鲜明特色，也最能体现其声称的"社会建构主义"学习理念。创新的、可操作的 Moodle 活动设计，有可能为体现诸如学生主体性，自主学习、合作学习、探究性学习、批判性思维等现代教育教学理念提供契机。Moodle 活动的基本特征是学生必须高度参与。许多活动项目，其内含的信息主要由学生共建共享、逐步积累。这其实体现了现代 Web2.0 的理念，也体现社会建构主义关于"知识在社会交流中才更高效、高质量的建构"的主张。Moodle 良好的活动跟踪与记录功能，能促进学生的参与度，也为过程性评价带来新的、可操作的依据。

Moodle 活动的可选项目如图 7-31 右边所示，这里简单分组说明如下：

"作业"，是有效学习中很重要的环节，Moodle 中又进一步分为"在线文本"、"上传单个文件"、"高级文件上传"和"离线活动项目"。"在线文本"最简单，纯文本格式，当场在计算机上作文和提交，也很实用，是短文作业的好办法，也适合于计算机教学中的源程序提交。"上传单个文件"可以适合提交 Word、PPT、PDF（学术论文）之类的作业，也很重要。"高级文件上传"可上传多个文件，但在文件打包和压缩技术普及的情况下，作用有限，但有时受单个上传文件尺寸的限制，也有一定用途。"离线活动项目"、"聊天"和"讨论区"都用于师生和学生之间的对话交流。"聊天"即聊天室（Chat Room），现场性好，记录性较差，用于小组学生间协作对话较好。"讨论区"即论坛（BBS 或 Forum），是非常有用的教学工具，讨论式教学、课程答疑，其实也适合于短文式的作业，可以互相共享，也可以互相评价。有时可以要求学生除"在线文本"提交外，同时贴到论坛，供交流。用于教学的讨论，教师要有明确的要求，比如发帖的条数和字数，发言的相关性，对灌水的限制等。"讨论区"的适当应用，让每一位同学有发言的机会，能有效促进学生表达能力的提高。由于其共享性(大家会阅读),实践表明,班级教学论坛发言是最少抄袭的。

"投票"、"问卷调查"都是选择。投票一般仅设计一个问题,提供多个选项供学生选择。投票在了解学生情况、要求、反映方面很快捷有效,可以帮助教师决策。如课程教学一开始,就可以设计一个投票了解学生的预备知识。Moodle 本身提供了多个学习心理学方面的"问卷调查"。

"词汇表"、"数据库"和"Wiki"都可用来要求学生参与知识共建共享。"词汇表"可以用于英语生词、课程术语、专业术语包括流行语收集与解释,类似共建一本在线字典。当然也可以仅由教师提供。"词汇表"可以选择与课程资源(网页)自动建立超链接,也可以如本节开始部分首页介绍的那样,设置一个活动模块,每天随机抽一条显示在网站或课程首页。"数据库"通常包含更加规范化、格式化的数据,教师设计好字段和要求,要求学生去收集上载。"词汇表"和"数据库"通常都可以规定每一位同学至少贡献几条,作为明确的任务。"Wiki"是一个非常适合小组协作的教学活动,可以记录各个历史版本和每一个成员的贡献。精心设计和操作"Wiki",是典型的知识共建,效果很不错。Wiki 也可用于共同作文,不断修改和补充,中英文作文都合适。

"程序教学"、"scorm/ AICC 课件"实际都是计算机辅助教学经典结构的课件。"程序教学"在教育技术发展史上有重要理论意义。其简单的逻辑是先向学生展示初步的学习材料供学习,接着就提供简单测试(如选择题、是非题、填空题)。如学生通过测试,就提供进一步的学习材料和测试。否则返回原材料或其他支撑材料重新学习。如此反复循环提高学习层次。这种学习方式对于有些课程或学习内容,可以很有效,步步为营。该方式显然特别适合个别化学习,因为自定步调。"scorm/AICC 课件"与资源选项中的 IMS 学习包类似,是标准化的课件(包含交互),供学习平台之间共享和兼容。

"测验"本意就是考试,属于评估、管理一类的环节。作为数据库支持,系统化应用为特点的 Moodle,其"测验"自然涉及题库。Moodle 在编辑客观题方面功能强,使用也比较方便,不过多少要有些专门的知识和技能。通常编测验的同时也在积累题库。事实上,题库设计合理和数量积累的基础上,也可多设计一些小测验,当作练习。适当的使用,Moodle 测验的"应试"效果也会很突出,并且大大减少教师的批阅工作量。

实际上,Moodle 内部还提供了"博客"和"即时短信"等活动方式的应用。

下面以常用的"在线文本"、"讨论区"为例,简单介绍 Moodle 活动设计的具体操作。"测验"则后文另行介绍。

1. 在线文本作业

"在线文本"设计很简单,也很实用。其操作界面如图 7-36 所示。除作业名称外,这里的描述非常重要,对作业说明要具体,要求要明确,通常应有字数要求。成绩格式可以酌情设定,提交的时段也要认真考虑,既严格要求,又给学生留有适当余地。当然,事后也是可以修改的,例如提交限期过了,教师可以修改,给未及时提交的同学一个机会,但无特殊情况应该酌情扣分。作业项目如具体教学时间未到,也可在课程页面上将其隐藏,但不要忘了届时要及时将其显示。作业提交启动后,教师进入该项目,即会在项目页面右上角显示已有"多少份作业已经提交"的信息链接,单击即可显示基于学生名册的作业列表,并可逐份点击批阅。当然,考虑批阅工作量,也可将项目设定为不计成绩。当然批阅的效果会好得多。另一个替代的方法,就是上面提到的,要求学生同时贴到论坛供交流,也会大大提升学生的认真和努力程度。交流也很有利于互相借鉴,共同提高。上传文件的作业其实也很简单,除了说明和要求外,主要区别就是学生要提交文件。

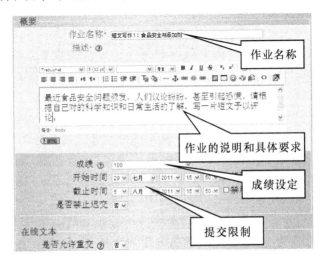

图 7-36 在线文本作业对话框

2. 讨论区

"讨论区"(论坛)是非常灵活和有价值的教学活动。讨论区的设置如图 7-37 所示。讨论区类型的选择与其用途关系密切。"一般用途的标准讨论区"适合普通讨论,限制最少。有时也可置于课程区域,贯穿整个课程或学期,供学生交流。"单个简单话题"适合嵌入单元,紧扣主题,有时就像课堂提问,不过可以要求人人回答。"每个人发表一个话题"要求明确,也适合嵌入单元,用于短平快的专题讨论、发言。"问题及解答讨论区"类似答疑区,学生提问,教师回答。也可直接模仿所谓 FAQ(Frequent Asked Questions 常见问题),给出事先准备的回答,尽可能事先解除困惑。嵌入教学单元的讨论区要求要明确,发言要有时间要求。讨论区允许上载附件,有些图片对说明问题很有效。讨论区一旦开启,学生使用技术上的要求跟因特网的一般 BBS 或评论很相像。不过第一次要学生参加网络讨论,还是需要跟学生讨论一下,什么是发帖,什么是回帖等。也应提示如何修改已发帖子,通常修改有时间限制,如半小时内,教师则不限。

讨论发言可以评成绩,至少应检查基本要求达到与否,如发帖量、字数、时间等。好在 Moodle 自动跟踪学生的讨论区参与情况,可以通过学生活动报表直观清晰地检查学生的参与程度,作为过程性评价或平时成绩。

7.4.9　题库与测验

有一位教育家说过,考试是魔鬼,但也是有效教学无法缺失的魔鬼。"测验"也是 Moodle 不可或缺的功能。测验的命题其实也是教师水平的一个重要体现。作为基于计算的平台,测验方面最基本的功能还是组织客观题,能够实现自动阅卷和评分。Moodle 支持多种样式的客观题型。

测验作为活动项目,本身操作不算复杂。但 Moodle 的测验设计是基于题库的。题库的操作可以独立进行,可以从图 7-38 教师课程管理菜单的"试题(题库)"工具进入。"题库"的编辑管理工作通常包括题目的创建(编辑)和题目的管理,主要是分类。"测验"则从一开始就离不开题库。如果题库完善,则测验设计主

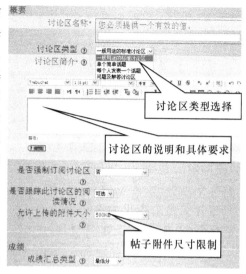

图 7-37　讨论区设置对话框

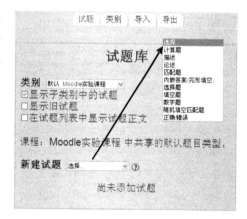

图 7-38　编辑试题页面

要就是从题库中选题组卷。如果题库为空,则创建测验一开始就要先为题库创建试题。所以题库的操作往往也可从"测验"进入。

为思路尽可能清晰,这里先单独直接进入题库,即单击课程管理菜单的"试题库"工具,弹出的编辑试题页面如图 7-38 所示。可以看出,Moodle 可以创建的题型比较多,包括了"计算题"、"描述"、"论述"、"匹配题"、"内嵌答案(完形填空)"、"选择题"、"填空题"、"数字题"、"随机填空匹配题"、"正确错误"题。有些题型不是客观题,可以创建以便组卷结构完善,但不能自动阅卷,如"描述"、"论述"。"计算题"答数值,允许有一定的误差范围。这里就国内用得比较多的选择题、是非题(正

确错误)和填空题的创建简单介绍。

1. 选择题

在图 7-38 下部的新建试题下拉框中选择"选择题",就会进入"编辑多项选择题"页面,如图 7-39 所示,限于篇幅,对话框下部的供选答案选项没有全部列出。需要填写或设定的内容主要有试题名称、试题内容、单选多选、随机排列、选项编号,以及图中未列出的多个供选答案。试题名称本身没有限制,但应尽可能含有对教师有用的提示信息,如题型、知识点类别、难度等,接着可以给一个数字编号。试题名称中甚至可包含部分试题内容文本,对教师有时更有提示作用。

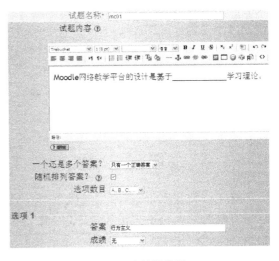

图 7-39 选择题编辑

Moodle对于题目有分类管理,正式进行按作业知识点的分类。题目本身也会带一个标识题型的图标,但图标很小,有时可能还是不太容易辨识。试题内容中,可留带下划线的空格或空括弧等代表供选对象位置,如图 7-39 所示。Moodle 的选择题兼容单选和多选,单选就设置成"只有一个正确答案"。"随机排列答案"打勾就能实现多个(如 4 个)供选答案在实际测验中的次序是随机的,这一点也是计算机测试的优势之一。无论邻座学生,还是一个学生做多次测试(练习),供选答案排列

并不一样。图中"选项数目"其实指的是供选答案编号形式,如大写字母"A. B. C. D."、小写字母"a. b. c. d."和数字"1. 2. 3. 4."等,可考虑国内学生熟悉的编号习惯,如大写字母。下面的选项,就是供选答案,具体个数其实没有限制,一般用 4 个较普遍。选项的"答案"处就填入供选答案文本,"成绩"处其实就决定了是否正确答案。非正确答案成绩选"无",正确答案则成绩"100%"。Moodle 允许答案设定为部分正确,此时成绩可设置为"50%"等。从图中可以看出,

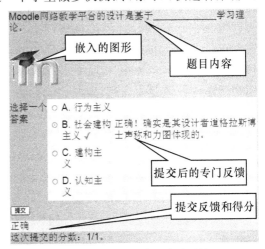

图 7-40 选择题预览和尝试反馈

Moodle的选择题"试题内容"可以附加图形,但答案选项则不可以。"试题内容"附加图形也是计算机测验的优势之一,包括彩色的图形。试题编完保存后即可预览尝试,效果如图 7-40 所示,图中所示为做了尝试,系统进行了评判并给予了反馈的情况。及时提交主要用于教师校对,加专门反馈适合用于学生练习。正式测试不会当场评判,也没有反馈。但作为练习教师也可以设定为当场评判,即时反馈。

　　2. 是非题

　　是非题在 Moodle 中对应"正确错误"。图 7-41 为是非题的编辑表单(不全)。是非题差不多就是二选一的选择题,所以设定也更简单。可以看出只要在"正确答案"处二选一,就确定了评判依据和得分,不像多项选择题还要填写多个选项,分别确定对错或得分。但反馈还是可以填写的,如图 7-41 下部的反馈信息框所示。是非题预览和尝试的情况如图7-42 所示。

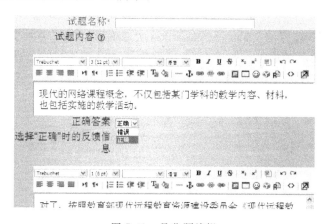

图 7-41　是非题编辑

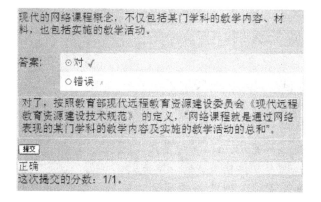

图 7-42　是非题预览与尝试

3. 完形填空题

Moodle 中有两种填空题,其外观有所不同。图 7-38 中的"填空题",实际填写答案的位置并不嵌入试题内部,而是位于试题后面,更像简答题。要嵌入句子中间真正"填空",需要选择"内嵌答案(完形填空)"。这种方式是计算机辅助教学中的经典方式之一,在没有多媒体和图形化界面(GUI)之前就有,采取的是标记的方法(语

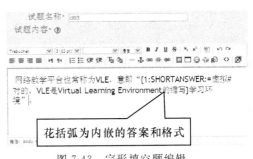

图 7-43 完形填空题编辑

法),如图 7-43 所示。标记部分由花括弧包围,内部包含了题型格式标注、正确答案,以及正确时给出的反馈。其中"1:SHORTANSWER:"部分标注了题型格式,意思是短答案格式。"="号引导正确答案,这里就是"虚拟"。紧接着的"♯"号引导正确回答时的反馈信息。图 7-44 是该题预览和尝试的情形。操作时在嵌入试题语句的方框中填入答案,提交后系统予以了评判。鼠标移到填空处,还进一步给出了预先设置的反馈。

图 7-44 完形填空题预览和尝试

这里仅给出了最简明的例子。实际上这种方法很灵活,可以有多个正确答案,还可以有部分正确答案。其实这种方法的特点是"嵌入"而非"填空",因为不光可用于填空,也可用于嵌入试题内部的多项选择(采用空白处下拉菜单的形式)。从编辑视图可以看出,这种格式也支持附加图形。理解这种标记的格式,对于理解和掌握题库批量导入的方法也很有帮助。

4. 试题导入

实际操作中,很多客观题是长期教学中积累的。原有题目如果有电子版本,就能通过适当的修改,使之符合 Moodle 支持的标准形式,通过批量导入(参见图 7-38 顶部的"导入"标签)的方法快速地建立题库。

导入的关键是题目文件格式,Moodle 支持多种导入格式。单击"导入"标签,就需要选择导入格式,如图 7-45所示。Moodle 最常用的是 GIFT 格式。GIFT支持单选题、是非题、简答题、匹配题、数学题及填空

图 7-45 试题导入及支持格

题,并且在一个单独的文本文件中可以添加多种类型的题目。GIFT 文件的例子如图 7-46 所示。GIFT 文件是文本文件,可用 Windows 记事本编辑,但记得保存的时候一定要保存为"UTF-8"编码方式。例子中可以看出,GIFT 文件无专门的文件头尾,内容完全由试题组成。该例子文件中包含了 3 个试题,类型分别为选择题、是非题和数学题,试题之间用空行隔开。题目用花括弧标注的方法与上面提到的完形题也有所相似。所谓数学题,特点是其答案可以有误差。如例子中标准答案是 6763,但设置了 ±100 的误差,用户回答 6700 也算对。

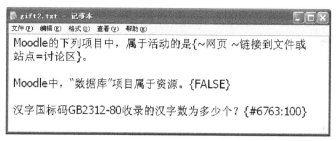

图 7-46　GIFT 文件格式

文件准备完以后,具体的导入非常简单。单击导入标签后,页面上部就如图 7-45 所示,供选择具体格式。该页面下面就有选择文件和上传的工具和按钮,与其他文件的上传一样。上传成功后,马上会显示上传题目的内容(但不是预览的格式,不包括选项、输入文本框、提交按钮等),但题库中就增加了 3 道题。试题导入很实用,但在格式编辑时一定要仔细,否则就很容易导致导入失败。

5. 测验

有了题库,生成测验就是相当简单的工作。测验作为活动,可通过添加活动(见图 7-30)的方法来创建。具体选择图 7-31 右边所示的"测验"(必要时选一下页面顶部的"编辑"标签),就会转入测验编辑页面,如图 7-47 所示。这一页面分为左右两边。右边其实就是题库编辑视图,左边则是测验编辑视图。通过单击题库中的左方向移动工具,就可以将选中试题添加到测试。通过单击左边测试中的试题右端的右方向移动工具,则可以将该试题从测试中去除,实际是退还到题库。系统自动会阻止相同试题重复进入测试,退还了则可再次添加。在题库视图的底部,可以选择批量的添加。前提是题库中题量够大,分类合理,就可选择从不同类别中随机抽取若干试题到测试,完成快速合理的组卷。

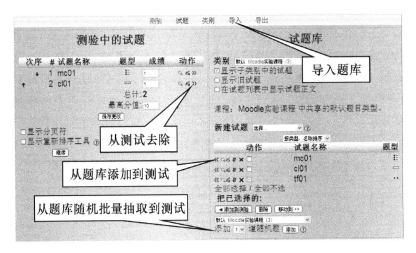

图 7-47　测验编辑

　　Moodle 网络学习平台上,题库和相应的测验、练习的应用,是课程整合较高的水平和境界。设计题库和测验来反映课程教学目标,并通过练习和评估来促进课程目标的达成,是高效的手段,教师和学生都可能从中获益。

7.4.10　Moodle 课程的实施与管理

　　Moodle 课程设计完成后,就需要实施和管理,当然实际上第一次使用往往也会边设计边实施。课程的管理通常包括但不限于以下方面:

　　1.课程人员管理,通常包括学生增减,助教的"聘请"。从课程管理菜单的"委派角色"可进入角色(人员)管理页面,如图 7-48 所示。页面上部由一个"被分配的角色"下拉选择框。作为课程教师,可以分配的角色包括学生、访客和助教(即"无编辑权教师")。图中选择了学生角色。如图 7-48 所示,具体的操作视图分为左右两个框。右边框内是还未成

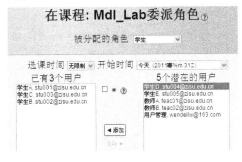

图 7-48　课程人员管理

为课程学生的全部系统注册用户列表,被称为"潜在的用户"。左边框内是已有的课程学生列表。左右框之间有"添加"和"免除"按钮,就像上面方向箭头所示的,可以将用户在左右框之间互相挪动,非常直观。助教的操作完全一样。高年级的课程,部分活动项目吸收(或轮流吸收)合适的优秀学生担任助教,既可以锻炼学生,也可以减轻教师劳动强度,或使得活动组织得更有效。

　　Moodle 中还有学生分组操作,可从"课程管理"菜单的"小组"工具进入。在创

建了若干个组(主要是设定组名)后,具体分配各组学生的操作也类似。除了课程层面可以分组(普通课程不常用,除非项目化或研究性的课程),Moodle 中的诸多活动,往往允许采用小组模式,如讨论区、Wiki、甚至测验。具体某项活动的小组操作模式又可以分为两种:一种称为"分割小组",每个小组成员都只能看到自己的组员,不能看到其他的;另一种称为"可视小组",每个小组成员都进行组内工作,但可以看到其他小组的情况。目前国内缺乏协作性的学习,可能已经影响了整个民族的合作(团队工作)精神。作为教师,有责任积极探索可行的协作学习方式。

2. 课程单元和项目的显示控制与逐步激活,无论是老(内容和活动设计已覆盖整个课程)课程,还是设计建设中的课程,都应随时关注学生看到的课程面貌。未完善的单元或项目应隐藏,有些资源和活动早已设计好,不到时间也不一定向学生展示,但任务一布置,又必须立即开启。教师应经常以学生角色检视自己的课程,包括活动的尝试。在编辑课程时,如前所述,可以随时切换到学生角色查看效果。创设一个虚拟用户,加为学生,并经常以其身份登录课程也是一个好办法。

3. 学生活动的监测与成绩的批改,无疑对教学效果很关键。Moodle 这一方面功能很强。教师的"课程管理"菜单上有报表一项,单击进入后,可以看到"日志"、"活动报表"、"参与报表"、"统计"等项目,分别记录了详细日志记录、所有活动(如测试情况,如图 7-49 所示)以及包括各个资源在内的访问

图 7-49　测验成绩报表

情况。这里的报表是课程全体学生(全班)汇总的。如要特别观察个别学生的参与情况,可通过课程页面左上角"师生名录",进入师生名单列表。单击会进入学生的信息概要页面,单击其右上角的"活动报表",即显示该学生参与课程全部项目(包括资源与活动)的详细记录。具体教学实施中,适时地在课堂上展示某些学生的活动报表,有助于促进学生积极参与。

4. 课程的备份、恢复与导入是 Moodle 非常强大和实用的功能,这三项操作都通过教师"课程管理"菜单的相应工具进入。图 7-50 所示的是课程备份的情况,可以作诸多选择。课程备份不仅备份设计好的资源和活动,也将师生的参与情况一起备份。万一服务器发生故障丢失数据,可以利用备份及时恢复。备份生成的压缩文件存在服务器上,还应及时下载一份到本地机。课程结束时可以将最后的备份作为数字化档案加以保存。故障是不可预测的,所以经常性的备份是教师负责态度的体现。课程备份与恢复机制另一个常用的功能是复制出新课程。备份和恢复时都可以选择是否包括用户数据,恢复时可以选择恢复成新课程,这样就会得到

新的空课程。前面提到过，Moodle 中对于平行班的处理，方便的选择还是复制出平行课程，再适当修改。如果教学过程中，平行课程中的一门增加了资源或活动，这时另一门课程可以通过"导入"功能选择新增项目加以导入，减少重复劳动。

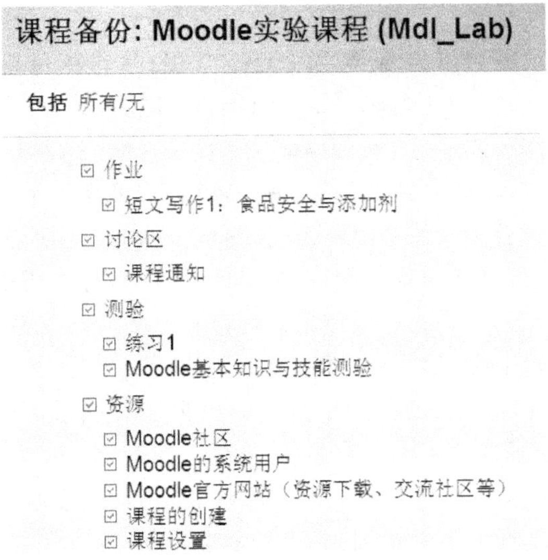

Moodle 是一个功能全面的网络教学平台，对于实际的教学需要考虑堪称细致，对于现代计算机在教学中的潜能，作了尽可能的发挥。这么庞大的系统，操作难免有复杂性。本节对 Moodle 只能说是作了简单的介绍，很多功能或具体操作未能涉及。学习者需要持续的学习

课程备份: Moodle实验课程 (Mdl_Lab)

包括 所有/无

☑ 作业
　　☑ 短文写作1: 食品安全与添加剂
☑ 讨论区
　　☑ 课程通知
☑ 测验
　　☑ 练习1
　　☑ Moodle基本知识与技能测验
☑ 资源
　　☑ Moodle社区
　　☑ Moodle的系统用户
　　☑ Moodle官方网站（资源下载、交流社区等）
　　☑ 课程的创建
　　☑ 课程设置

图 7-50　课程备份

和实践，才能不断挖掘其潜在的优势。相信引入 Moodle 这样的网络教学平台，通过网络化学习或混合教学的策略，从教学、活动、评估到管理的各个环节融入传统各学科课程，能够系统化地促进信息技术与各学科课程的真正整合，也给师生带来有益的教学新体验。

思考与练习

1. 通过因特网搜索，举出因特网教学应用的实例 3 个，其中 1 个是 WebQuest 类型。

2. 比较传统课堂教学、网络教学和混合教学，分析哪些教学内容或环节使用网络较有利。

3. 结合自己学科，设计一个 WebQuest 方案。

4. 体验 Moodle 平台，尝试学生、教师和管理员角色，并设计一个网络课程单元和至少 3 道客观测试题。

第 8 章　教学设计

内容提要与学习目标

本章介绍教学设计的概念及学习目标分类与编写、教学策略、教学媒体选择、教学评估等主要设计内容，并且介绍了"英特尔未来教育"的教学设计过程。本章学习目标为：

1. 理解教学设计的基本概念。
2. 掌握教学设计的学习需要分析、学习内容分析、学习者分析方法。
3. 理解学习目标的概念、学习目标的分类，掌握学习目标的编写方法。
4. 理解教学策略的定义、教学活动程序、教学基本方法、教学组织形式。
5. 掌握教学媒体与教学媒体的选择和运用。
6. 理解教学评价的概念、教学评价的种类、教学评价的原则。
7. 能依据"英特尔未来教育"的教学设计过程开发一个教学单元作品集。
8. 了解教学设计工具思维导图的理论和思维导图的教学应用，掌握其绘制方法。

8.1　教学设计基本概念

教学设计是运用系统方法分析教学问题和确定教学目标，建立解决教学问题的策略方案并试行解决方案，评价试行结果和对方案进行修改的过程。教学设计过程(见图 8-1)一般包括学习需要分析、学习内容分析、学习者分析、学习目标的阐明、教学策略的制定、教学媒体的选择和运用及教学设计成果的评价 7 个部分组成，其中教学设计的学习需要分析、学习内容分析、学习者分析统称为教学设计的前期分析。

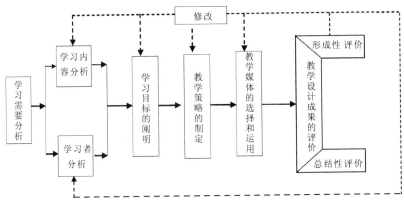

图 8-1 教学设计过程的一般模式

8.2 教学设计的前期分析

教学设计的前期分析包括学习需要分析、学习内容分析、学习者分析。

8.2.1 学习需要分析

1. 学习需要和学习需要分析的概念

学习需要是指学习者学习方面目前的状况与期望达到的状况之间的差距。期望达到状况是指学习者应具备什么样的能力素质。目前的状况是指学习者群体在能力素质方面已达到的水平。而差距指出了学习者在能力素质方面的不足,指出了教学中实际存在和要解决的问题。

学习需要分析是指通过系统的调查研究过程,发现教学中存在的问题(学习者学习方面目前的状况与期望达到的状况之间的差距),通过分析问题产生的原因,确定问题的性质,论证解决该问题的必要性和可行性。其核心是发现问题,而不是寻求解决问题的答案。最终阐明已定课题的总的教学目标(详见分析学习需要的基本步骤)。

分析结果可能有两种:一种是有差距,确实存在学习需要,教学设计工作还需要继续进行下去;另一种则是没有差距,说明根本不存在学习需要,教学设计工作便可以就此结束。

2. 分析学习需要的基本步骤和方法

(1)分析学习需要的基本步骤

分析学习需要有以下步骤:

①把期望达到的学习状况归纳整理,用学习者的行为术语表述出来,形成一个具体的指标体系。②根据这个指标体系编制成调查表进行现状调查,再将调查的结果用学生的行为术语描述出来。③把两种行为术语所描述的结果加以分析比较,找出其中的差距。④对得出的差距(即问题)产生的原因及性质进行分析,论证解决问题的必要性。⑤分析资源和约束条件,作问题解决的可行性分析。确定优先要进行设计的课题。⑥清晰地阐明已定课题的总的教学目标。

(2)学习需要分析的基本方法

分析学习需要的基本方法有内部参照需要分析法和外部参照需要分析法,两者的主要区别在于目标参照系不同:①内部参照需要分析法。内部参照需要分析法是由学习者所在的组织机构内部,用已经确定的教学目标(期望状态)与学习者的学习现状作比较,找出两者之间存在的差距,从而鉴别出学习需要的一种分析方法。②外部参照需要分析法。外部参照需要分析法是根据机构外社会的要求(或职业的要求)来确定对学习者的期望值,以此为标准衡量学习者的学习现状,找出差距,从而确定学习需要的一种分析方法。

以上两种方法的主要区别是期望值的参照系不同,相对来说,内部参照需要分析法容易操作,省时省力,但运用该方法分析学习需要往往局限于教育系统内部,即在某一特定教育或培训组织机构所规定的教学目标之内考虑教学设计问题,而对该目标的设定与社会实际要求是否相符却不够关心。因此,无法保证机构内部目标的合理性;而外部参照需要分析法操作上比较难,要耗费大量的精力和时间,但却能保证所定目标与社会需要直接发生联系,因而有其合理性。在实际运作时,可采取内外结合的方法,如图 8-2 所示,就是根据外部社会需要调整修改已有的教学目标,并以修改后的教学目标所提出的期望值与学习者的现状相比较找出差距。

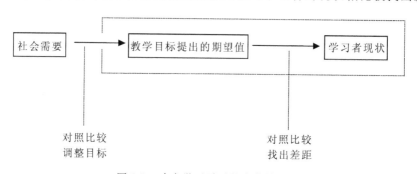

图 8-2 确定学习需要的内外结合法

8.2.2 学习内容分析

通过对学习需要的分析,揭示出教学(或培训)中存在的问题及其主要原因,据此确定教学设计的课题,并提出总的教学目标。为了保证教学目标的实现,要求教学必须有正确的、合乎目的的内容。

1. 学习内容和学习内容分析的概念

学习内容,就是指为实现教学目标,要求学习者系统学习的知识、技能和行为经验的总和。

学习内容分析的工作以总的教学目标为基础,旨在选择教学内容,确定其广度、深度以及揭示教学内容各部分之间的联系,安排其呈现顺序。

选择教学内容,确定其广度和深度解决了"学什么"的问题;揭示教学内容各部分之间的联系,安排其呈现顺序,可以把已经确定的学习内容按照学生能够理解和接受的顺序排列起来,这样涉及了"怎样学"的问题。

2. 学习内容的选择

选择教学内容就是要根据实现教学目标的学生所要掌握的知识、技能来确定教学内容的纲要。学校教师一般按单元组织教学。单元指一门课程内容的划分单位,随着学科的特点不同进行的划分也不同。例如,语文课程的单元通常指一组体裁相同的课文;数学课程的单元也就相当于教材的一章,大致是某类数学问题;而外语课程的单元则可指教材中的一课。一个单元的内容有相对的完整性。单元实质上反映了课程编制者或教师对一门学科结构的总体看法,以及在此基础上对这种结构按教学要求所做的分解和逻辑安排。例如,为小学三、四年级学生编制的电视教材《语文读写训练》(综合复习用)包括下列单元的学习内容:

课程目标

通过本课程的学习,小学三、四年级学生应系统掌握以句和段为重点的读写技能及有关的知识要点,提高学习语文的兴趣。

学习内容

第一单元　读句

第二单元　写句

第三单元　读段

第四单元　写段

第五单元　常见的分段方法

第六单元　分层的要求和方法

第七单元　常见的归纳段意的要求和方法

第八单元　应用文

3. 学习内容的安排

学习内容的安排是对已选定的学习任务进行组织编排,使之具有一定的系统性和逻辑性。

在一门课程中,各单元教学内容之间的联系一般有三种类型:一是相对独立,各单元在顺序上可互换位置;二是一个单元的学习构成一个单元的基础,结构在序列上极为严密;三是各单元学习内容呈综合型。如图 8-3 所示,在单元顺序安排上,第 1、2、4、5 单元可互换位置,但第 3、4 单元的次序不可随意更改。在组织学习内容时,首先要搞清楚各项学习任务之间的联系。

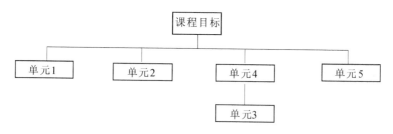

图 8-3　单元之间的综合联系

我们在具体编排教学内容时,应遵循以下原则。

(1)由整体到部分,由一般到个别,不断分化

如果学习是以掌握科学概念为主的,则基本的原则和概念应放在中心地位。根据这个特点,应先陈述学科中最一般、最概括的观点,然后就具体内容和特殊要点不断进行分化。这是因为当人们在接触一个完全不熟悉的知识领域时,只有阐明了理论思想,才能借助这种思想进行分类和系统化。一般来说,从已知的、较一般的整体中分化出细节要比从已知的细节中概括整体容易些。例如,掌握了植物的概念后,就有利于对树、果树、梨树等包括性较小和越来越分化的概念的掌握。学习内容的编排如果从那些最一般、最有包容性的命题或概念入手,它们往往能在极其多样的学习情境中为学习者的认知结构提供固定点。这种对学习内容的组织形式较适合从一般到个别进行类属学习的内容。所谓类属学习是把新知识归属于认知结构的某一适当部位,并使之相互联系的一种学习。

(2)确保从已知到未知

如果学习的内容在概括程度上高于学习者原有的概念,如在掌握了"广播"、"电视"、"报纸"等概念以后,再学习"大众媒体"这个总括性概念时,或要学习的新的命题与学习者认知结构中已有的概念不能产生从属关系时,就应采取由浅入深、由易到难、由具体到抽象,由较简单的先决技能到复杂技能的序列,排成一个有层次或有关系的系统,使前一部分的学习为后一部分的学习提供基础,成为后续学习的"认知固定点"。这特别表现在累积性学科的领域,因为这类学科的知识结构在序列上极为严密,如果不掌握前一个结构就不可能进入下一个结构,不懂得前一个概念就不可能懂得后一个概念。

(3)按事物发展的规律排列

如果学习内容是线性的,可以通过向前的、进化的、按年代发展或从起源出发

的方法来编排。这样的组织方式与研究的社会现象、自然现象的顺序和客观事物本身发展的顺序相一致,符合事物前进发展的规律。能使学习者对自然和社会现象的发展有比较完全的认识。

(4)注意学习内容的横向联系

安排学习内容时,不仅要注意概念纵向发展之间的联系,还要注意从横向方面加强概念原理、单元课题之间的联系以及知识、技能、情感各部分内容之间的协调衔接,以促进学习者融会贯通地去学习。如前所述,有些单元内容虽然是相对独立的,但也不能忽视横向的联系,因为学习者要理解一种新的知识就必须要同已知的、熟悉的知识进行比较。若在学习内容的安排中忽视对知识进行横向联系,学习者就不能区别相似概念之间的差异,新的内容含糊不清,就会导致遗忘,也不利于学习的迁移。

4. 确定单元目标与学习类别的确定

在各单元的学习内容确定以后,要为每一单元编写相应的单元目标。单元目标是课程目标的子目标,它主要说明一个单元的教学过程结束时所要得到的结果,说明学习者学完本单元的内容以后应能做什么。一个单元的目标可以是一条,也可以包括两条或更多。确定单元目标,课程目标就具体化了。

在教学过程中,只有达到各个单元目标,才能最后实现课程的总目标。由于不同类型的教学内容需要运用不同的内容分析方法,与此同时,在教学过程中需运用不同的教学策略,所以在编写单元目标时,需对教学内容的类别和性质作出基本判断。根据美国教育心理学家加涅对学习结果的分类,学习结果一般分为认知学习内容、动作技能学习内容和态度类学习内容三大类。认知学习内容又分为言语信息、智力技能、认知策略三个层次。智力技能还可以细分为辨别、概念、规则、高级规则。在对教学内容类别和性质进行分析时,加涅的学习结果分类层次体系是教学内容分析的主要依据。

例如:

小学语文教学单元之一:认识四种基本句型(陈述句、疑问句、祈使句、感叹句)。

单元目标:

使学生认识按语气分类的四种基本句型,并能正确朗读。

根据这一单元目标表述,其中学习内容可以分成两个基本类型:智力技能与动作技能。

其中"认识四种基本句型"是智力技能的学习,"能正确朗读"是动作技能的学习。

5. 学习内容选择与组织的初步评价

在各单元目标确定以后和对各单元的学习任务进一步的内容分析之前,有必要论证所选出的学习内容的效度,看是否为实现课程目标所必需。

6. 分析学习内容的基本方法

为实现单元目标,要对列出的各单元的学习任务逐项进行更深入细致的分析:学习者必须学习哪些具体的知识与技能? 这些知识与技能之间存在哪些联系? 对不同类型的学习任务,需运用不同的任务分析方法。分析学习内容的基本方法有归类分析法、图解分析法、层级分析法、信息加工分析法、使用卡片的方法。

(1)归类分析法。归类分析法主要是研究对有关信息进行分类的方法,旨在鉴别为实现教学目标而需要学习的知识点。

(2)图解分析法。图解分析法是一种用直观形式揭示学习内容要素及其相互联系的内容分析法。

(3)层级分析法。层级分析法是用来揭示教学目标所需掌握的从属技能的内容分析方法。

(4)信息加工分析法。信息加工分析法是将教学目标要求的心理操作过程揭示出来的内容分析方法。

(5)使用卡片的方法。学习内容分析的工作细致复杂,常有必要对分析结果进行修改,补充或删除一些内容。因此,需掌握一种有效的计划技巧,即使用卡片。具体方法是,将教学目标和各项内容要点分别写在各张卡片上,对它们的关系进行安排,经过修改后,再转抄到纸上。使用卡片的主要特点是灵活,便于修改及调整各项内容之间的关系;形象直观,便于讨论时交流思想。

8.2.3　学习者分析

1. 学习者分析的概念

进行学习者分析的目的是了解学习者的学习准备情况及其学习风格,以便为后续的教学系统设计提供依据。学习准备是指在从事新的学习时,他原有的知识水平或原有的心理发展水平对新的学习的适应性。学习者分析包括:学习者初始能力和教学起点的确定、学习者一般特征的分析和学习者学习风格的分析。

2. 学习者初始能力和教学起点的确定

任何一个学习者都是把他原来所学的知识、技能、态度带入新的学习过程中的,因此教学设计者必须了解学习者原来具有的知识、技能、态度,我们称之为起点水平或起点能力。

分析学习者初始能力包括对预备技能、目标技能、学习态度三个方面的分析。

(1)预备能力的分析

在传统课堂教学中,对预备能力的预估通常需要编制一套预测题。教学系统设计者可以根据经验先在学习内容分析图上设定一个教学起点,将该起点以下的知识技能作为预备能力,并以此为依据编写预测题,如图 8-4 所示。如果将进位加法和三个数的连加作为教学起点,那么教学起点线以下的内容就可作为编写预测试题的依据。通过测验可以发现:对特定课题内容,哪些方面学习者已经准备就绪,哪些方面学习者需要补习。

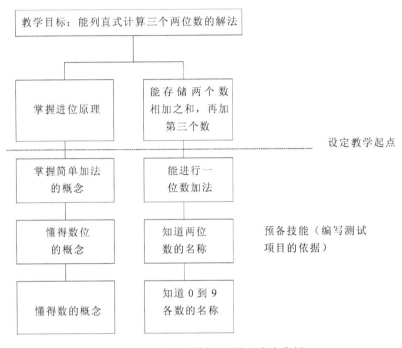

图 8-4 "三个两位数加法"学习内容分析

(2)目标技能的分析

预测的另一个方面是了解学习者对目标技能的掌握情况。当然,假如教师知道学习内容对学习者是完全陌生的,这类预测就失去意义。教学设计强调教学效果的评价以预先确定的目标为依据。在学习结束时,以具体学习目标为基础编写考试题目,来检查学习者达到目标的程度,这样,学习目标与测试试题之间就存在一种直接的联系。根据这一原理,有的学者提出,直接使用期终考试题对学习者进行预测,了解学习者对目标技能的掌握情况。从理论上说,同样的考试题如分别用于预测和后测,前后两次成绩的差距即反映了教学效果。也有人建议,从期终考试题中选择一部分重要的、有代表性的试题,对学习者进行预测。

(3)学习态度分析

对教学设计者来说,学习者对待所学内容的态度对教学的效果也会产生重要影响。判断学习者态度最常见的方法是态度量表。此外,观察、会谈等评价技术也可以用于态度分析。

在实际的教学设计工作中,以上三个方面的分析往往是结合在一起的。

3. 学习者一般特征的分析

学习者一般特征指对学习者学习有关学科内容产生影响的心理的和社会的特点,它们与具体学科内容虽无直接联系,但影响教学设计者对学习内容的选择和组织,影响教学方法、教学媒体和教学组织形式的选择与运用。美国教育界著名学者海涅克(R. Heinich)等在 1989 年指出:对学习者的一般特征,即使作一些粗略的分析,对教学方法和媒体的选择也是有益的。然而,只有教师的教学设计与学生的一般特征相适应,这些特征才会促进学生对新知识的学习;否则,还可能起消极作用。

(1)小学生的一般特征

在认知发展方面,小学生的思维已经具备了初步逻辑的或语言的思维特点,已从以具体形象思维为主要形式,逐步过渡到以抽象思维为主要思维形式,但这种抽象思维仍需具体形象思维的帮助和支持。约 10～11 岁是这一转变的关键年龄。

在言语方面,小学生可以用语言进行假设和推理,并有了一定的语言表达能力以及用语言辨析事理能力。

在感情方面,小学生的自居作用、模范趋向和自我意识有了较快的发展。但他们的学习动机多倾向于兴趣,意志比较薄弱,抗诱惑能力差,自控能力有限,需教师进行引导和控制。

(2)中学生的一般特征

在认识发展方面,中学生思维能力得到迅速发展,抽象思维占优势,但在很大程度上是经验型的。初中二年级明显地表现出突变、飞跃和两极分化。直到高中二年级初步完成转变,由初中阶段的经验型抽象思维,转变为理论型的抽象思维。思维有了系统性、结构性、预计性及个性色彩。创造性思维也有所发展。约 13～14 岁是初中生思维发展的关键年龄。

在情感方面,中学生的个人独立意识更为明显。他们感情丰富、爱幻想、富于激情、容易冲动,意志行为逐渐增多,抗诱惑能力日益增强,同一性、勤奋感是其情感发展的主要方面。但情感世界仍处于易动摇和变化的状态。在高中阶段,独立性和自主性则成为情感发展的主要方面。

(3)大学生的一般特征

大学生在智力发展上呈现出进一步成熟的特征:思维更具抽象性和理论性,由抽象逻辑思维逐渐向辩证逻辑思维发展;观察事物的目的性和系统性进一步增强,已能按程序掌握事物本身属性的细节特征;思维的深刻性和批判性有了进一步的发展;独立性更为加强,注意力更为稳定,集中注意的范围也进一步扩大。

在情感方面,大学生已有更为明确的价值观念,学习动机也趋于信念型,自我控制已建立在趋向稳定的人格基础上。

对于学生一般特征的分析,可采用观察、谈话、填写情况调查表和开展态度调查等方法进行。

4. 学习者学习风格的分析

在各种学习情境中,每一个学习者都是带着自己的特点进入学习的。而学习者之间存在着生理和心理上的个体差异。不同学习者获取信息的速度不同,对刺激的感知及反应也不同。因此,要实现真正意义上的个别化教学,必须了解学习者的学习风格,并在此基础上为每一个学习者提供适合其特点的学习计划、学习资源和学习环境,而多媒体技术的发展和网上丰富的教学资源,使个别化教学成为可能。

(1)学习风格的含义

学习风格是指对学习者感知不同刺激、并对不同刺激作出反应这两个方面产生影响的所有心理特性。学习风格包括学习者在信息接受加工方面的不同方式;对学习环境和条件的不同需求;认知方面的差异(场依存性和场独立性、沉思性和冲动性);某些个性意识倾向性因素(控制点、焦虑水平);生理类型的差异(左右脑功能优势);等等。

(2)学习风格的测量

如何对一个学习者的学习风格进行测定? 这也是教育心理学研究人员力图解决的一个研究课题。据介绍,顿(R. Dunn)等人在 1978 年曾设计了两种"学习风格测定表",用于测量学校学生和成人学习者的学习风格。这种测量表实际上是一种征答表,含有一系列意见陈述,例如:

——我喜欢一个人学习。

——我喜欢下午学习。

——我在安静的环境中学习效果最好。

——我记得最牢的是那些我听到的事情。

测量表要求学习者根据自己的实际情况,对每一条陈述的意见作出适当的反应,如在上述意见前面写上:"适合本人情况"或"不适合本人情况"。顿等人设计的测量内容包括上述感情需要、环境需求、社会性需求等方面。

8.3 学习目标的阐明

8.3.1 学习目标的概念

教学的一般目的或称教学的总目标是作为统贯教学活动全局的一种指导思想而存在的,它是教学领域里为实现教育目的而提出的一种概括性的总体要求,它所把握的是各科教育的发展趋势和总方向。但是,教学目标毕竟只是对教学活动的一种原则性规定,对于复杂的教学活动来说,只有一个原则性的规定是不够的。要使总的要求落实到整个教学活动体系的各个部分中去,就必须对实际的教学活动水平作出具体的规定,以便层层贯彻和检验。教学过程是若干等级不同的小过程所组成的,每一层次、每个小过程都有自己的具体规定,这就是决定了教学目标是一个多层次的目标体系。图 8-5 较一般地说明了各类目标的逐渐具体的层次性。单元目标是课程目标的子目标,概括、扼要地说明本单元教学结束后要达到的结果,一般说来是比较总括性的。学习目标(对教师或教学人员而言,它也常被称作教学目标)是对学习者通过教学以后将能做什么的一种明确、具体的表述。学习目标表述的是学习者的学习结果(言语信息、智力技能、认知策略、动作技能和情感)。学习目标的表述应力求明确具体,可以观察和测量。避免用含糊的和不切实际的语言表述。如"培养学生解决问题的能力"、"提高学生的阅读水平"。

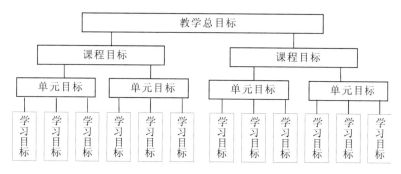

图 8-5 教学目标体系

8.3.2 学习目标的分类

美国心理学家布卢姆把教育目标分为:认知、动作技能、情感三个领域。

1. 认知学习领域目标分类

(1)知道:对信息的回忆。

(2)领会:用自己的语言解释信息。

(3)应用:将知识运用到新的情景中。

(4)分析:将知识分解,找出各部分之间的联系。

(5)综合:将知识各部分重新组合。

(6)评价:根据一定标准进行判断。

在这种分类系统中,位于第一个层次的"知道"属于最低级的目标,它只需要对知识进行简单的记忆。所以在阐明认知学习领域目标时,绝不能仅仅停留在这个最起码的目标上,一定要注意其中的各个能力水平,全面培养学生的智力技能。

2. 动作技能学习领域目标分类

动作技能涉及骨骼和肌肉的使用、协调与发展。动作技能领域的目标被分成7个等级：知觉、准备、有指导的反应、机械动作、复杂的外显反应、适应、创新。

3. 情感学习领域目标分类

情感学习与培养兴趣、形成或改变态度、提高鉴赏能力、更新价值观念、建立情感等有关，是教育的一个重要方面。情感学习领域的目标依照价值标准内化的程度可以分为5个等级：接受或注意、反应、评价、组织、价值与价值体系的性格化。

8.3.3　学习目标的编写方法

对如何描述教学目标，行为主义强调用可以观察或可以测量的行为来描述教学目标，认知心理学强调用内部心理过程来描述。尽管两种观点有上述不同，但教育心理学家一致认为，教学目标的重点应说明学习者行为或能力的变化。

1. ABCD 编写方法

ABCD 模式编写方法，基本上反映了行为主义的观点，能避免用传统方法表述目标的含糊性，强调用行为术语描写教学目标。它包含的 4 个要素是：教学对象、行为、条件和标准。

A——对象(audience)，即应写明教学对象。

B——行为(behavior)，即应说明通过学习以后，学习者应能做什么。

C——条件(condition)，即应说明上述行为在什么条件下产生。

D——标准(degree)，即应规定评定上述行为是否合格的标准。

例如：

教 学 目 标：初中二年级学生，在观看各种云的图片时，应能将卷云、云层、
　　　　　　　　(A)教学对象　　　　　(C)条件　　　　　　(B)行为
积云和雨云分别标记出来，准确率达 90％。
　　　　　　　　　　　(D)标准

2. 内外结合的编写方法

行为目标能避免用传统方法表述目标的含糊性，但它只强调行为结果，未注意内在的心理过程，会引导人们只注意学生外在的行为变化，却忽视了内在的心理变化。并且在教学中还有许多心理过程无法行为化，而学习的真正目标又主要是使学生内在的能力或情感发生变化。为了兼顾学生内部心理过程的变化和可观察的外在行为的变化，有人便提出了采取内外结合的方法来表述具体的教学目标。

1978 年格朗伦(N. E. Gronlund)在《课堂教学目标的表述》中，提出先用描述

内部过程的术语来表述学习目标,以反映理解、运用分析、创造、欣赏、尊重等内在的心理变化,然后列举反映这些内在变化的例子,从而使这些内在心理变化可以观察和测量。这就是用内部过程与外显行为相结合描述学习结果的方法。

例如:

1.领会本单元专门术语的涵义:(表现为)

1.1 将专门术语与它们所代表的概念联系起来

1.2 在造句中使用某些专门术语

1.3 指出术语之间的同异

例中,1.1、1.2、1.3 表述的行为是代表"领会"的种种表现的例子,我们愿意把它们作为教学目标已达到的证据而加以接受。"领会"是一个内部心理过程,无法观察和测量,但有后面这些证明"领会"能力的行为实例,目标就具体化了。格朗伦的方法强调列举能力的例证,既避免了用内部心理特征表述目标的抽象性,也防止了行为目标的机械性与局限性。

8.4　教学策略的制定

8.4.1　教学策略的定义

教学策略是对完成特定的教学目标而采用的教学活动的程序、方法、形式和媒体等因素的总体考虑。

8.4.2　教学活动程序

教学是一种外部事件,教学设计的目的是为了科学地影响学习的内部过程。所以,合理地组织和安排教学事件,优化教学的程序,是制定教学策略的重要内容。国内外专家、心理学家及广大教师,经过长期的教学活动程序化探索,总结出了许多具有应用价值的教学程序。

1. 概念获得程序

这是以布鲁纳等人对思维的研究为基础而设计的。由于创设条件和教学目标的不同,可以分为接受程序和选择程序两种变式。其基本过程是:呈现资料和确认属性→验证获得的概念→分析思维策略。

概念获得的两种程序变式间主要区别表现为:接受程序中的例证主要由教师提供,呈现的大多是有标记的实例。选择程序中,只有当学生询问实例的"是"或"否"时,教师才给实例以标记;学生为了获得概念,可以挑选自己要探究的实例来对例证的排列加以控制,如表 8-1 所示。

表 8-1　概念获得的接受程序和选择程序

教学阶段	接受程序	选择程序
（一） 呈现资料 确认属性	教师呈现有标记的例证 学生比较肯定和否定例证的属性 学生提出并验证假设 学生根据基本属性阐述定义	教师呈现无标记的例证 学生探究哪些例证（包括他们自己）是肯定的例证 学生提出假设并予以验证
（二） 验证获得 的概念	学生确认补充的未加标记的例证为"是" 或"否" 教师判断学生假设正确与否，命名概念， 并根据基本属性重述定义 学生提出例证	学生确认补充的未加标记的例证 学生提出例证 教师证实假设、命名概念，并根据基本属性重述定义
（三） 分析思维 策略	学生描述思想 学生讨论假设和属性的作用 学生讨论假设的类型和数目 教师帮助学生识别本质特征，并尝试用自己的语言来表达概念的定义	学生描述思想 学生讨论假设和属性的作用 学生讨论假设的类型和数目 教师帮助学生识别本质特征，并尝试用自己的语言来表达概念的定义

　　概念获得程序是一种归纳的信息加工模式。学生从观察实际例子开始，再形成抽象概念，而不是从概念的定义出发，再扩展到实例上。由于实例是获得概念活动的基础，所以必须特别注意范例的选择与排列。同时，要注意采用能观察到多种特征的媒体，要从概念本身的特点和学生的认知风格出发，考虑呈现媒体的选择。教师要防止把最后的假设（概念）的判断直述给学生，应设法让学生自己去验明假设。当学生能很好地用假设说明所有的资料时，便获得了概念。

　　2. 先行组织程序

　　所谓"先行组织程序"是指安排在学习任务之前呈现给学生的引导性材料，这个材料具有较高的抽象、概括和综合水平。本教学程序是美国心理学家奥苏贝尔的意义学习理论的重要组成部分。他认为学校课堂教学的基本形式，是以有意义的接受学习为主，提供先行组织者的目的，是用先前学过的材料，去解释、整合和联系当前学习任务中的材料，使学生能有效地学习新知识。奥苏贝尔强调，教学顺序的起点应确定在学习层次的较高点，然后再学习一些具体的学习内容。教学顺序是自上而下由抽象到具体，基本过程是：提出先行组织者→逐步分化→综合贯通。首先以抽象性、概括性强的概念为先导，作为下一级细节性和具体性概念的先行组织者。而下一级的概念又成为其他更低水平概念的组织者，如此直待预期的细节水平。在综合贯通阶段，教师要用讲解方式或提问方式，通过对每一层的概念之间的相似点和不同点的分析，帮助学生把各个经过分化的独立概念，作为连贯的整体知识的组成部分来掌握。

　　先行组织者教学程序又称为讲解式（接受）教学法，近似于我们的传统教学。

所不同的是,它强调学生的有意义学习而不只是机械学习。该教学法对讲授抽象关系更为有效。这种讲解式教学的基本特点是:其一,师生之间有大量的相互作用,在课上始终要求学生作出反应,抓住学生的注意;其二,大量利用包括图解和图画在内的例证;其三,最一般、最抽象的概念最初呈现,逐步演绎,从中引出具体特殊的概念;其四,材料的呈现一步步有序地进行,这些步骤中首先是先行组织者的呈现。"先行组织者"教学程序具体内容如表 8-2 所示。

表 8-2　先行组织者教学策略

	教学过程	
第一阶段	先行组织者的呈现	阐明本课的目的 呈现作为先行组织者的概念;确认正在阐明的概念的属性;给出例子;提供上下文 使学习者意识到相关知识和经验
第二阶段	呈现学习任务和材料	使知识的结构显而易见 使学习材料的逻辑顺序外显化 保持注意 呈现材料 演讲、讨论、放录像、做实验、阅读有关材料
第三阶段	扩充与完善认知结构	使用整合协调的原则 促使积极地接受学习 提示新旧概念(或新旧知识)之间的联系

3. 掌握学习程序

掌握学习是由美国当代著名心理学家和教育家布卢姆等人提出的一种教学程序。它是在"所有学生都能学好"的思想指导下,把教学过程与学生的个别需要以及学习特征联系起来,让大多数学生都能够掌握所教内容,达到预定的教学目标。它有以下几个主要步骤:

(1)学生定向。教师需要向学生详细说明教学目标和课题,使学生了解"掌握"的内涵,证实自己已经具备有关的基础知识。

(2)教学前指导。正式教学之前,要对尚未接受掌握教学的学生进行一定的指导,使他们明确学习程序与方法。指导的内容包括:①确立进行个别化教学的新观念和新态度;②每个学生依据考试单独评定成绩,鼓励每个学生都能获得好成绩成为掌握者;③鼓励学生之间互相帮助;④每一单元教学后要接受测验,并提供反馈及矫正程序;⑤学生实现预定教学目标可以选用不同的方法。

(3)教学过程。先进行班级集体教学,然后,在下单元教学之前,进行单元形成性测验。按测验情况将学生分成掌握组和非掌握组,并对非掌握组学生给予补救性教材与教学,直至掌握为止,才进行下一单元的教学。给予掌握组学生充实性教学,使之进入第二单元教学。教师的教学要不断遵循"起始班级教学、诊断进步测验、证实掌握或实施个别修正"的顺序进行。期末对全班学生进行总结性评价。评价不是用来区别学生的等级,而是为了验明每个学生是否掌握了完成下一个学习任务所必需的知识技能。

布卢姆认为,只要提供需要的时间和帮助,绝大多数学生都能够掌握教学目标所要求的内容,只是不同学生需要的时间和媒体类别可能不尽相同。

4. 传递—接受程序

这是我国学校教育实践中被普遍采用的一种教学程序,主要适用于认知领域的教学目标。该程序源于法国赫尔巴特(J. F. Herbart)的四段教学法,并由他的学生发展为五段教学法。经过苏联凯洛夫等人根据他们对辩证唯物主义的理解,重新加以改造后传入我国。它的基本教学过程是:激发学习动机→复习旧课→讲授新课→巩固运用→检查。教师直接控制教学过程,按照学生认识活动规律进行规划,学生对学习的内容,通过教师的传授由感知到理解,达到领会,然后练习巩固和运用所学的内容,最后由教师或学生自我检查学习效果。

该程序的特点是,能使学生比较迅速有效地在单位时间内掌握较多的知识,较为突出地体现了教学作为一种简约的认识过程的特征,因此能够在教学实践中长期存在。然而由于采用这种程序教学,学生客观上处于接受教师提供信息的地位,影响他们学习主动性的充分发挥,所以又受到各方面的批评与指责。但正如奥苏贝尔提出的,接受学习不一定都是机械被动的,关键是教师传授的内容是否为具有潜在意义的词语资料,能否与学生原有的认知结构建立实质性的联系。教师能否激发学生积极主动地从自己原有知识体系中,提取最有关联的旧知识,来"固定"或"类属"新知识。如果能够做到上述这两点,接受学习的局限性便可以得到克服。

5. 引导—发现程序

这是皮亚杰和布鲁纳等人先后提倡的一种教学程序。它的做法是:教师不把教学内容直接告诉学生,而是向他们提供问题情境,引导学生对问题进行探究,收集证据,自己从中有所发现。发现学习的一个基本标准,是让学生在参与学习活动中发现有关概念和抽象原理。布鲁纳认为:"发现不限于寻求人类尚未知晓的事物,确切地说,它包括用自己的头脑亲自获得知识的一切方法。"

引导—发现教学程序,能引导学生手脑并用,运用创造性思维去获得亲身证实的知识;培养学生发现问题、分析问题和解决问题的能力;让学生养成探究的态度和习惯。发现学习的步骤如下:

(1)提出问题。教师为学生创设问题情境,使学生在这个情境中产生矛盾,提出要求解决的问题。

（2）建立假设。学生利用原有的知识和经验，以及教师和教材提供的某些材料，对问题提出解答的假设。

（3）检验假设。通过观察和亲自实验，收集数据，从理论或实践上检验自己的假设是否正确。学生如有不同的认识可以进行讨论。

（4）总结提高。有验证假说，使问题明确，最终得出结论。教师要进行必要的引导与指导，以提高学生的认知水平，使其有所升华。

总之，引导—发现程序是以问题解决为中心，注重学生独立活动，着眼于创造性思维能力的培养，也比较适用于认知领域的教学目标。

6. 情境—陶冶程序

这种教学程序主要是通过创设一种情感和认知相互促进的情境，让学生在思想高度集中但精神完全放松的状态下进行学习。在学习中强调交流和合作，以提高学生的协作精神和自主能力，达到陶冶个性和培养人格的目的。该教学程序是由保加利亚心理学家洛扎诺夫（G. Lozanov）首创的暗示教学，主要适用于情感领域的教学目标。操作程序的步骤是：

（1）创设情境。通过语言描绘、实物演示、多媒体或绘画再现、音乐渲染等手段，为学生创设一个生动形象的场景，以激发学生的学习热情。

（2）情境体验。通过参与各种游戏、表演、唱歌、听音乐、看影视及电脑画面、谈话和操作等活动，使学生在特定的气氛中，主动积极地从事各项智力活动，潜移默化地进行学习。在活动中以情启思，以思促情。

（3）总结转化。通过教师的启发总结，使学生领悟学习内容主题的情感基调，达到情与理的统一，并使这些认识和经验转化为指导学生行为的准则，达到知情并进，情知双获。

8.4.3　教学基本方法

教学方法是教师和学生为了达到教学目标，由教学原则指导，借助教学手段（工具、媒体或设备）而进行的师生相互作用的活动，它有教师教的行为，又有学生学的行为，而且两者相辅相成。

1. 与获得认知类学习结果有关的教学方法

（1）讲授法。讲授法是指教师通过口头语言，辅以板书等向学生传授言语信息的方法，是一种教师讲、学生听的活动。

（2）演示法。演示法是指在教学中围绕某些能被感知的事物，让学生明白事理的方法，是一种教师演示、学生观察的活动。

（3）谈话法。谈话法是通过连贯地提问来引导学生的思维，促使他们独立得出结论的方法。

(4)讨论法。讨论法是在教师指导下,由全班或小组学生围绕某一中心议题发表自己的看法,从而进行相互学习的方法。

(5)练习法。练习法是在教师指导下,学生运用所学知识、技能解决同类课题的方法。

(6)实验法。实验法是教师指导学生运用一定的仪器设备,按照一定的条件去进行独立作业的方法。

(7)实习作业法。实习作业法是教师组织学生在校内外进行实际操作,把从课堂上、理论上习得的知识、技能运用于实践的方法。

2. 与获得动作技能有关的教学方法

(1)示范—模仿法。这是通过教师示范和学生模仿,来教与学如何运用内外部肌肉的动作的方法。一般的动作技能,如实验技能、体育技能、演奏技能、朗诵技能等,由于示范较易外显,学生模仿起来也较容易。为了让学生加深对动作要领的理解,防止学生机械、盲目地模仿,教师的示范要与适当的讲解相结合。

(2)练习—反馈法。动作技能是构成行为的基础,其结果反映动作的速度、准确性、力量或身体的平衡机能。最后的掌握方法是不断地练习,而且对每次练习要提供反馈信息,让学习者知道自己的动作与期望的动作之间的差距,以改进、提高动作技能。有不少动作技能也取决于学习者内部的反馈,即取自自身肌肉和关节的刺激所产生的知觉。使用这种方法时,常可利用录像技术把练习动作摄录下来然后重放,提供反馈信息,供教师和练习者本人检查分析。

3. 与情感、态度有关的教学方法

(1)直接强化法。正确态度的建立表现在学习者对一系列期望行为的选择上。直接强化法正是在学习者经过内部思考后选择某一期望的行为时,给予及时的肯定和鼓励;或者是在某些期望行为产生后,帮助学习者去实现目标,使他们获得成功的喜悦。这样,对期望行为的不断强化便能促使学习者逐渐树立起正确的态度。

(2)间接强化法。这种方法是让学习者从许多模范人物身上观察和学习的"态度"。为了使态度的学习有效,就要让学习者亲眼看到或通过电影、电视、书报等媒体观察到模范人物在产生期望行为后得到的表扬和奖励,使他们间接感受到对正确态度的强化。要注意的是被强化的模范人物必须是被学习者尊重的人。

8.4.4 教学组织形式

教学组织形式是根据教学的主观和客观条件、从时间、空间、人员组合等方面考虑安排的教学活动的方式。一般常用的教学组织形式有:集体授课、个别化学习、小组相互作用。

1. 集体授课

这种形式可用于教室、大厅,由教师站在讲台上面对学生讲授,也可通过无线电广播、电视广播、电影等间接传播,还可以面授与媒体传播结合。不管是哪一种具体形式,都主要是从教师对一个班级或一组学生,在一定的时间间隔内单向传递教学信息。在较小的班级中教师与学生可能有一定程度的双向交流,但通常学生是被动地接受信息。

(1)优点:①它是传统的教学形式,教师和学生习惯上都容易接受。②教师对它熟悉而有经验,因此容易备课。③能在规定时间内呈示较多信息。④能同时面对大量学生上课,有一定的规模效益。⑤能在讲课过程中随机增删、调整教学的内容和节奏。⑥有些教师感到能以此维持或建立自己对学生的权威。

(2)缺点:①教师管理教学活动的精确度较低,使某些特定的教学活动难以达到预期的效果。②学生常常消极地听讲、看板书或做笔记,很少有机会与教师交流看法,学习比较被动。③客观上难以适应学生的个别差异,所有的学生被迫接受一个进度,按照老师的讲授速度进行学习。④教师在单纯讲授,特别是在演讲时,难以获得关于学生产生误解和遇到困难的反馈信息。⑤单纯的言语讲授容易引起学生的注意力随时间的延长而迅速下降,学生对教学内容也往往只能记住很短时间。⑥不适用传授动作技能,对情感领域的教学目标也效果甚微。

(3)适用:①导入新课题的目标和要求,为学生指明学习方向。②介绍课题的一般背景知识或必需的预备技能。③系统讲解课题范围内的观点和材料。④介绍专业领域新近的发展情况。⑤邀请外来专家演讲或放映电影、录像等,而这些资源不可能由学生个人或小组独享。⑥进行课题或单元的复习、小结。

2. 个别化学习

这种形式目前最引人注目,当代学习理论给予了它强有力的支持:学习主要是一种内部操作,必须由学生自己来完成;当学生按照自己的进度学习,积极主动完成课题并体验到成功的快乐,就能获得最大的学习成果。认知领域和动作技能领域的大多数层次的学习目标,如学习事实信息、掌握概念和原理、应用信息、概念和原理、形成动作技能和培养解决问题的能力等,都可以通过这种形式来达到。

(1)优点:①精心设计的自学活动能体现大多数教学原则,从而提高学生的领会和保持水平,并有利于学生学习能力的培养。②允许程度各异的学生都能按自己的能力选择相应的学习条件,如内容的水平和资源的种类等,让每个学生都能最大限度地获得学习效益,并可减少差等生。③要求学生自定学习步调,自负学习责任,这有助于在其他教育活动、工作职责和个人行为方面形成良好习惯。④允许教师花更多时间去关注个别学生和学生之间的相互作用。⑤学习的时间和空间的灵活性大,特别适合于成年的、在职的学生的主客观条件。

(2)缺点:①若长期把它作为唯一的教学方式,可能会缺少师生之间和学生之间的相互作用。②若用单一途径和固定不变的方法学习,学生可能会感到单调无味。③不是对所有的学生和教师都适用。④若学生缺乏应有的自觉性,可能会拖延学业。⑤通常需要教学小组协作准备，并配有辅助设施，因此，备课复杂，费用较高。

（3）使用要点：①根据所要求的教学目标精心选择和准备学习的活动和各种不同内容、不同媒体的资源。②仔细安排学习活动，把教学内容划分成较小的独立步骤，每个步骤一般只包含单个知识点，认真安排各个步骤的学习程序。③通过一定方式让学生表现自己对所学内容的理解情况和应用情况，以便在进入下一步学习之前，检验学生对前一步内容的掌握程度。④必须让学生立即知道每一步学习的结果，让他们伴随一次次的成功，充满信心地前进。⑤教师要尽可能多地与学生接触，诊断他们的困难，及时给予帮助；激励他们自觉学习，及时给予强化。

3. 小组相互作用

这种形式给予教师和学生面对面密切接触和相互了解的机会，现代教学论越来越重视教学中的这种人际交互作用，它是实现各类教学目标，培养健全人格，促使个体社会化的有效途径。

（1）优点：①特别有利于情感领域的教学目标的实现，如形成态度、培养鉴赏力，形成合作精神和良好人际关系。②认知领域的某些高层次技能（如问题解决和决策）能受到应有的重视。③有利于提高学生组织和表达自己见解的能力。通过向其他同学解释要点和原理，学生还能强化自己的学习。④教师能及时发现哪些学生进步较慢，哪些学生需要给予鼓励或纠正。⑤教师能全面了解教学过程各个阶段的成效和缺陷，能从学生方面获得改进教学的意见。

（2）缺点：①组织工作和学生的学习准备至关重要，稍有疏忽就会影响学习效果。②没有经验或准备不充分的教师容易陷入长篇讲课的俗套，而这对于师生相互作用是不适宜的。③要使小组所有成员都积极参与活动又不至于变成无意义的闲谈有一定的难度。④教学进度不容易控制。

（3）使用要点：①为使学生较为受益，相互作用小组最多不超过 12 人，理想人数视不同活动方式而定。②小组活动安排在教师向全班讲课或学生个人自学之后进行比较有效。③小组活动应该围绕大班听课或自学中碰到的内容展开回顾、讨论、检查、修正，达到相互启发、巩固提高的目的。④如有必要，教师应在比较缓慢的进程中少量呈示教材，防止变相以"讲"为主。⑤有些活动可由学生自己主持，但教师始终应该是活动的指导者和参与者。⑥具体活动方式尽量多样化，可以用各种讨论、角色扮演、个案研究、模拟、游戏、参观等有效的方式进行。

8.5　教学媒体的选择和运用

8.5.1　教学媒体与教学媒体的选择

教学媒体是指直接加入教学活动,在教学过程中传输信息的手段。从某种意义上说,有了教学活动,就有了教学手段和工具,只是在不同时期,各种教育媒体在教学中所起的作用不同而已。传统的书本、黑板以及随后出现的幻灯机、投影仪、电视机等教学媒体在教学中主要是发挥教学手段的作用,辅助教师传递教学信息,而目前迅速发展的多媒体技术、虚拟现实技术、人工智能技术等不再是单纯的教学手段,它还可以为学生创设多种学习环境,提高学习效率,可以作为学生的认知和学习工具,培养学生的思维能力和解决问题的能力。因此,在现代教学中,媒体发挥着愈来愈重要的作用。

由于不同教学媒体的特性不同,各种媒体都有自己的优缺点,不存在对任何教学目标都最优的"超级媒体"。换句话说,没有一种媒体能对任何学习目标和任何学习者发生最佳的相互作用。但是,对于某些具体的教学目标来说,还是存在某种媒体,其教学效果明显优于其他媒体,并且每种媒体都有其独特的内在规律,即有一套充分发挥其功能的固有法则,因此,就有了媒体选择的必要性和意义。所谓教学媒体的选择是指在一定的教学要求和条件下,选出一种或一组适宜可行的教学媒体。那么,为了达到预期的教学目标,在功能各异的、丰富多彩的教学媒体中如何选择适宜的、有效的媒体呢?以下谈谈教学媒体选择的依据、方法、程序等方面的问题。

8.5.2　教学媒体选择的依据

1. 依据教学目标

每个单元、每个课题、项目都有一定的教学目标,即具体的教学要求,比如要使学生知道某个概念,或明白某种原理,或掌握某项技能,等等。为达到不同的教学目标常需使用不同的媒体去传输教学信息。以外语教学为例,让学生知道各种语法规则与使学生能就某个题材进行会话是两种不同的教学目标。前者往往采用教师讲解,辅以板书或投影材料,使学生在井井有条的内容安排中形成清晰的语法概念;后者往往采取角色扮演并辅以幻灯或录像资料,使学生在情景交融的沟通条件下掌握正确的言语技能。但假如是为了纠正学生的外语发音,最好采用录音媒体了。

2. 依据教学内容

各门学科的性质不同,适用的教学媒体会有所区别;同一学科内各章节内容不同,对教学媒体也有不同要求。如在语文学科中讲读那些带有文艺性的记叙文,最好配合再造形象,所以应通过能提供某些情景的媒体,使学生有亲临其境的感受,以唤起他们对课文中的人物、景象和情节的想象,使之加深理解和体会。又如数学、物理等学科的概念、法则和公式都比较抽象,要经过分析、比较、综合等一系列复杂的思维过程才能理解,所以应使媒体提供的教材适应教学内容,才能帮助学生理解。

3. 根据教学对象

不同年龄阶段的学生对事物的接受能力不一样,选用教学媒体必须顾及他们的年龄特征。比如,小学生的认知特点是直观形象的思维和记忆比逻辑抽象的思维和记忆发达,注意力不容易持久集中,对他们可以较多地使用幻灯、电影和录像。幻灯片要生动形象、重点突出、色彩鲜艳,能活动的地方力求活动,每节课使用的片数不宜过多,解释要细致些;使用录像和电影也宜选用短片,动画镜头可以多一些。随着年级的升高,学生的概括能力和抽象能力发展了,感知的经验也逐渐丰富起来,注意力持续集中的时间延长,为他们选用的教学媒体就可以广泛一些,传递的内容则增加了分析、综合、抽象、概括,增加了理性认识的分量,重点应放在揭示事物的内在规律性上,同一种媒体连续使用的时间也可以长些。另外,在两种效果接近的媒体中进行选择时也可适当考虑学生的习惯和爱好。

4. 依据教学条件

教学中能否选用某种媒体,还要看当时当地的具体条件,其中包括资源状况、经济能力、师生技能、使用环境、管理水平等因素。录像教学具有视听结合、文理皆适的优点,但符合特定课题需要的录像片是不是随手可得呢?语言实验室是一种极其有效的外语教学媒体,但并非每个学校都有能力置备,因陋就简采用录音机代替也是可以的。

8.5.3 教学媒体选择的模型

人们为了使选择教学媒体时所作出的主观判断更为客观、准确,在大量的媒体应用实践中逐步总结和提出了一些选择媒体的方法、程式或模型,下面主要介绍三种。

1. 问题表

问题表实际上是列出一系列要求媒体选择者回答的问题,通过对这些问题的逐一回答,来比较清楚地发现适用于一定教学情景的媒体。下面的一组问题便是例子:

所需媒体是用来提供感性材料还是提供练习条件?

该媒体是用于辅助集体讲授还是用于个别化学习?

媒体材料与学生的认知水平相一致吗？

教学内容是否要作图或图示处理？

视觉内容是用静止图像还是活动图像来呈现？

活动图像要不要配音？是用电影还是录像来表达视听结合的活动图像？

有没有现成的电影或录像以及放映条件？

问题表列出的问题根据实际情况可多可少；可按逻辑排序，也可不按逻辑排序。这种模型出现较早，并为其他一些模型提供了基础。

2. 矩阵式

矩阵式通常是两维排列，如以媒体的种类为一维、教学功能和其他考虑因素为另一维，然后用某种评判尺度反映两者之间的关系。评判尺度可用"适宜"与否、"高、中、低"等文字表示，也可用数字和字母符号表示。例如表 8-3 所示加涅提出的矩阵式媒体选择表。

表 8-3　矩阵式媒体选择表

功能 \ 种类	实物演示	口头传播	印刷媒体	静止图像	活动图像	有声电影	教学机器
呈现刺激	Y	Li	Li	Y	Y	Y	Y
引导注意和其他活动	N	Y	Y	N	N	Y	Y
提供所期望行为的示范	Li	Y	Y	Li	Li	Y	Y
提供外部刺激	Li	Y	Y	Li	Li	Y	Y
知道思维	N	Y	Y	N	N	Y	Y
产生迁移	Li	Y	Li	Li	Li	Li	Li
评定成绩	N	Y	Y	N	N	Y	Y
提供反馈	Li	Y	Y	N	Li	Y	Y

注：Y——有功能；N——没有功能；Li——功能有限。

3. 算法型

算法型通过模糊的数值计算决定媒体的取舍。一般首先对备选媒体使用的代价、功能特征和管理上的可行性等诸因素都各给予一个定值，然后按某些公式加以运算，比较备选媒体的效益指数，从而确定优选媒体。如在课堂教学中，为了提供事物形象，常有挂图、幻灯、电影和录像可供选择。这时我们既不应只考虑成本，也不能片面追求效果，而要以提高媒体的效益价值，即媒体所能达到的教学功能与所要付出的代价（经济成本、所有时间和努力程度）的较大币值为取向。若所需的事物形象不必要是活动的，上述四类媒体都能实现这一教学功能，而就所要付出的代

价而言,挂图和幻灯将比电影和录像小,显然前者的效益价值超过后者,于是我们就应该选择挂图和幻灯。具体算法如下式所示:

$$\frac{功能(静止画面)}{代价(挂图或幻灯)} > \frac{功能(静止画面)}{代价(电影或录象)}$$

8.5.4 教学媒体的选择

从以上选择媒体的方法、或模型得出的结果常会集中于一种或一组合适的媒体。若是后者,例如选择被导向一组"静止图像",则仍可有照片、挂图、幻灯、投影等再供选择。从理论上讲,这些媒体都是适用的,但实际上它们中间还存在着最佳选择。因为在教学设计实践中,纯粹按照教学目标、教学内容、教学对象、教学策略诸因素的要求来选择媒体的现象是很少的,人们不得不考虑一些其他的实际因素,如获得的可能性、成本的值得性、使用的便利性、师生的偏爱性等。虽然理论上照片、挂图、幻灯、投影都是呈示静止图像的媒体,但如果兼顾了下面矩阵表(见表 8-4)中的若干实际因素,我们就会进一步挑选出总体上最适宜的教学媒体。

表 8-4　选择媒体需要考虑的实际因素

备选媒体 / 实际因素	照片	挂图	投影	幻灯
能否得到				
制作成本				
复制费用				
准备时间				
技能要求				
设施要求				
维护要求				
学生心态				
教师心态				

拿表中的四种媒体分别与任一实际因素进行衡量,有望知道某种媒体应"优先选择",或"其次选择",或"再次选择",或"最后选择";拿它们与所有实际因素逐一衡量,我们就可以产生综合性的评判。如果用 4、3、2、1 的数字符号分别作为"优秀"、"其次"、"再次"和"最后"的等级分值,再考虑加权因素,我们就能以累积总分的多少作为选择的准绳。

8.5.5　教学媒体运用设想的阐明

选择教学媒体的目的完全是为了在教学中加以运用。从追求教学效果的角度看,媒体的运用比媒体的选择更重要。因此,教学设计者有义务将自己在选择媒体时的种种考虑融合或升华至如何合理运用拟选媒体的设想上来。具体地说,应该把知识点、学习水平与媒体的关系,及其应用方式表达出来作为教学过程实施的参考。例如,通过填写下面的表格(如表 8-5 所示),就是对于某课题各个知识点拟选媒体的运用说明。

表 8-5　教学媒体运用说明一览表

课题名称	知识点	目标水平	拟选媒体	媒体内容要点	使用时间	资料来源	媒体在教学中的运用	媒体使用方式
	1							
	2							
	3							
	4							

其中,"媒体在教学中的运用"包括创设情境、引发动机;反映事实、显示过程;示范演示、验证原理;提供练习、训练技能;等等。"媒体使用方式"包括设疑→演示→讲解;讲解→演示→概括;演示→练习→总结;边播放、边讲解;等等。

在设想如何运用教学媒体的时候,要考虑各种媒体的优化组合。因为正像人体各部分器官虽然分工明确,各司其职,但它们的功能是通过优化组合才得以充分发挥一样,教学媒体系统功能的充分发挥也是通过多种媒体的组合后形成的优化结构来实现的。一个好的多种教学媒体组合的整体结构应具备以下几个特点:传递的信息量较大;调动多种感官共同参与、相辅相成;各种教学媒体的主要优势都得以充分发挥;各种媒体都信手可得,且使用方便。

8.6 教学设计成果的评价

8.6.1 教学评价的概念

我们一开始在论述教学设计的定义时就提到,教学设计的涵义中包括了对解决教学问题的预想方案进行评价和修改的内容。这里,评价是修改基础,是教学设计成果趋向完善的调节环节。教学评价是指以教学目标为依据,制定科学的标准,运用一切有效的技术手段,对教学活动过程及其结果进行测定、衡量,并给以价值判断的过程。

8.6.2 教学评价的种类

依照不同的分类标准,教学评价可以分为不同的类型。

1. 按评价基准的不同,教学评价可分为相对评价、绝对评价和自身评价

相对评价就是在被评价对象的群体或集合中建立基准,然后把各个对象逐一与基准进行比较,来判断群体中每一个成员的相对优劣。

绝对评价就是将教学评价的基准建立在被评价对象的群体或集合之外,把群体每一个成员的某种指标逐一与基准进行对照,从而判断其优劣。

自身评价既不是在评价群体之内确立基准,也不是在群体之外确定基准,而是对被评价的个体的过去和现在相比较,或者是对他的若干侧面进行比较。

2. 按评价的功能不同,教学评价可分为诊断性评价、形成性评价和总结性评价

诊断性评价一般是在某项教学活动开始之前,对学生的知识和技能、智力和体力,以及情感等状况进行摸底测试,以便了解学生的实际水平和准备状况,判断其是否具有实现新教学目标所必需的基本条件,为教学决策提供依据,使教学活动适合学生的需要和背景。

形成性评价是在某项教学活动的过程中,为使活动效果更好而不断进行的评价,它能及时了解阶段教学的结果和学生学习的进展情况、存在问题等,以便及时反馈,及时调整和改进教学工作。

总结性评价一般是在教学活动告一段落时为把握活动最终效果而进行的评价。

现以表8-6来概括教学中诊断性评价、形成性评价、总结性评价的异同。

表 8-6 诊断性评价、形成性评价和总结性评价的异同

	诊断性评价	形成性评价	总结性评价
实施时间	教学之前	教学过程中	教学之后
评价目的	摸清学生底细以便安排学习	了解学习过程,调整教学方案	检查学习结果,评定学习成绩
评价方法	观察法、调查法、作业分析法、测验法	经常性测验、作业、日常观察	考试或考查
作用	查明学习准备情况和不利因素	确定学习效果	评定学业成绩

3. 按评价分析方法的不同,教学评价可分为定性评价和定量评价

定性评价是对评价做"质"的分析,是运用分析和综合、比较和分类、归纳和演绎等逻辑分析的方法,对评价所获取的数据资料进行思维加工。分析的结果一种是描述性材料,数量化水平较低甚至没有数量化,而另一种是与定量分析密切结合的定性分析。一般情况下定性评价不仅用于对成果或产品的评价分析,更重视对过程和相互关系的动态分析,以评价变量之间相互影响的过程。

定量评价则是从量的角度运用统计分析、多元分析等数学方法,从复杂纷乱的评价数据中总结出规律性的结论,由于教学涉及人的因素、变量及其关系是比较复杂的,因此为了揭示数据的特征和规律性,定量评价的方向、范围必须由定性评价来规定。可以说,定性评价与定量评价是密不可分的,二者互为基础、互相补充,切不可片面强调一方而偏废另一方。

8.6.3 教学评价的原则

为了做好各种教学评价工作,必须根据教学的规律和特点,确立一些基本的要求,作为评价的指导思想和实施准则。具体来说,教学评价应贯彻以下几条原则。

1. 客观性原则

客观性原则是指在进行教学评价时,从测量的标准和方法到评价者所持的态度,特别是最终的评价结果,都应符合客观实际,不能主观臆断或掺入个人情感。因为教学评价的目的在于给学生的学和教师的教以客观的价值判断,如果缺乏客观性就会完全失去意义,还会提供虚假信息,导致错误的教学决策。

2. 整体性原则

整体性原则是指在进行教学评价时,要对组成教学活动的各个方面做多角度、全方位的评价,而不能以点带面,以偏概全。由于教学系统的复杂性和教学任务的多样化,使得教学质量往往从不同的侧面反映出来,表现为一个由多因素组成的综合体。因此,要真实地反映教学效果,必须把定性评价和定量评价结合起来,使其

相互参照,以求全面准确地判断评价客体的实际效果,但同时要把握主次,区分轻重,抓住主要矛盾,在决定教学质量的主导因素和环节上花大力气。

3. 指导性原则

指导性原则是指在进行教学评价时,不能就事论事,而应把评价和指导结合起来,要对评价的结果进行认真分析,从不同角度查找因果关系,确认产生的原因,并通过及时的、具有启发性的(非行政命令性的)信息反馈,使被评价者明确今后的努力方向。

4. 科学性原则

这条原则是指在进行教学评价时,要从教与学统一的角度出发,以教学目的体系为依据,确定合理统一的评价标准,认真编制、预试、修订评价工具。在此基础上,使用先进的测量手段和统计方法,依据科学的评价程序和方法,对获得的各种数据和资料进行严谨的处理,而不是靠经验和直觉进行主观判断。

8.7 信息化教学设计典型范例:英特尔未来教育

信息化教学设计是充分利用现代信息技术和信息资源,科学安排教学过程的各个环节和要素,为学习者提供良好的信息化学习条件,实现教学过程优化的系统方法。其目的在于培养学生的信息素养、创新精神和综合能力,从而增强学生的学习能力,提高他们的学业成就。

"英特尔未来教育"(Intel Teach to the Future)是一个大型的国际合作性教师培训项目,其实质之一就是使教师知道如何进行"把计算机应用到课程中去"的教学设计即信息化的教学设计。其目的让学生们发挥创造力,摆脱课堂束缚、增强学生的学习能力、提高学生的学业成就。"英特尔未来教育"的教学设计的过程如下。

8.7.1 建立教学项目文件夹

要求创建一个统一结构的教学项目文件夹(教学项目文件夹结构如图 8-6 所示),这样可以对教学设计工作中产生的文档进行方便的组织管理。使教学设计工作标准化。

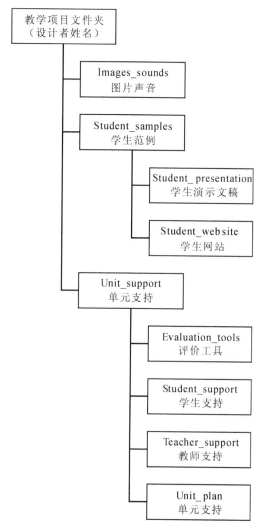

图 8-6 教学项目文件夹结构图

8.7.2 准备单元计划

用提供的单元计划模板(Word 文档)开始策划自己的单元计划,其中最重要的是创设单元的框架问题(包括基本问题、单元问题和内容问题)。初步完成后,将其存在相应的项目文件夹中(第一步所建的项目文件夹"Unit_plan 单元支持"文件夹中)。这只是单元计划的初稿,以后要在教学设计过程中,逐步修改不断完善。

1. 单元计划模板

下面是"英特尔未来教育"提供的单元计划模板。

单元计划模板

单元作者

姓名	
电子邮件	
所教学科	
学校名称	
学校地址	
邮政编码	
联系电话	

如果你的单元作品集将来被选中而上传到英特尔®未来教育数据库中,你是否愿意署名?

是　　　否

单元概览

单元标题		
框架问题	基本问题	
	单元问题	
	内容问题	
单元概述		
关键词		

学科领域(在相关学科复选框内打勾):

□ 思想品德	□ 语文	□ 数学	□ 体育
□ 音乐	□ 美术	□ 外语	□ 物理
□ 化学	□ 生物	□ 历史	□ 地理
□ 信息技术教育	□ 研究性学习	□ 社区服务	□ 社会实践
□ 劳动与技术教育	□ 其他:		

年级(在相关年级复选框内打勾):

□ 小学　年级	□ 初中　年级	□ 高中　年级	□ 其他:

课程标准(本单元所针对的课程标准或内容大纲):

注:请在设定课程标准时,要充分研究国家新课程标准,在附录中提供了指向各科新课标的网站链接。

学习目标：

过程（教学或学习过程）：
说明：在描述单元的教学或学习过程中，您一定会用到培训中制作的文档，请在用到这些文档的位置，注明相应的文件名，并设置链接，以便浏览者方便查看相应文件。建议按照教学实施进度的时间顺序设计教学过程。

预计时间（如，45 分钟、4 小时、1 年等）：

前需技能（学生在开始此单元前必须掌握的知识或技能）：

本单元所需材料和资源：

所用教材及版本	
印刷资料	
辅助材料	
网络资源	
其他	

评价工具（请将制作完成的评价工具名称列在这里，并设置链接，以便指向相应的文件）：

对演示文稿	
对出版物	
对网站/网页	
其他评价	

为个别化教学所做的调整：

需要帮助的学生	
高材生	

2. 了解框架问题

(1)为什么要提问题

我们应如何精心设计单元和课程,才能帮助学生发展他们的理解能力? 又应该如何重新组织大量知识,才能使之吸引学生,帮助他们全神贯注地进行探究学习? 一个关键的设计策略就是围绕着知识诞生的原始情境中发生的问题来构建课程,而不是教给他们课本中现有的"专家"答案。如果不让学生提出并探究一些具有普遍意义的问题,那么他们只能接触一些相互脱节的活动,导致对重要概念的肤浅认识。如果我们不围绕此类问题进行教学,那么教学活动便成为表面的、盲目的行为。

著名哲学家伽达默尔论及提出问题的重要性时曾说过:"我们可以将每一个陈述都当作是对某个问题的反应或回答,而要理解这个陈述,唯一的办法就是抓住这个陈述所要回答的那个问题。"在传统教学中,学生们得到的正是这些"陈述",而没有机会"抓"住这些陈述所要回答的问题。由于学生缺少机会将知识与具体的问题情境联系起来,而且,事实性知识也没有为学生的高级思维能力提供必要的机会。因此,用传统教学模式培养出来的学生可能拥有丰富的知识,但却缺乏解决具体情境中新问题的能力准备,更没有发现问题的敏感与习惯。

问题在世界上是普遍存在的,人类社会的历史正是在不断发现问题,又不断解决问题的螺旋上升的过程中发展前进的,我们必须把知识得以产生的"问题"还给学生。

(2)关于框架问题

我们这里所指的框架问题,是用于框定单元学习范围,并引导学生深入学习与探索的一组问题。通过框架问题的提出,学习被设置在复杂的、有意义的问题情境中,学生被置于积极的问题解决者的角色,在问题求解过程中学习单元内容并培养高级思维技能。

框架问题是有层次的,不同的教学设计者们对不同层次的问题有着不同的提法。为了表述与讨论的方便,我们在这里将不同层次的框架问题命名为基本问题、单元问题与内容问题。

(3)基本问题、单元问题和内容问题

为了达到持久性的理解,我们必须利用具有挑战性的、深层次的问题来揭示一个学科内涵的丰富性和复杂性性。"基本问题"直接指向学科的核心思想和关键探究,具有广泛意义、穿透力和挑战性。

然而,经验告诉我们,基本问题尽管具有穿透力或挑战性,但并非总能作为具体论题的成功通道。对学生来说,基本问题一般不能切入具体论题,这些问题可能不具体、太抽象或太宽泛,不易进行研究,因此需要比较具体的问题(单元问题)来引导和指导研究工作,通过对具体问题(单元问题)的研究来揭示基本问题。单元问题是以单元为背景,给学生提出一些开放的、没有现成答案的、需要他们运用聪明才智才能回答的问题。单元问题具有以下一些特点:与单元情境直接相关,旨在发展学生的高级思维能力,没有明显的"正确"答案,是为了激发和维持学生的兴趣而精心构造的。

所有的能力培养是在必要的事实性知识与基本技能的积累下才能达到。内容问题在学生的学习与探究过程中是必不可少的,指向事实性与基础性技能的问题,我们称为内容问题。这类问题为学生发展高级思维能力打造知识基础。内容问题具有以下一些特点:来源于课程标准中的学习目标,直接支持学习内容,大多涉及的是事实而不是对事实的阐释,都有明确的答案。

例如:

单元标题		我是一个小小设计师
框架问题	基本问题	怎样运用数学知识解决生活中的问题?
	单元问题	1. 我们学校的操场有多大? 你是怎么知道的? 2. 你会选择哪种材料装饰我们学校操场的跑道? 为什么? 3. 你会选择哪种草皮种植在操场内圈? 为什么? 4. 请你预算一下,要完成这两项工作大约需要多少钱?
	内容问题	1. 如何计算圆的面积? 2. 如何计算长方形的面积? 3. 铺设操场跑道的材料有哪些? 各有何特点? 4. 铺设操场内圈的草皮有哪些? 各有何特点?

框架问题的基本问题、单元问题和内容问题的设计直接涉及单元计划的完成水准,布卢姆把思维技能(由低级向高级)分为:认知(对信息的回忆)、理解(用自己的语言解释信息)、应用(将知识运用到新的情景中)、分析(将知识分解,找出各部分之间的联系)、综合(将知识各部分重新组合)、评价(根据一定标准进行判断)。单元问题一般应以应用、分析、综合、评价为学习目的,用来发展学生的高级思维能力。内容问题是学生研究单元问题时必要的事实性知识与基本技能为学生发展高级思维能力打造知识基础。

(4)框架问题的选择

①"Intel 未来教育"是带建构主义倾向的教学模式,比较适合劣构领域知识(无明显正确答案)和高级知识(将知识运用到新的情景中)的学习,其学习结果往往是"发散"的(学生不易达成共识),但在知识应用能力方面通常表现为"远迁移"(素质教育),并且因其大多采取发现式和讨论式的教学形式,耗时多,注重学生在创新能力方面的实际效果。因而课程问题的选择可参考客观主义—建构主义维度模型(如图 8-7 所示)。

②"Intel 未来教育"框架问题的类型可以分为两大类:课题研究类和项目(活动)设计类。课题研究以解决对客观世界和人自身的某一个认识问题为主要目的,具体包括调查研究、实验研究、文献资料搜集等手段。如:音乐与中小学生追星现

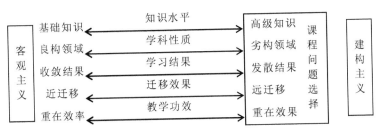

图 8-7 客观主义—构建主义维度模型

象研究、中小学生心目中的教师等。项目(活动)设计类以解决一个比较复杂的操作问题为主要目的,一般包括社会性活动的设计和科技项目的设计两种类型。如:策划(设计)主题班会,为学校设计既漂亮又有特色的校徽等。

③框架问题的选择应尊重学生兴趣爱好,关注学生生活实际。学生对某个问题产生浓厚的兴趣和探究的愿望,不仅是进行学习和探究的直接动力,也是充分发挥他们创新精神和创造潜能的前提。教师可以通过调查找出学生有兴趣的问题。中小学生的逻辑思维已有了一定的发展,能对各种自然现象和生活实际进行思考,并有自己的观点和看法。与此同时,基于中小学生身心发展的特点,其活动和探究的范围又有较大的局限性。关注学生生活实际,可以充分发掘适合中小学生年龄特点和能力水平的探究题材。如:"关于中小学生服装的研究"、"校园环境的设计"、"策划一个主题班会"、"中小学生的营养配餐",等等。

3. 学习目标的阐明

学习目标表述的是学习者的学习结果,布卢姆把教育目标分为:认知、动作技能、情感三个领域,在编写学习目标中我们也可以从认知、动作技能、情感三个方面阐述。

学习目标的表述应力求明确具体,可以观察和测量。避免用含糊的和不切实际的语言表述。如:"培养学生解决问题的能力"、"提高学生的阅读水平"、"深刻理解"、"充分掌握"等,这些词语的涵义较广,各人均可从不同角度理解,因而使目标表述不明确,给以后的教学评价带来困难,编写学习目标时应避免使用。我们可以用马杰的"行为"、"条件"和"标准"三要素模式来编写学习目标,如:提供报刊上的一篇文章,学生能将文章中陈述事实与发表议论的句子分类,至少有 80% 的句子分类正确,其中"提供报刊上的一篇文章"为"条件","能将文章中陈述事实与发表议论的句子分类"为"行为","至少有 80% 的句子分类正确"为"标准"。

8.7.3 为单元计划查找资料

教师将在 Internet 上(使用搜索引擎如 http://www.google.com、http://www.baidu.com)和用资料光盘为单元计划拟定的框架问题查找资料,并创建一个引用资料记录。将查找的资料(图片和文字)和引用记录存在第一步所建的相应的教学项目文件夹中。

8.7.4　创建学生演示文稿范例

教师以学生身份创建学生演示文稿(用 PowerPoint)来报告框架问题的基本问题和单元问题的研究过程和结果。学生多媒体演示文稿范例(和学生网站的范例)创建实际是研究性学习活动外化的过程。

创建学生演示文稿范例应做到:

1. 学生演示文稿范例(和学生网站的范例)创建应注意技术使用和学生学习之间的明显联系。例如:"Intel 未来教育"教材配套光盘"影子"教案中,研究性学习活动如下:学生到户外去,结对成组,轮流相互测量影子的长度,每隔一小时或半小时返回测量地点测量一次。他们记录一天(8:00—15:00)影子长度的测量值以及每次测量的时刻。他们用 Microsoft Excel 输入所测量数据,将数据转化成柱状图。让每个学生共享他们的发现并解释他们的柱状图,并讨论与太阳位置图画有关的影子研究结论。又如:一位学员设计的"营养配餐"教案中,研究性学习活动如下:教师给学生介绍营养计算器软件,此软件有以下功能:用户输入年龄、性别、体重,它能计算出用户每日所需营养(如蛋白质、脂肪、维生素等多少毫克),用户输入每日所吃的食物,它能转化为营养素(若 100％吸收),学生利用此网站可以进行营养配餐。以上两个教案中所使用的技术(Microsoft Excel 将数据转化成柱状图、利用相关软件)成为单元计划成功不可缺少的因素。

2. 使学生演示文稿范例(和学生网站的范例)能够支持高级思维能力。布卢姆把思维技能(由低级向高级)分为:认知(对信息的回忆)、理解(用自己的语言解释信息)、应用(将知识运用到新的情景中)、分析(将知识分解,找出各部分之间的联系)、综合(将知识各部分重新组合)、评价(根据一定标准进行判断)。设计的学生多媒体演示文稿范例(和学生网站的范例)是研究性学习活动外化,应注重思维技能由低级向高级提升,将注意力集中到分析、综合、评价高级思维能力上。

3. 学生演示文稿范例(和学生网站的范例)应回答课程问题中的基本问题、单元问题及拟定的学习目标。

4. 以学生的研究性学习过程和研究报告的新体例来设计,而不是以知识呈现和传递为中心的课件思路来设计。

5. 随时提醒和暗示自己是以学生的身份,用学生的思路和语言来设计报告,而不是以教师授课的角度和思路来设计报告。

6. 界面设计简洁,重在学生研究的内容、过程、思路和个性化的研究结果的设计,而不是注重界面设计的精美,忽略内容和思想的设计与构思。

7. 要让文稿中的用语及内容与学生的年龄相适合,这个范例在内容和设计方面应该符合教师对学生的最低要求。

8.7.5 创建学生演示文稿评价工具

教师创建一个学生演示文稿评价工具,用来评价教学实施中学生创建的多媒体演示文稿。

创建"学生演示文稿评价工具"(和"学生网站评价工具")时要注意评价工具的可操作性。例如"影子"教案中的"学生多媒体演示文稿评价工具",可操作性较强,如其中有"我有写有标题的幻灯片"、"我对我的画和影子作了说明"、"我说了几种我所学到的关于影子的知识"。我们应避免使用诸如"设计美观、引人注目"、"内容突出"等可操作性较差的标准,从而使评价工具流于形式。

8.7.6 创建学生支持材料

学生支持材料即教师在教学设计期间为学生编写的在研究性学习过程中需要用到的 Word 文档或模板(如:调查问卷、读书报告、观察报告、实验报告、教学进度等)。

8.7.7 创建一个实施计划

教师用 Word 创建一个实施时间表。

注:在创建每一项作品(学生演示文稿范例、学生演示文稿评价工具、单元支持材料、学生网站评价工具)后,教师都要修改单元计划(包括学习目标、课程标准、教学过程等)。单元计划是在教学设计过程中逐步修改不断完善的。

8.8　教学设计工具:思维导图

8.8.1　思维导图的出处和理论

思维导图(Mind Mapping)是英国学者东尼·博赞(Tony Buzan)在 20 世纪 70 年代初期所创。东尼·博赞认为人的大脑的思维像一个庞大的分支联想机器(一台超级生物电脑),成根的思维线条从几乎无限的数据结点放射开来,这个结构反映了构成大脑物理结构的神经元网络。人的大脑就是由许许多多这样的神经细胞组成的。它们像大树枝干一样纵横交错地联结在一起,形成了一张无限"链接"的信息网络。在人的大脑里,生物电信号从一个细胞传导到与之邻接的其他细胞,于是,我们便有了思维。例如,当我自己想到"水果"时,我立即会联想到我喜欢的橘子、香蕉、苹果和草莓,说到草莓,其实我现在最想吃的是草莓酱;提到草莓酱,我又会想起我儿子明天早上要吃面包片和草莓酱;因此我想到家里已经没有面包片了,我必须去超市;去超市这件事情又让我想起如果我要开车去超市的话我必须先去加油站加油……人的思维方式是放射性思维。

放射性思维是一种自然和几乎自动的思维方式,一颗会放射性思维的大脑应该以一种放射性的形式来表达自我,它会反映自身的思维过程的模式。思维导图就是放射性思维的外在表现。思维导图总是从一个中心点开始的。每个词或者图像自身都成为一个子中心或联想,整个合起来以一种无穷无尽的分支链的形式从中心向四周放射,或者归于一个共同的中心,尽管思维导图是在二维的纸上面画出来的,但它可以代表一个多维的现实。思维导图是一种强大的图形化技术,这种技术为打开大脑潜能提供了一种通用的武器。思维导图可以应用于生活的各个方面,能改进人的学习能力和形成清晰的思维方式。

8.8.2　思维导图的绘制

1. 思维导图绘制步骤

第一步:从一张白纸的中心开始绘制,周围留出空白。

第二步:使用一个能够清楚地体现主题的图像或图画建立思维导图的中心。

第三步:由中心出发,建立跟中心相关的子节点。

第四步:每个子节点再建立自己的子节点。

第五步:用不同的颜色、线型、图片表示节点。

第六步:留下一些空白,随时可以添加新的内容,尽量将所有的内容放在一个图中。

2. 利用计算机软件绘制思维导图

思维导图可以手工制作,还可以利用电脑软件进行编制。如 Inspiration、Mindmanager、Personalbrain、Brainstorm、Mindman 、FreeMind、Mind Mapper 等,这些软件互有优缺点,在实际应用中可以根据需要进行选择。

我们必须清楚地认识到计算机仅仅是一个工具,真正问题的解决和思考,还是需要依靠我们的大脑来完成。我们不能形成对它的过度依赖,没有计算机我们就无法制作思维导图,这是不正确的。真正的具有创造性的思维导图来自于手绘思维导图。因为在我们进行手绘思维导图时,可以调动我们的左脑和右脑的全部功能进行学习,可以进一步地提高大脑的创造性思维和其潜能的开发。对于打破我们固有的思维模式和思考方式具有深远的意义和作用。

当然,我们同时也要意识到计算机这个工具在知识整理和传播方面的快捷与方便。我们可以把他们联合起来使用,交叉使用。这样可以让我们更好地使用和制作思维导图,提高我们的学习和工作效率。

8.8.3　思维导图的教学应用

思维导图在教学中有多方面的用途,以下只给出了部分作为参考。

1. 辅助学生整理知识概念

实例：学生通过阅读以下段落画出思维导图（如图 8-8 所示）。

哺乳动物包括世界上最重、最高、跑得最快的动物——象、长颈鹿和猎豹。蝙蝠、鲸鱼、鼠、犀牛和人都是哺乳动物。哺乳动物和鸟一样都是恒温的；但它们有三个与其他动物不同的特点：所有的哺乳动物都有毛皮或毛；都用奶喂它们的子女；都有特别的额骨关节。

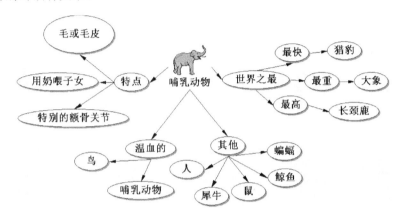

图 8-8　辅助学生整理知识——"哺乳动物"思维导图

教师可依据下列评价量规对学生给予评价（见表 8-7）。

表 8-7　思维导图评价量规

	能做到	部分做到	未能做到
善用不同的色彩			
图像丰富			
以关键词代替句子			
掌握及归纳文章重点			
有组织层次分明			
整体评分			

2. 写作构思工具

实例：一学生在构思作文《我的老师》时所画的思维导图（如图 8-9 所示）。

3. 记忆工具

实例：小学二年级《语文》背诵课文《要是你在野外迷了路》（如图 8-10 所示）。

太阳是个忠实的向导，它在天空给你指点方向：中午的时候它在南边，地上的

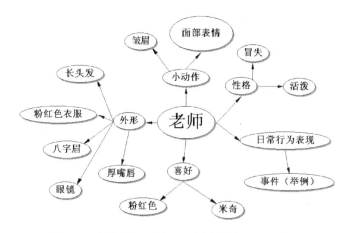

图 8-9　写作构思工具——"我的老师"思维导图

树影正指着北方。北极星是盏指路灯,它永远高挂在北方。要是你能认识它,就不会在黑夜里乱闯。要是碰上阴雨天,大树也会来帮忙。枝叶稠的一面是南方,枝叶稀的一面是北方。雪特别怕太阳,沟渠里的积雪会给你指点方向,看看哪边的雪化得快,哪边化得慢,就可以分辨北方和南方。⋯⋯

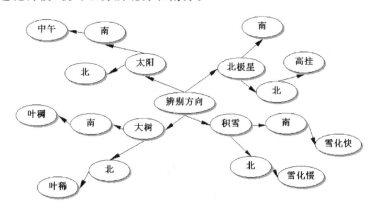

图 8-10　记忆工具——"辨别方向"思维导图

4. 听课笔记工具

当学生在课堂上接收教师所传递的知识信息时,用思维导图作记录,可以将其中的要点以词语记下,把相关的内容用线条和箭头连上,然后加以组织整理,它可以方便学生复习记忆。用思维导图的好处是无论知识信息表达的次序如何,都能放在适当位置上,每个知识点都以词语表达,容易记忆。在画思维导图过程中,可帮助学生了解及总结教师所传递的知识信息和潜在内容。

5.头脑风暴工具(如图 8-11 所示)

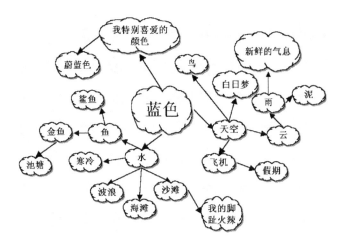

图 8-11　头脑风暴工具——"蓝色"思维导图

6.思维训练工具

实例:"六何法"是训练人们从多方面的角度去思考、分析事物的一种思考方式,它以某事物或问题为中心,以六个角度去探讨事物的合理性,从而提升学生多角度思维及强化他们寻找问题、解决问题的能力(如图 8-12 所示)。虽然有六个问题:(何地、何时、何人、什么、为何、如何)但并不是每次都讨论六次不可,而是依情形而定,每一类问题又可以列出各种不同的问题。

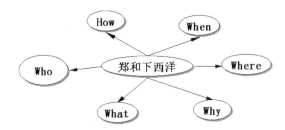

图 8-12　思维训练工具——"郑和下西洋"思维导图

7.复习工具

将已知的学习资料或意念从记忆中以思维导图画出来,或将以往画的思维导图重复再画出,这能加深记忆。

8.小组讨论、展示工具

实例:思维导图在参与式教师培训中的应用。

首先布置讨论主题;

学员分组(小组内部进行自我介绍与交流,让小组成员互相认识。每个小组给自己起一个有本组特色的名字并推选出各小组的召集人、记录员、计时员、噪音控制员和小组汇报员各一名);

小组内讨论(小组讨论主题共同创作思维导图);

成果交流展示(小组代表展示小组的思维导图)。

9. 教学设计工具(如图 8-13 所示)

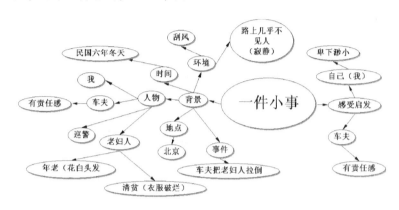

图 8-13　教学设计工具——"一件小事"思维导图

10. 教学展示工具

当我们需要向学生讲解自己的课程时,思维导图可以协助我们在预备课程内容时思路清晰,令我们授课更具组织性及更容易记忆。在讲课的过程中利用思维导图可让学生容易明白,不用阅读长篇大论的文字,教师也不用将预备好的课程内容都说出来,教师能更配合学生的知识掌握状况和需要,增加师生双方的双向交流。如果有发问时,教师可灵活地在思维导图上处理扩张,不会迷失在其他思路上,无论教师还是学生对所讲内容印象更深刻。

11. 教学评价工具

教师通过观察学生绘制的思维导图了解其学习进展和内心思维活动的情况,从而有效地改进教学。

8.8.4　思维导图(Mind Mapping)与概念图(Concept Map)

概念图(Concept Map)是美国康奈尔大学的诺瓦克(J. D. Novak)博士在 20世纪 60 年代提出来的。概念图作为元认知工具的提出是基于奥苏贝尔的学习理论,"有意义的学习是将新的概念同化到已有的认知结构中"。诺瓦克博士认为:"概念图是用来组织和表征知识的工具。它通常将某一主题的有关概念置于圆圈或方框之中,然后用连线将相关的概念和命题连接,连线上标明两个概念之间的意义关系。"

概念图通过概念和概念之间的关系,将知识体系很好地建构起来,学生对知识的认识就是在大脑中建立一张张的概念构图,这与建构主义的认知是相一致的。建构主义的同化和顺应作用在构造概念图的过程中体现在对概念图的节点的增加和对已有概念图结构的修改。

因此,要促进新知识的学习,要注重引导学生建立新知识与原有知识结构的关系,不断丰富和完善学生对知识的构图。

虽然概念图和思维导图在起源、理论基础等不同,但我们在画思维导图(或者是概念图)的时候,遇到一个非常现实的问题,就是分不清自己是在用概念图还是在用思维导图,我们可以将概念图包含在思维导图中,只要能促进思考就行了。

附录:"英特尔未来教育"作品案例《操场绿地》

单元计划

单元作者

姓名	李萍
电子邮件	
所教学科	数学
学校名称	山东省淄博师范学校附属小学
学校地址	
邮政编码	
联系电话	

如果你的单元作品集将来被选中而上传到英特尔®未来教育数据库中,你是否愿意署名?

是　　　　否

单元概览

单元标题		我是一个小小设计师
框架问题	基本问题	怎样运用数学知识解决生活中的问题?
	单元问题	1. 我们学校的操场有多大?你是怎么知道的? 2. 你会选择哪种材料装饰我们学校操场的跑道?为什么? 3. 你会选择哪种草皮种植在操场内圈?为什么? 4. 请你预算一下,要完成这两项工作大约需要多少钱?
	内容问题	1. 如何计算圆的面积? 2. 如何计算长方形的面积? 3. 铺设操场跑道的材料有哪些?各有何特点? 4. 铺设操场内圈的草皮有哪些?各有何特点?
单元概述		学生通过考查发现要美化操场,必须改善跑道和绿化操场内圈。测量出计算操场跑道和内圈面积所需要的数据,并计算出来。搜集查阅各种资料,根据学校的实际情况,分析比较选择哪种材料或草适合操场的美化,并预算出做这项工作所需的花费。学生们通过多媒体技术展示他们的收获。
关键词		操场跑道　操场内圈　高羊茅　多年生黑麦草　天鹅绒　草地早熟禾

学科领域(在相关学科复选框内打勾):

☐ 思想品德	☐ 语文	☑ 数学	☐ 体育
☐ 音乐	☐ 美术	☐ 外语	☐ 物理
☐ 化学	☑ 生物	☐ 历史	☐ 地理
☑ 信息技术教育	☐ 研究性学习	☐ 社区服务	☐ 社会实践

☐ 劳动与技术教育　　☐ 其他：

年级（在相关年级复选框内打勾）：

☑ 小学　五　年级　　☐ 初中　年级　　☐ 高中　年级　　☐ 其他：

课程标准（本单元所针对的课程标准或内容大纲）：

五年级数学

通过实践活动，使学生初步了解数学与社会的联系，进一步感受数学的应用。

通过系统地整理和复习，巩固和加深理解小学阶段所学的数学知识。能够比较合理、灵活地进行计算，会按照题目的具体情况选择简便的解答方法，运用所学的知识解决生活中一些简单的实际问题。

高年级自然

指导学生认识周围自然界常见的事物及其相互间的联系，了解人类对自然的利用、改造、保护和探索，从而对大自然的概貌和人类与自然之间的关系有一个初步的了解。

注：请在设定课程标准时，要充分研究国家新课程标准，在附录中提供了指向各科新课标的网站链接。

学习目标：

数学方面的教学目标：

能巩固学习过的平面图形的面积计算方法、简单应用题和按比例分配的知识；

能学会解决问题的策略，激发学习兴趣；

学会探索学习、合作学习的方法；

树立正确的经济意识。

生物方面的教学目标：

知道 6 种草的名称、特点。

信息技术方面的教学目标：

会使用 PowerPoint 制作发布文档，会制作自己的网站；

会利用网络查阅搜集相关资料；

会建立自己的"作品引用记录"，培养初步的版权意识。

过程（教学或学习过程）：

说明：在描述单元的教学或学习过程中，您一定会用到培训中制作的文档，请在用到这些文档的位置，注明相应的文件名，并设置链接，以便浏览者方便查看相应文件。建议按照教学实施进度的时间顺序设计教学过程。

1. 布置学生考查学校操场从哪些方面进行美化;
2. 明确单元计划的核心问题和单元问题;
3. 分组讨论具体工作步骤,发放调查表(操场测量表、跑道材料调查表、草皮调查表);
4. 测量出计算操场跑道和内圈面积所需的数据,并计算出结果;
5. 搜集有关跑道的材料;
6. 搜集内圈种植草皮的资料;
7. 各小组汇报收集的各种资料;
8. 整理分析资料,根据学校的实际情况,完成自己的 PowerPoint 演示文档,展示自己的观点,并说明选择的理由和不选的理由;
9. 创作自己的网站;
10. 根据评价量规,学生对自己的作品和在学习过程的表现作出评价。

预计时间(如,45 分钟、4 小时、1 年等):

2 周

前需技能(学生在开始此单元前必须掌握的知识或技能):

1. 基本的测量方法和技能;
2. 文字输入、编辑和图片基本处理方法;
3. 搜索使用技能,如中文雅虎、Google 等;
4. PowerPoint 演示文档和 FrontPage2003 的基本操作;
5. Windows 的基本技巧,如保存文件、剪切、复制、打印等。

本单元所需材料和资源:

所用教材及版本	
印刷资料	操场测量表、跑道材料调查表、草皮资料表
辅助材料	尺子、铅笔、记录本
网络资源	http://www.ynh.com.cn http://www.china-green.net http://szgreenpark.com
其他	

评价工具(请将制作完成的评价工具名称列在这里,并设置链接,以便指向相应的文件):

对演示文稿	"操场绿地"学生演示文稿评价工具
对出版物	
对网站/网页	"操场绿地"学生网站评价工具
其他评价	

为个别化教学所做的调整:

需要帮助的学生	个别辅导,与有能力的学生结成对子,同时让家长帮助学生完成各项调查。
高材生	尽量独立完成任务,能从网络上搜集更多信息,可以做出多种选择方案。

学生演示文稿范例:

我是一个小小设计师

作者:张三

操场面积计算

这是我画的操场平面图和测量结果:

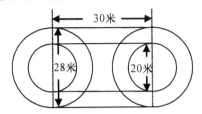

我用计算机中的计算器很快得到了以下结果:

操场面积:

$30 \times 28 + 3.14 \times (28 \div 2)^2 = 1455.44$(平方米)

操场内圈面积:

$30 \times 20 + 3.14 \times (20 \div 2)^2 = 914$(平方米)

跑道面积:

$1455.44 - 914 = 541.44$(平方米)

操场跑道材料选择

用什么样的材料铺跑道更好呢?我带着这个问题查阅资料,询问体育老师。

材料名称	单价 (每平方米)
煤渣	10 元
塑胶	60 元

煤渣:$541.44 \times 10 = 5414.4$(元)

塑胶:$541.44 \times 60 = 32486.4$(元)

塑胶太贵了。用煤碴比较适合学校的经济条件!

操场内圈材料选择

我通过上网搜集了操场内圈铺设的草皮:

■ 多年生黑麦草
■ 天鹅绒
■ 高羊茅
■ 草地早熟禾

我选择草皮的标准:

1. 它害怕我们这里冬天的严寒和夏天的炎热吗?
2. 它需要喝很多水吗?
3. 工人叔叔要经常给它肥料吃吗?
4. 它会经常生病吗?
5. 我们踢足球的时候,会踩死它吗?
6. 它会像小壁虎的尾巴那样再生长吗?
7. 它的价格怎么样?

根据标准,我通过下面的方法收集资料:

■ 上网搜集了这 4 种草皮的特点
■ 走访了园林局的叔叔阿姨

■ 多年生黑麦草

它不怕冷,不容易生病,叶子很好看,它的市场价格是 15 元/平方米。但不够坚强,太怕热。

■ 天鹅绒

它最大特点就是不怕我们踩。但它是家中的"小公主",喜欢住在温室里。它的价格是 25 元/平方米.

■ 草地早熟禾

它不怕踩,不怕冷,可是它很懒,夏天一热,它就睡眠,工人叔叔还要常常给它理发,它长得很难看!

■ 我从网上查到了这些资料选择了高羊茅

1. 它适应性强,不怕热,不怕旱,工人叔叔不会很辛苦。
2. 它会和我们成为好朋友,我们在上面踢球、做游戏,它都喜欢。
3. 夏天很热时,它不会睡觉,和我们一起长大。
4. 你看,它长得多喜人! 又厚又绿!
5. 它的价格是 20 元/平方米,适合学校的经济条件!

操场花费计算

跑　　道:541.44×10＝5414.4(元)
操场内圈:914×20＝18280(元)
操场花费:5441.4＋18280＝23721.4(元)

参考资料

学生的多媒体演示文稿评价工具：

多媒体演示文稿评价量规

年级 _____　　　　　　　姓名 _____

	☆☆☆☆☆	☆☆☆☆	☆☆☆
1. 跑道、运动场数据的搜集	准确地测量有关数据并正确计算出所需要结果，小组成员全面按时完成计划。	测量数据不够准确。	小组成员完成不及时，与计划有出处。
2. 搜集资料和自制图片	会正确使用搜索并快速搜集所需资料，并会自制和处理图片。	搜集的资料不够全面，自制图片比较美观。	搜集资料技术不熟练，不能处理图片。
3. 资料引用	遵守资料引用原则，全面准备注明资料引用出处。	引用的图片、文字出处比较明确。	资料出处有遗漏，网址不够准确。
4. 演示文稿版面设计	版面设计简洁明了，画面美观，富有儿童情趣。	设计比较合理，能突出重点。	画面杂乱无章，设计模糊。

综合评价：　　　　　　　　　　颗星

学生支持材料：

学校操场测量表

姓名：　　　　　　　　　小组：

名　称	内　容
操 场 平 面 图	
面积	

学校操场跑道材料调查表

姓名：　　　　　　　　　小组：

材料名称	特点	价格	其他

草皮资料表

姓名：　　　　　　　　　　　小组：

草皮名称	特点	价格	其他

实施计划：

单元计划实施时间表

时　间	任　务
第一天	明确单元计划问题，合理分组，准备工具，发放调查表。
第二天	考查学校操场，测量有关数据，并计算。
第三天	调查操场跑道用什么材料，并选择适合学校情况的材料。
第四天	搜集草皮的资料，分析、比较资料，设计出方案。
第五天 第六天 第七天	把自己的方案用 PowerPoint 演示文稿展示出来，小组交流，修改完善，并进行评价。
第八天 第九天 第十天	创建自己的网站，与别人进行交流。
第十一天	总结这次学习的收获。

思考与练习

1. 简述教学设计的定义和教学设计过程的一般过程模式。

2. 什么是学习需要？

3. 学习内容分析的任务是什么？

4. 学习者分析的内容是什么？什么是学习准备？学习风格的概念是什么？

5. 学习目标的含义？布卢姆认知学习领域目标分类？

6. 利用 ABCD 模式编写方法编写一教学目标。

7. "教学策略"的含义是什么?

8. "教学评价"的含义是什么?"教学评价"的功能是什么?

9. 按评价基准的不同,"教学评价"可分为哪些?什么是"自身评价"?

10. 按评价功能的不同,"教学评价"可分为哪些?什么是"形成性评价"?

11. 请你依据"英特尔未来教育"的教学设计过程(参照本章附录作品案例《操场绿地》),自选课程内容开发一个教学单元作品集。

12. 什么是"思维导图"?思维导图在教学中有哪些用途?

参考文献

[1] 李兆君.现代教育技术.北京:高等教育出版社,2004.

[2] 佟元之.现代教育技术教程.南京:南京大学出版社,2008.

[3] 黄河明.现代教育技术.成都:四川教育出版社,2005.

[4] 茅育青.现代教育技术.杭州:浙江教育出版社,2003.

[5] 任友群.技术支撑的教与学及其理论基础.上海:上海教育出版社,2007.

[6] 李运林,徐福荫.电视教材编导与制作.北京:高等教育出版社,2004.

[7] Sharon E. Smaldino.教学技术与媒体.北京:高等教育出版社,2005.

[8] 符绍宏,雷菊霞,邓瑞丰,袁理.因特网信息资源检索与利用.北京:清华大学出版社,2005.

[9] 美国纽约摄影学院摄影教程.北京:中国摄影出版社,2009.

[10] 教育部现代远程教育资源建设委员会.现代远程教育资源建设技术规范.

[11] http://moodle.org.

[12] http://cs.sicnu.edu.cn:9001/,《现代教育技术》精品课程.

[13] http://eduscapes.com/activate/2004.htm,Eduscapes.

[14] http://en.wikipedia.orgwikiGeneral_System_Theory♯General_systems_research_and_systems_inquiry.

[15] http://en.wikipedia.orgwikiNorbert_Wiener.

[16] http://www.chemonline.net/xiaoxin/blogview.asp? logID=69.

[17] http://www.crystalinks.com/piaget.html.

[18] http://media.openedu.com.cn/media_file/netcourse/asx/xdjyjs/public/05xgzy/ren18.html.维果斯基(Lev Semenovich Vygotsky)——著名的教育家和心理学家(1896—1934).

[19] http://en.wikipedia.orgwikiMartin_Dougiamas.

[20] 罗晓岗.校园网络广播电台组建原理与策略.浙江教育学院学报,2002(1).

[21] http://www.tech-faq.com/stereoscopic-vision.html,What is Stereoscopic Vision?

[22] http://dev.w3.org/html5specOverview.html♯the-video-element,HTML5 A vocabulary and associated APIs for HTML and XHTML Editor's Draft 6

August 2011.

［23］http://secretmlmskills. com/? p＝1520，Google's New 2011 Algorithm-What & How It Effects Content Marketers.

［24］http://wenku. baidu. comview883834bdf121dd36a32d821a. html，使用搜索引擎的技巧.

［25］http://questgarden. com/00051117133742/，Saving the Gorillas.

［26］http://webquest. org/index-create. php，Creating WebQuests.

［27］乌美娜. 教学设计. 北京:高等教育出版社,1994.

［28］何克抗,郑永柏,谢幼如. 教学系统设计. 北京:北京师范大学出版社,2002.

［29］顾明远. 教育技术. 北京:高等教育出版社,1999.

［30］李兆君. 现代教育设计. 北京:高等教育出版社,2004.

［31］美国英特尔公司.英特尔®未来教育核心课程中文 7.2 版.2010.

［32］祝智庭主编. 现代教育技术. 北京:高等教育出版社,2001.

［33］[英]东尼·博赞. 思维导图大脑使用说明书. 北京:外语教学与研究出版社,2005.

［34］赵国庆.关于概念图与思维导图的辨析.中国电化教育,2004(8).

［35］刘毓敏,李剑琴,杨晓宏,张雪莉. 数字音频素材的制作与运用. 北京:国防工业出版社,2004.

图书在版编目(CIP)数据

现代教育技术 / 王治文主编. —杭州：浙江大学
出版社，2011.9(2021.9重印)
　ISBN 978-7-308-09085-8

　Ⅰ.①现… Ⅱ.①王… Ⅲ.①教育技术学－师范大学
－教材 Ⅳ.①G40-057

中国版本图书馆 CIP 数据核字 (2011) 第 184711 号

现代教育技术

主　　编　王治文

副主编　罗晓岗　石其乐

责任编辑　吴伟伟 weiweiwu@zju.edu.cn

封面设计　十木米

出版发行　浙江大学出版社
　　　　　（杭州市天目山路 148 号　邮政编码 310007）
　　　　　（网址：http://www.zjupress.com）

排　　版　浙江时代出版服务有限公司

印　　刷　广东虎彩云印刷有限公司绍兴分公司

开　　本　710mm×1000mm　1/16

印　　张　19.5

字　　数　393 千

版 印 次　2011 年 9 月第 1 版　2021 年 9 月第 6 次印刷

书　　号　ISBN 978-7-308-09085-8

定　　价　49.00 元